KB051422

디지털 기술과 정치

# 디지털 기술과 정치

초판 1쇄 발행  2023년 2월 28일
지은이  한의석·권혜연·정진화·손민석·심세현·유나영·임진희·고우정
펴낸이  김선기
펴낸곳  (주)푸른길
출판등록  1996년 4월 12일 제16-1292호
주소  (08377) 서울시 구로구 디지털로 33길 48 대륭포스트타워 7차 1008호
전화  02-523-2907, 6942-9570-2
팩스  02-523-2951
이메일  purungilbook@naver.com
홈페이지  www.purungil.co.kr

ISBN 978-89-6291-014-8  93340

＊이 책은 (주)푸른길과 저작권자와의 계약에 따라 보호받는 저작물이므로 본사의
서면 허락 없이는 어떠한 형태나 수단으로도 이 책의 내용을 이용하지 못합니다.

이 책은 2022년도 성신여자대학교 부설연구소 지원 과제에 의하여 연구되었음.

# 디지털

# 기술과

# 정치

푸른길

# 머리말


대다수 사람이 아침에 일어나서 가장 먼저 하는 일은, 출근 준비를 제외하고는, TV를 통해 방송을 시청하거나 소셜미디어를 통해 누군가로부터 온 메시지를 확인하는 일일 것이다. 그리고 가끔은 무료한 낮 시간에 유튜브를 통해 관심 있는 콘텐츠를 보면서 시간을 보내고는 할 것이다. 디지털 기술을 활용한 다양한 도구는 마치 공기와 같이 우리의 개인적, 사회적 삶에 스며들어 있다. 마찬가지로 디지털 기술의 활용 영역이 정치 분야로 확산되면서 시민, 정당, 정부의 행태 또한 변화하는 중이다.

디지털 기술이 정치에 미치는 영향에 대해서는 이미 수십 년 전부터 논의가 시작되었지만, 최근 디지털 전환으로 불리는 전방위적인 변화가 시작되면서 더 많은 관심과 주의가 필요한 상황이다. 디지털 기술의 주축인 정보통신기술과 지능정보기술이 결합된 사물인터넷, 빅데이터, 인공지능의 발달에 따른 초연결지능정보사회의 등장은 정치에 대한 디지털 기술의 영향력이 더욱 커지고 있음을 의미한다. 더욱이 인공지능이 인간을 뛰어넘는 초지능 시대가 도래할 것이라는 전망은 인간의 존재와 인간이 만들어 내는 정치에 대한 개념이나 정체성을 크게 변형시킬 것으로 예상된다.

이 책은 동아시아연구소에서 2022년에 발간한 『생명과학기술과 정치』에 이어 과학기술의 발전이 정치를 어떻게 변화시키고 있는지, 과학기술이 정치 영역에서 어떻게 작동하고 있는지를 '디지털 기술'을 중심으로 살펴보고 있다. 필자로는 성신여자대학교 동아시아연구소의 학술·연구 활동에 직간접적으로 참여하고 있는 7명의 연구자가 함께했다. 본인의 전공 분야와 연관되어 있기는 하지만, 전공이라고 하기에는 어려운 주제를 택해 노력해 주신 선생님들께 감사의 마음을 전한다. 이 책을 통해 독자들이 디지털 기술의 발전이 우리 사회와 개인의 정치적 삶을 어떻게 변화시킬 것인지에 대해 다시 한 번 생각하는 기회가 될 수 있기를 바란다.

성신여자대학교 동아시아연구소는 축적된 지역연구 역량에 더해 동아시아 국가들을 중심으로 과학기술의 발전이 각국에 미치는 사회경제적, 정치적 영향력, 그리고 과학기술에 대한 사회적 수용성과 다양한 정치적 쟁점들을 중심으로 연구를 계속해 나가고자 한다. 이 책은 그 두 번째 결과물이다. 정치학적 연구 주제가 우리의 삶에 대한 관심과 연결되어야 한다는 당연한 생각을 되새기면서, 작은 성과가 정치학 연구의 지평을 조금은 더 넓히는 데 보탬이 되기를 기대해 본다. 이 책을 완성하는 데 도움을 주신 푸른길의 이선주 팀장님과 동아시아연구소의 이현주 연구원께 감사의 말씀을 드린다.

2023년 2월
저자들을 대표하여,
한의석

# 차례

# 디지털 기술의 발전과 정치변동

한의석(성신여대)

## 1. 디지털 전환 시대의 정치

지난 수십 년 동안 과학기술의 급속한 발전은 우리의 삶을 다양하게 바꾸어 놓았다. 특히 디지털 기술의 발전은 경제, 사회는 물론 정치 영역에서 많은 변화를 일으켰으며, 정치과정 및 정책결정에 있어서 더 많은 변화를 예고하고 있다. 디지털 기술은 트랜지스터의 발명과 이를 활용한 통신·전자 기기의 발전으로부터 시작되었다고 할 수 있는데, 정보통신기술의 발전에 지능정보기술이 더해지면서 등장한 사물인터넷(IoT: Internet of Things), 빅데이터(Big Data), 인공지능(AI: Artificial Intelligence) 등이 미래의 정치를 어떻게 변화시킬 것인지에 대한 관심과 논쟁이 진행 중이다.

이러한 측면에서 최근 산업계에서 논의하고 있는 이른바 디지털 전환 (digital transformation)은 단지 기업 활동에 관련된 조직, 서비스, 상품, 문화적 변화만이 아니라 정치적 영역에도 확장·적용할 수 있는 용어라고 할 수 있을 것이다. 디지털 전환 이전 단계를 '디지털화'로 번역할 수 있는 디지타이제이션(digitization)과 디지털라이제이션(digitalization)으로 구분하기도 하는데, 디지타이제이션이 필름 카메라를 대체한 디지털카메라처럼 아날로그 정보를 디지털 정보로 전환하는 것을 의미한다면, 디지털라이제이션은 이메일이나 소셜미디어의 사용과 같이 디지털 기술을 활용한 상호 작용의 증가나 디지털 기술과 정보를 활용한 기업 활동과 업무 방식의 혁신을 의미한다(박성순·조광섭 2021; Bloomberg 2018). 디지털 기술의 발전 단계를 구분하는 것이 여전히 명확하지는 않지만, 중요한 것은 디지털 전환(DT/DX)이 산업과 문화 영역에서만 이루어지고 있는 것이 아니라 정치 영역에서도 전개되고 있다는 것이다. 이메일, 소셜미디어의 등장과 함께 시작된 전자민주주의 논의나 기성 정당의 폐쇄성이나 소통 부재를 비판하며 강조되고 있는 플랫폼(platform) 정당론, 빅데이터의 수집과 활용을 강조하는 공공정책론 등은 디지털 기술이라는 정치 환경의 변화를 반영하고 있다고 할 수 있다.

그렇다면 정치과정 및 정치행태에 있어서 디지털 기술의 발전이 추동하는 변화의 내용은 무엇인가? 기술 발전에 따른 정치적 변화는 기술의 힘에 의해 특정한 경로를 따라 불가피하게 진행되는 것인가, 아니면 사람들의 인식과 활용 방식에 따라 다양한 양상으로 나타나는 것인가? 디지털 기술의 발전이 민주주의의 심화에 긍정적인가, 부정적인가? 등의 질문들이 제기될 수밖에 없을 것이다. 이러한 질문에 답하기 위해 다수의 연구자가 노력하고 있는 것으로 보이지만, 디지털 기술과 정치의 상호 작용에 대한 연구는 아직은 미흡한 수준으로 더 많은 관심을 기울여야 할 것으로 보인다.

디지털 기술의 활용을 통한 정치적 변화에 주목하면서 본격적으로 등장한 개념으로 전자민주주의(e-democracy)를 들 수 있다. 인터넷을 통한 전자우편(이메일)의 사용과 소통, 전자투표의 가능성 등에 주목한 '전자민주주의론'은 대의제의 위기를 완화하기 위한 방편으로서 디지털 기술의 활용에 주목한 초기 연구라고 할 수 있다. 전자민주주의에 대한 긍정적인 관점들은 소통과 참여의 증가, 온라인 공론장을 통한 숙의(deliberation)의 가능성 등에 주목하여, 직접민주주의 제도 일부를 도입함으로써 대의제의 위기를 완화할 수 있을 것이라고 기대했다. 특히 2010년 12월 튀니지에서부터 시작된 '아랍의 봄' 혁명은 소셜미디어를 통한 권위주의 체제의 붕괴와 민주주의로의 전환 가능성을 보여 주면서, 디지털 기술에 대한 긍정적 믿음을 확산시켰다. 하지만 이른바 가짜뉴스(fake news)의 등장과 이를 활용한 사실 왜곡, 여론 조작 등이 더욱 빈번해지면서 낙관론은 점차 비관론으로 대체되기 시작했다. 디지털 미디어의 활용과 접근에 있어서 선택적 노출(selective exposure)과 확증편향(confirmation bias)의 문제가 심각해지고 있으며, 소셜미디어의 알고리즘(algorithm)에 내재되어 있는 편향성·차별성의 문제가 자주 언급되곤 한다(한의석 2021, 21). 결론적으로 디지털 기술의 발전이 시민들의 참여를 촉진하고 직접민주주의적인 측면을 강화함으로써 긍정적인 영향을 준 것은 분명하지만, 참여의 질적인 심화라고 할 수 있는 숙의의 강화로 이어졌다고 평가하기 어렵다. 최근에는 소셜미디어에 의해 촉발되는 포퓰리즘 현상이 빈번하게 나타난다는 점에서 비관적인 전망이 늘어나고 있다고 할 수 있다(조항제 2022, 77-79).

디지털 기술의 발전 과정에서 빅데이터의 수집과 활용이 가능해지면서 마이크로 타기팅(micro-targeting)으로 불리는 선거운동 방법이 등장하기도 했다. 마이크로 타기팅이란 각 개인에 대해 수집된 다양한 데이터를 바탕으로 유권자 집단을 소규모로 세분화하여 각 집단에 적합한 맞춤형 선거 메시지를 전달하고 지지를 획득하는 방법으로, 2012년 미국 대선 당시 오바마 대통령 측이 활용한 방법으로 잘 알려져 있다(이철영 2016). 또한 블록체인(block chain)은 신뢰성 있는 전자투표를 가능하게 하여 유권자들의 의사결정 참여를 촉진할 수 있는 기술로 주목받고 있는데, 블록체인이란 암호화 화폐인 비트코인에 처음 적용된 기술로 거래 내역을 중앙 서버에 기록하지 않고 분산 저장하여 공유하는 기술이다(이루다·임좌상 2019, 104). 정당정치에 있어서는 2014년에 창당한 스페인의 포데모스(Podemos)가 처음 블록체인 기술을 활용한 전자투표 방식을 도입한 것으로 알려져 있는데, 이를 통해 편의성과 보안성을 강화함으로써 온라인을 통한 참여의 증대와 직접민주주의의 가능성을 높였다고 할 수 있다(김종갑 2019).

빅데이터는 공공정책 수립과 의사결정의 효율성과 합리성을 증진하는 데 도움이 될 것으로 기대받고 있지만 프라이버시 침해, 데이터 편향, 디지털 감시 등의 문제가 발생할 수 있다(박경렬 2022, 45). 특히 국가가 개인과 사회를 감시하고 통제하는 데 있어서 빅데이터의 활용은 조지 오웰(George Owel)의 『1984』에 등장하는 빅브라더 또는 푸코(Michael Foucault)의 『감시와 처벌』에 언급된 파놉티콘(Panopticon)과 같은 감시권력의 등장으로 이어질 수 있다. 디지털 기술을 활용한 중국 정부의 사회 감시 및 통제 시스템은 이러한 우려에 대한 실제 사례로 자주 언급되고 있으며, 코로나19 팬데믹 상황은 디지털 감시 문제를 쟁점화하는 계기가 되었다. 다만 소셜미디어, 사물인터넷 등의 디지털 기술을 통한 초연결성(hyper-connectivity)의 확대가 중앙 권력으로부터의 일방적인 감시를 의미하는 파놉티콘을 넘어, 시민들과 피치자들의 지배 권력에 대한 감시도 가능한 시놉티콘(synopticon)으로의 전환으로 이어지고 있다는 점에서 희망적이라고 할 수 있다(김상배 2022, 307-308).

디지털 기술의 발전은 국내정치와 민주주의 차원의 변화뿐 아니라 국제

정치 측면에서도 많은 변화를 일으키고 있다. 디지털 기술의 발전은 국가 간 무역과 금융 거래의 증가 등 상호 의존의 확대, 쌍방향적인 교류를 통한 소통과 이해의 증가와 같은 긍정적인 영향을 주었지만, 동시에 정보의 무기화, 상호 감시의 증대, 가짜뉴스를 활용한 상대국에 대한 교란 행위 등의 부정적 활용의 가능성도 커지고 있다. 디지털 공간에서의 사이버안보와 사이버전쟁에 관해서는 이미 다양한 논의가 진행 중이며, 러시아의 2016년 미국 대선 개입 등이 큰 쟁점이 되기도 했다. 국제정치에서 디지털 기술이 주목받는 새로운 영역으로 '디지털 외교'를 들 수 있다. 최근 많이 언급되고 있는 트위플로머시(twitter+diplomacy=twiplomacy)라는 용어처럼 소셜미디어를 활용한 외교 활동이 중요해지고 있으며, 코로나19 팬데믹 상황에서 디지털 공공외교(digital public diplomacy)에 대한 관심이 높아졌다. 또한 외교정책결정에 있어서 빅데이터의 활용이 강조되는 것과 같이(강선주 2014), 디지털 기술의 발전은 국내정치 및 국제정치의 여러 영역에 영향을 미치고 있다.

## 2. 이 책의 구성

제1장은 트랜지스터의 발명 이후 디지털 기술 발전이 어떻게 전개되고 있는지, 현대 정치와 공공서비스 분야에서 디지털 기술의 활용이 주는 이점은 무엇이며 문제점은 무엇인지를 보여 주고 있다. 또한 QR코드의 발명과 활용 사례를 통해 디지털 기술의 발전이 사회적·제도적·문화적 요인의 영향하에 전개된다는 점을 보여 주면서 기술과 사회의 상호 작용, 즉 '공변화'를 강조하고 있다. 저자는 디지털 기술과 정치의 관계가 결정론적이고

선형적인 것이 아니라는 점에서 양자 간의 관계에 대한 더 많은 이해가 필요함을 지적하고 있으며, 디지털 기술이라고 하는 인류에게 주어진 새로운 불(火)을 긍정적이고 바람직한 방향으로 사용하기 위한 사회적 관심을 촉구하고 있다.

제2장은 뇌-컴퓨터 인터페이스(BCI) 기술의 발전에 주목하여 BCI 기술이 우리에게 던지는 정치학적 과제에 대해 논의하고 있다. BCI 기술의 활용은 신체 기능의 개선 또는 강화를 통해 장애를 겪고 있는 사람들에게 도움이 되기도 하지만, 동시에 외부에 의한 뇌 조종의 가능성 등 기술적·윤리적 문제점들이 제기되고 있다. 저자는 한나 아렌트가 주징하는 인간의 조건으로서의 '활동적 삶'과 '정신의 삶'에 근거하여, BCI 기술이 '인간'의 본질을 변화시킬 수 있음을 보여 주고 있다. 저자는 특히 과학기술의 진보에 대한 과도한 믿음이 근본악이 될 수 있음을 경계하며 참여와 공적 논의, 거버넌스의 구축과 같은 정치의 역할이 중요함을 역설하고 있다.

제3장은 디지털 전환 과정에서 발생하는 사회적 불평등의 문제와 반지성주의적인 맹신과 배제의 문제를 지적하고 있다. 디지털 플랫폼은 민주주의의 유용한 도구가 되기보다는 노동조건을 악화하거나 디지털 격차를 확대하고 있으며, 정치적인 혐오와 조롱, 탈진실을 부추기고 있다. 쇼샤나 주보프는 디지털 시대의 정치경제질서를 '감시자본주의'라고 지칭했는데, 빅테크 기업은 개인정보를 데이터로 변환하여 축적하고 활용하는 과정을 통해 인간의 삶과 존재를 잠식하고 있다. 저자는 사회적 차별을 양산하고, 강박증과 중독에 빠져들게 하는 디지털 세계와 알고리즘의 문제점을 지적하면서, 이를 극복하기 위한 비판적 사고와 철학의 중요성을 강조한다.

제4장은 디지털 기술이 국제정치 분야에서 기존의 안보 패러다임을 변화시키고 있음을 보여 준다. 탈냉전과 세계화 시대가 되면서 비전통적인 안

보 위협이 증대되었는데, 특히 디지털 기술 분야에 있어서 최근의 급속한 발전은 사이버안보의 중요성을 증대시켰다. 사이버안보 위협은 사이버범죄, 사이버테러, 사이버전 등의 형태로 구분되는데, 최근 러시아의 우크라이나 침공 과정에서 있었던 사이버공격이나 전 세계 여론을 대상으로 하는 인터넷상의 양국의 선전전(propaganda)은 디지털 기술의 중요성을 잘 보여주는 사례이다. 저자는 사이버안보의 중요성을 강조하면서, 사이버 위협에 대한 전략적 대응책을 제시하고 있다.

제5장은 미중 패권경쟁의 핵심 내용이 기술 분야에서의 경쟁임에 주목하여 미국과 중국이 디지털 분야, 특히 반도체와 디지털 화폐, 그리고 플랫폼 분야에서 어떻게 자국의 패권을 유지하고 강화하고자 하는지 비교·분석하고 있다. 이 과정에서 미국과 중국은 각각의 정치체제의 특성을 반영하는 정책들을 전개하기도 하지만, 오히려 미국이 자유 시장 원리에 반하는 정책을 집행하고 중국이 자유무역을 강조하는 등의 모순적으로 보이는 행태들이 나타나고 있다. 저자는 기술패권을 둘러싼 미중 간의 경쟁이 과거 냉전시대 미국과 소련의 단절적 경쟁 양상과 유사해지고 있다고 주장하면서 한국의 적절한 대응을 촉구한다.

제6장은 디지털 기술의 발전이 중국 정치체제의 안정성에 어떠한 영향을 미칠 것인지에 대해 논의하고 있다. 저자는 과학기술이 미치는 영향에 대한 일반론적인 두 관점인 기술결정론과 사회결정론을 설명하고, 중국과 같은 권위주의 체제에서의 과학기술 활용과 통제라는 측면에서 '독재자의 딜레마론'과 '사이버 체제론'을 소개하고 있다. 중국은 과학기술 정책을 통해 경제발전에 상당한 성과를 이루었으며 미국과의 기술패권 경쟁에서 우위를 점하기 위해 적극적인 지원과 투자를 계속하고 있다. 인공지능, 안면인식, 빅데이터 등의 디지털 기술은 패권경쟁에 있어서 중요한 부분이지만,

동시에 중국 정부의 사회 감시와 여론 통제 등에도 효율적인 수단으로 활용되고 있다. 반면 제로 코로나 정책에 반발하여 최근 발생한 백지시위 사례에서 나타나듯 디지털 기술은 체제 안정성에 대한 위험 요소로 작동하기도 한다. 과학기술의 발전과 정치체제의 안정이 상호 배타적인 상황에 놓일 경우 중국 정부는 선택의 기로에 설 수밖에 없을 것이다.

제7장은 디지털 시대의 민주주의라는 관점에서 가짜뉴스의 문제점을 동남아시아 국가들의 사례를 통해 보여 주고 있다. 소셜미디어의 등장으로 정치참여가 증가하면서 디지털 기술이 민주주의 심화에 긍정적 기능을 할 것으로 기대되기도 하지만, 2016년 미국 대선에서 나타난 바와 같이 선거에서 가짜뉴스의 영향력이 확대되면서 디지털 기술의 부작용이 더욱 두드러지게 되었다. 인터넷과 소셜미디어 사용률이 높은 동남아시아 국가들에서도 가짜뉴스가 국내정치에 심각한 영향을 미치고 있다. 저자는 2022년 필리핀 대선, 2017년 인도네시아 자카르타 주지사 선거, 2022년에 말레이시아의 총리로 임명된 안와르 이브라힘의 사례를 통해 동남아시아 국가들의 국내정치가 가짜뉴스로 인해 혼란에 빠져들 위험성을 보여 주고 있으며, 가짜뉴스의 문제점을 줄이기 위한 법령 제정과 시민교육의 필요성을 강조한다.

**참고문헌**

강선주. 2014. "빅데이터 구축 현황과 외교안보적 활용 방향." 『주요국제문제분석』. No. 2014-10. 국립외교원 외교안보연구소.

김상배. 2022. "디지털 권력." 『20개의 핵심 개념으로 읽는 디지털 기술사회』. 김상배 외. 사회평론아카데미.

김종갑. 2019. "블록체인 기반 전자투표제의 특징 및 도입시 고려사항." 「이슈와 논점」(국회입법조사처) 제1598호.

박경렬. 2022. "데이터." 『20개의 핵심 개념으로 읽는 디지털 기술사회』 김상배 외. 사회평론아카데미.

박성순·조광섭. 2021. "Digital Transformation의 성공적 시작." 삼성 SDS. 2021년 6월 16일. https://www.samsungsds.com/kr/insights/dta.html(검색일: 2022/12/15).

이루다·임좌상. 2019. "블록체인을 활용한 전자투표 시스템 구축." 『한국정보통신학회논문지』 23(1). 103-110.

이철영. 2016. "마이크로 타겟팅, 무엇인가?" 시사뉴스. 2016년 10월 7일. http://www.sisanewsn.co.kr/news/articleView.html?idxno=253(검색일: 2023/01/ 13).

조항제. 2022. "디지털민주주의의 양가성." 『언론과 사회』 30(4). 44-110.

한의석. 2021. "초연결 지능정보사회와 민주주의." 『스마트 거버넌스: 초연결 지능정보사회의 온라인 공론장과 거버넌스』. 미래정치연구소 편. 푸른길.

Bloomberg, Jason. 2018. "Digitization, Digitalization, And Digital Transformation: Confuse Them At Your Peril." Forbes. April 29, 2018.

https://www.forbes.com/sites/jasonbloomberg/2018/04/29/digitization-digitalization-and-digital-transformation-confuse-them-at-your-peril/?sh=283f8ddc2f2c(검색일: 2022/12/15).

제1부

# 디지털 기술과 정치변동

# 제1장

# 디지털 전환과 사회 전환: 정치, 사회, 디지털 기술은 어떻게 교차하는가?

권혜연(KIST)

## 1. 서론

디지털 정보기술이 현대 사회의 다양한 영역에 걸쳐 얼마나 큰 영향을 미쳤는지에 관한 이야기는 더 이상 새롭거나 놀라운 주제는 아니다. 산업뿐만 아니라 정책과 공공의 영역 역시 IT 기술에 영향을 받는다. 디지털 기술이 사회에 미치는 영향에 대한 학술적 논의는 1980년대부터 시작되었으며, 실증 연구들도 1990~2000년 10년의 기간 동안 1,000건 이상이 보고되었다.

21세기가 시작된 지 어느새 20년이 흐른 지금, 새롭게 주목해야 할 사실은 기술 역시 사회의 영향을 받아 같이 변동해 왔다는 점이다. 디지털 기술은 정치와 사회에 영향을 미치고 이는 정책에 변동을 가져온다. 그렇게 변화한 사회는 새로운 기술을 요구하고, 기술은 그에 맞춰 다시 변화하고 발전한다.

디지털(digital)의 사전적 정의는 다음과 같다. 첫째, '전자공학의 방법이나 원칙에 따라 구성되거나 작동하는, 또는 관련되거나 사용되는 장치' 그리고 두 번째로는 '이진수 형태의 데이터로 구성된'을 뜻하는 부사이다. 따라서 디지털 기술이란 0이나 1로 표현되는 이진수 형태의 데이터를 생성, 저장, 전송 또는 처리하는 전자 도구, 시스템, 장치 및 자원을 모두 포함하는 기술을 의미한다. 즉 디지털 기술의 정수는 정보를 비트(bit)로 표현하여 다룬다는 것으로, 이를 통해 정보의 저장, 계산 및 전송 비용이 엄청나게 절감된다. 따라서 디지털 기술은 곧 정보통신기술(ICT: Information and Communications Technology)을 의미하기도 한다. ICT 기술은 디지털 기술 가운데에서도 정보를 상호 작용하면서 다루는 모든 장치, 네트워킹 구성 요소, 애플리케이션 및 시스템을 통칭하는 것으로 정의할 수 있다.

1979년, 미래학자 앨빈 토플러는 디지털 기술의 가능성을 미리 내다보고 새로운 정보의 시대(new information era) 개념을 대중에게 설명하기 시작했다. 그는 미디어의 해체, 대량 생산과 대량 소비의 종말, 맞춤형 제품과 서비스, 분산화, 상호 작용, 완전하지만 초유연한 고용 등 몇 가지 핵심 아이디어를 제시하고 이를 통해 새로운 정보 시대가 완성될 것으로 예측하였다(Caruso 2018). 당시에는 그가 제시하는 아이디어가 정확하게 어떤 미래를 묘사하는지 이해하지 못하는 대중이 더 많았다. 하지만 약 40년이 지난 현재, 우리는 그의 예측이 모두 실현된 세상 속에서 살아가고 있다. 지난 40여 년간 현대인의 생활 전반이 디지털 기술의 발전과 함께 변화하였다. 디지털 기기들을 사용하고, 네트워크를 통해 정보를 주고받는 상호 작용은 현대 사회에서 이제 매일, 매 순간 일어나는 아주 당연한 활동이 되었다.

이 글은 다음과 같이 진행된다. 먼저, 1980년부터 2020년까지 지난 40년간 디지털 기술의 성장을 기술 요소에 따라 살펴볼 것이다. 본론에서는 이

디지털 기술과 정치

런 기술의 변화 속에서 사회가 어떻게 변동해 왔는지를 정치적·행정적·경제적 사회의 변화 측면으로 나누어 살펴보고, 행위자들의 상호 작용이 어떻게 이루어졌는지를 논하고자 한다. 마지막으로는 사회의 변화가 다시 촉발하는 기술의 변화, 기술과 사회의 공진화에 대해 살펴볼 것이다. 이를 통해 디지털 기술을 바탕으로 한 기업과 시스템 전반의 변화가 요구되는 디지털 전환의 시대를 맞이하고 있는 현재, 우리 사회의 대응 방법에 대하여 고찰해 본다. 1980년대 이후 디지털 기술은 성장을 거듭하여 2020년대에 이르러서는 전 방위적인 사회 디지털 전환을 맞이하고 있다. 이에 디지털 기술과 함께 변화해온 정치·사회·기술의 변동에 대해 상호 작용과 공진화 관점에서 논의해 보고자 한다.

## 1) 디지털 기술의 발전

디지털 기술은 트랜지스터가 발명되면서 태동한다. 트랜지스터란, 전류의 흐름을 제어하는 데 사용할 수 있는 전류 구동 반도체 소자를 말하는데, 1947년 트랜지스터가 탄생한 이래로 반도체 기술은 빠른 속도로 발전하여 응용 분야가 매우 다양해졌다(Saxby 2009). 1948년에는 벨 연구소가 반도체 전계효과 트랜지스터(MOSFET 또는 MOS)를 발명했는데, 이 실리콘 모스펫이 20세기 후반에 폭발적으로 발전하게 되는 디지털 인프라, 디지털 전자 장치와 컴퓨터 집적회로의 기본요소가 되었다(Arns 1998). 정부, 군대, 그리고 대기업과 같은 조직들이 1950년대와 1960년대에 컴퓨터 시스템을 먼저 사용하기 시작하다가 1975년, 매사추세츠 공과대학교(MIT)에서 마이크로컴퓨터를 개발했다. 마이크로컴퓨터 시장은 1981년 가을 IBM이 최초의 개인용 컴퓨터를 선보이며 극적으로 확대되어 1980년대부터는 컴퓨터가 대

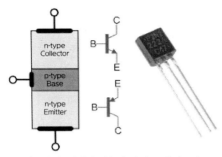

〈그림 1〉 디지털 기술의 시작, 트랜지스터 　　〈그림 2〉 최초의 휴대폰 다이나택
8000X(1983, 모토로라)

중에게도 친숙한 기계가 되었다. 휴대전화도 일종의 마이크로컴퓨터라고
볼 수 있는데, 최초의 휴대전화도 1980년대에 상품으로 출시되었다.

　컴퓨팅 기술과 함께 디지털 기술을 이루는 또 다른 중요한 기술요소의 한
축인 ICT 기술은 디지털 컴퓨팅 기기 사이의 정보를 교환하기 위해 개발되
었다. 1992년의 월드 와이드 웹(World Wide Web)은 도입되자마자 폭발적
으로 기술 수요가 증가하면서, 4년만인 1996년에는 인터넷이 대부분의 비
즈니스 운영에 있어서 필수적인 부분이 된다. 1990년대 후반에 이르러서
는 미국 인구의 거의 절반이 일상생활에서 인터넷을 사용하게 되었다(Pew
Research Center 2003). 미국과 일본, 유럽에서 먼저 발전하기 시작한 디지털
기술의 혁명은 2000년대 들어 개발도상국 전역에도 퍼지기 시작했다. 전
세계에서 휴대전화는 일반적으로 사용되었고, 인터넷 사용자의 수가 계속
증가했으며, 20세기의 전자기기인 텔레비전은 21세기부터는 아날로그 신
호에서 디지털 신호를 사용하는 형태로 전환되었다.

　2010년 이후, 인터넷을 사용하는 인구는 전 세계 인구의 25% 이상을 차
지하게 된다. 더불어, 세계 인구의 거의 70%가 휴대폰 기기를 소유하면서
무선통신(wireless communication) 기술이 매우 중요해졌다. 인터넷 웹사이

　　　　　　　　　　　　　　　　　　　　　　　디지털 기술과 정치

트와 모바일 기기 간의 연결은 ICT 기술의 새로운 표준이 되기 시작한다. 무선통신 기술은 1970년대 말의 1세대(1G) 기술에서 2020년 5세대(5G) 기술로 기술의 세대 발전을 거친다. 1세대 무선통신 기술인 휴대전화는 음성 서비스에 아날로그 전송을 사용했다. 1980년대 후반에 도입된 2세대(2G) 모바일 시스템은 음성 전송에 디지털 신호를 사용하며, 음성 서비스뿐만 아니라 SMS(단기 메시지 서비스)와 같은 저비트의 데이터 통신 서비스가 지원되었다. 1세대와 2세대 이동통신이 주로 음성 전송용으로 설계된 반면, 3세대(3G) 무선통신은 광역 무선 음성 전화, 영상 통화, 광대역 무선 데이터 등이 포함되도록 개발된다. 이어 2010년 시작된 4세대(4G) 이동통신 서비스를 통해 올 IP 패킷 교환망, 모바일 초광대역 접속, 멀티캐리어 전송 등이 가능해졌다. 그리고 2020년대에는 5세대 무선통신이 시작되었다. 사물인터넷(IoT: Internet of Things)과 4K 또는 8K의 초고화질 미디어 정보가 실시간으로 유통되는 기술이다. 모바일 네트워크의 발달과 확산은 디지털 정보를 보다 빠르고 효율적으로 전달함으로써 기업의 생산성을 향상시키거나 새로운 사업 기회를 창출하는 파급효과를 만들어 내고 있다(Kwon and Kim 2021).

## 2) 디지털 혁명

디지털 혁명은 아날로그 전자 및 기계 장치에서 오늘날 광범위하게 이용하고 있는 디지털 전자 장치와 디지털 정보통신으로의 기술 전환을 의미한다. 1980년대에 시작되어 현재 진행 중으로 볼 수 있는데, 크게 2차례의 혁명적인 기술 전환에 따라 제1차 및 제2차 디지털 혁명으로 나누어 파악할 수 있다. 1980년대와 1990년대에는 대량 디지털화(digitalization)에 기술적으로 집중되었다. 가정과 산업에서 사용하고 있던 아날로그 장치를 모두 디지털 기기로 바꾸는 대전환이 이루어졌기에, 제3차 산업혁명이라고도 불리는 시기다. 더 많은 제품과 서비스가 사이버 공간으로 인코딩되기 시작하면서, MIT의 미디어랩 책임자인 니콜라스 네그로폰테는 1995년 그의 획기적인 저서 *Being Digital*에서 "제1차 디지털 혁명"의 본질을 아주 핵심적으로 정의한다. 그의 정의에 따르면 제1차 디지털 혁명은 물질의 '원자 기반' 경제에서 벗어나 전자 이진 숫자 또는 비트(bit)의 생성, 조작, 통신 및 저장에 초점을 맞춘 경제로의 전환을 의미한다(Negroponte 1995).

많은 학자가 현재 우리는 제2차 디지털 혁명의 초기 단계에 있다고 본다 (Barnatt 2001; Merritt 2016; Drum 2018; Rindfleisch 2020). 이는 현대 사회가 디지털 기술이 하나의 방향성을 갖고 발전하는 흐름 속에 놓여 있는 것이 아니라, 디지털 기술의 변화 방향과 속도, 그리고 영향력이 현저히 달라지는 교차점에 있다는 것을 뜻한다. 기존과는 다른, 새로운 디지털 기술을 마주하고 있는 때이다. 제1차 디지털 혁명은 점점 더 많은 미디어, 제품, 서비스가 바이너리, 전자 형식으로 전환되면서 주로 대량의 '디지털화'라는 특징을 보였다. 이에 반해, 제2차 혁명은 전자, 디지털 콘텐츠를 지각할 수 있는 실제세계로 매일 끌어오는 대량의 '원자화'로 구별해야 한다는 시각도 제기된다(Barnatt 2001). 실물 공간의 물리적 세계와 사이버 공간의 디지털 세계 사이에 마찰과 구분 없는 변환이 마침내 완성되는 것을 제2차 디지털 혁명으로 보는 관점이다.

또 다른 표현으로는 산업 4.0 또는 '4차 산업혁명(FIR: Fourth Industrial Revolution)'으로 부르기도 한다. 재정 부문의 공공기관, 그리고 세계경제 포럼이나 헤지펀드, 경제학과 경영학 분야의 문헌들에서 주로 사용된다(김용열·박영서 2017; 서형준 2019; Edwards and Ramirez 2016; Hirsch-Kreinsen

2016 외 다수). 표현의 문제일 뿐, 우리가 몸담고 시대의 디지털 기술 변화가 단지 기술 혁신을 넘어 사회의 새로운 물결을 형성하고 있다고 보는 시각은 동일하다. 제2차 디지털 혁명을 통해 우리가 관찰할 수 있는 변화들을 예측하면 다음과 같다. 첫째, 초거대 정보(data)가 이전의 속도보다 한층 더 빠른 이동통신 기술로 더 많은 기기와 사용자에게 연결될 것이다. 두 번째, 이전에 없던 정보처리 기술은 인류에게 새로운 통찰력을 깨우칠 것이다. 세 번째로, 실제 일어났던 역사적 사실과 물리적 공간을 기록과 이미지 정보로 저장했던 것의 반대 방향의 전환이 더 활발해질 것이다. 예를 들면, 개인의 데스크톱과 3D 프린터를 통해 디지털 데이터로 존재하던 정보를 실물의 상품으로 만들어 내는 변화이다(Rindfleisch 2020). 마지막으로, 정보를 주고받고 처리하며 사유하는 주체가 더 이상 인류만은 아닐 것이다. 인공지능과 로봇, 가상의 디지털 트윈 휴먼이 정보를 주고받으며 인류의 노동이 필요가 없어지는 세계가 열릴 수 있는 것이다.

### 3) 디지털 경제

1990년대 후반, 미국의 노동력과 총요소생산성의 증가율이 급증한다. 신경제(New Economy)를 달성할 수 있었던 원인이 무엇이었을까? 칼손 (Carlsson 2004)은 인터넷과 결합된 정보의 디지털화가 우리가 신경제라고 부를 수 있는 광범위한 경제적 발전을 만드는 조합을 발생시켰다고 해석한다. 정보처리 기술과 통신 기술의 성장과 통합, 정교한 조합이 경제를 변화시키는 원동력이 되었다는 것이다. 소비자들이 일상적으로 컴퓨터 네트워크를 사용하여 판매자를 식별하고, 제품과 서비스를 평가하며, 가격을 비교하고, 시장의 영향력을 행사한다. 기업은 생산 프로세스를 수행 및 재설계하고, 조달 프로세스를 간소화하며, 새로운 고객에게 접근하고, 내부 운영을 관리하기 위해 네트워크를 훨씬 더 광범위하게 사용한다. 이렇게 상품과 서비스의 생산, 탐색, 분배, 소비 등 주요 경제활동이 '디지털화되고 네트워크화된 정보와 지식'이라는 요소에 의존하는 경제를 디지털 경제(Digital Economy)라고 정의할 수 있다.

디지털 기술이 발전을 거듭하면서 디지털 경제의 형성과 진화에 대한 분석 역시 이어졌다. 디지털 경제를 어떻게 정의하고 디지털 경제의 규모는 어떻게 측정할 것인가(Mesenbourg 2001; Barefoot et al. 2018)부터 앞으로의 발전 방향과 양상에 대한 예측(Brynjolfsson and Kahin 2002; Carlsson 2004), 경제 요소별로 어떻게 디지털 기술이 영향을 미쳤는지에 대한 세밀한 분석(Terranova 2000; Sadovaya 2019; Rodionov et al. 2021)까지 여러 문헌이 제시되었다. 디지털 기술의 가장 크고 가시적인 영향력이 경제 분야에서 이루어졌다는 점에서 디지털 경제에 대한 논의 역시 거대한 하나의 분야를 형성한 것이다.

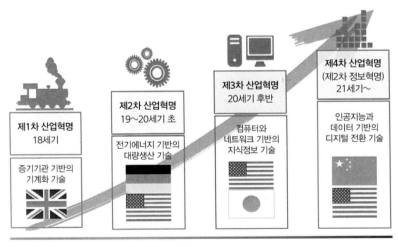

〈그림 3〉 산업혁명과 디지털혁명, 세계경제 주도 국가의 변화

디지털 기술과 정치

홀그루(Holgrewe 2014)에 따르면, 디지털 기술 분야는 기술적으로나 경제적으로 사회 전반의 진보와 혁신을 가장 분명하게 보여 주는 분야이다. 그는 20세기 이후 디지털 기술보다 더 사회와 경제 전반에 걸쳐 일과 삶을 눈에 띄게 변화시키는 기술은 없었다며 특히, ICT 기술은 기술 자체 발명보다도 기술의 적용을 기반으로 관행을 구축하고 동시에 사회의 다른 분야와 영역으로 확산되어 더 큰 변화를 촉발시킨다고 지적한다. 그렇다면 디지털 기술이 가져온 변화를 너무 경제의 영역에서만 관심을 기울이지 않았는지 되돌아봐야 할 때이다. 경제가 아니라, 사회는 디지털 기술과 함께 어떻게 변화했는가? 그리고 변화한 사회는 다시 어떻게 기술의 변화에 영향을 주고 있는가?

## 2. 디지털 기술과 현대 정치

디지털 기술이 현대 정치를 변화시키고 있다는 것에 많은 사람이 동의한다. 그러나 이러한 변화의 방향과 특징을 어떻게 규정할 것인가에 대해서는 의견이 분분하여 디지털 정치라는 현상을 설명하는 이론적 체계는 정립되지 않고 있다. 아직은 디지털 기술이 어떻게 정치에 영향을 미치는지에 대해 주요 특징을 짚고 체계적으로 이해하려는 논의들이 활발히 제시되고 있는 단계이다. 어떤 학자들은 새로운 디지털 미디어 플랫폼, 예컨대 페이스북(facebook)이나 트위터(twitter)와 같은 소셜미디어와 현대 정치 사이의 독특한 역학에 집중하여 인터넷이 민주적 거버넌스의 질을 극적으로 높일 수 있다고 낙관적인 해석을 내놓는다(Farrell 2012; Singh 2013). 반면에, 디지털 플랫폼에서의 정치 활동과 표현의 실제 패턴을 조사한 일부 정치학자들은 디지털 플랫폼이 민주주의 정치에 평등이나 포용을 가져올 것이라는 예측에 회의적인 태도를 보이기도 한다(Hindman 2018). 펑 등(Fung et al. 2013)은 디지털 기술이 민주적 정치에 어떻게 영향을 미칠 수 있는지 분석하고 여섯 가지 모델을 개발하여 제시하고 있는데, 정치에 미치는 기술의 영향에 대한 낙관론과 회의론, 두 가지 반대되는 관점이 어떻게 현실에서는 동시에 나타날 수 있는지에 대한 통찰을 제공하고 있다.

디지털 기술이 정치를 변화시키는 첫 번째 원동력은 정보의 이동 속도이다. 디지털 기술은 의사소통의 흐름을 가속화하고, 전통적인 통신 매체인 라디오와 TV의 일대일 정보 교환에서 다수 매체와 다수사용자의 다대다(多:多) 교류를 가능하게 하고, 방대한 양의 정보를 획득하는 비용을 낮춰 0 정치적 견해를 포함한 모든 종류의 견해를 만들고 표현하는 비용을 낮춘다. 직관적으로, 이런 ICT의 원동력이 시민 간의 상호 작용을 촉진함에 따라 더 합리적이고 새로운 정치적 합의로 이어질 것이라고 기대하게 만들었다.

정치의 영역에서 디지털 기술이 가져오는 변화의 또 다른 중요한 동력은 '무엇'을 소통할 것인지, 즉 의제 정보의 생산을 언론이나 정치가뿐만 아니라 더 다양한 이해관계자와 개인 수준으로 확산시킨 것이었다. 정보의 생산이 더 평등하고 광범위하게, 주체적으로 이루어질 수 있는 가능성은 더 많은 사회문제를 더 빠르게 정치적으로 해결할 수 있을 것 같은 낙관을 심어 준다. 하지만 현실에서는 디지털 채널을 통해 조직적으로 정보를 생산하고, 이 정보로 정치적·경제적 이득을 취할 수 있는 경우 더 많은 생산을 위해 정보의 조작이 수반되는 현상이 등장하였다. 그리고 조작된 정보는 디지털 기술에 힘입어 더 빠르게 멀리 이동된다. 현대 사회에서 '가짜뉴스(fake news)'가 중요한 사회과학의 연구 주제로 대두된 데에는 디지털 기술의 특징이 크게 영향을 미친 것이다.

가짜뉴스는 미국의 대통령 선거부터 아랍의 봄까지 문화 전반에 걸쳐 주목을 끌었다. 검증해 보면 명백히 사실이 아닌 거짓 정보임에도 의도적으로 이를 퍼뜨려 대중을 선동하기 위해 만들어 낸 뉴스를 가짜뉴스라고 한다. 김형지 등(2020)은 가짜뉴스의 핵심이 '사실성의 수준(level of facticity)'과 '속이려는 의도(intention to deceive)'라는 두 개의 축이라고 본다. 역사적으로 정치 마케팅에서 오랫동안 미디어를 통해 정치적 메시지에 두려움과 설득의 언어를 전략적으로 사용한 것이 사실이지만, 소셜미디어와 인터넷 언론이 그 경향을 더욱 강화한 결과가 가짜뉴스의 유통이다. 흥미로운 점은 인터넷을 통해 가짜뉴스를 접한 시민들은 다시 인터넷 검색을 사용하여 그 뉴스가 사실인지를 판단할 수 있는 정보를 얻을 수 있음에도 불구하고 가짜뉴스의 폐해가 쉽게 바로잡아지지 않는다는 점이다.

사람들은 정치에 대해 일반적으로 회의적인 태도를 갖고 있는 경우, 가짜뉴스와 진실된 뉴스의 차이를 명확하게 구별하려고 하지 않는다(Nielsen and Graves 2017). 박연진·김관규(2022)는 정치적 의도를 갖고 만들어진 가짜뉴스의 수용과 확산이 어떻게 이루어지는지 분석하며 지각된 편향 정보 처리와 3자 지각 효과를 영향요인으로 제시하고 있다. 가짜뉴스가 가짜임을 알아차리는 데에는 인터넷이나 디지털 기기의 활용 능력보다 개인의 정치적 신념이 더 크게 영향을 미친다는 것이다. 동시에, 사람들은 가짜뉴스에 대해 나보다 타인이 더 영향을 많이 받는다고 응답했다. 즉 내가 읽은 뉴스는 진실된 정보라고 쉽게 믿고, 타인이 갖고 있는 뉴스는 반대로 가짜뉴스일 것이라는 확증편향이 쉽게 만들어진다는 의미이다. 가짜뉴스를 수용할 때는 기존의 정치적 신념이 강하게 작용하며, 그 뉴스를 재확산하고자 할 때는 정보의 객관성을 확신하느냐가 아니라 자신의 신념과 정치지식을 바탕으로 타인을 설득하고자 하는 목적의식이 있느냐가 강한 동력이 되었다.

디지털 정치의 시대, 사람들은 가짜뉴스를 경계해야 한다는 인식과 동시에 비판적으로 뉴스를 읽어야만 하는 심리적 압박에 의해 뉴스 피로감과 정치 혐오가 누적된다(이정훈 2019). 이는 다시 시민의 정치에 대한 회의적 시각을 강화하고, 가짜뉴스와 진실된 뉴스의 옥석 가리기에 덜 관심을 기울이며, 그 결과 악의적인 거짓 정보가 디지털 네트워크, 특히 소셜미디어를 통해 유통되는 부정적인 사이클에 갇힐 우려가 있다. 디지털 소셜미디어에서 시장에 진입하고 콘텐츠를 제작하는 고정 비용은 거의 없다시피 한다. 이는 가짜 뉴스의 생산자들의 상대적 수익성을 높여 주며, 품질에 대한 장기적인 명성을 구축할 상대적 필요성은 감소시킨다(Allcott and Gentzkow 2017). 더군다나 소셜미디어의 특성이 기사의 진실성을 판단하기 어렵게 만들 수 있다. 박시 등(Bakshy et al. 2015)은 1,010만 명의 미국 페이스북 사용자들이 사회적으로 공유된 뉴스에 대해 어떻게 상호 작용하는지 조사했는데, 페이스북 친구 네트워크가 정치적으로 분리되어 있음을 발견했다. 프로필에 정치적 경향성을 표시해 둔 사람들의 네트워크에서 서로 반대되는 정치적 성향을 가진 친구들의 비율은 진보주의자들의 경우 20%, 보수주의자들의 경우 18%에 불과했다. 사람들은 그들의 이념적 입장과 일치하는 뉴스 기사를 읽고 공유하지만 그렇지 않은 경우에는 공유하지 않았다. 이는 디지털 시대에 이미 일상으로 자리 잡은 소셜미디어를 통해 사람들이 단지 이념적으로 입맛에 맞는 뉴스만 전달받을 뿐, 잘못된 정보에 대항할 수 있는 사실에 대한 증거는 그보다 훨씬 덜 읽게 될 것이라는 가능성을 시사한다.

보다 장기적인 관점에서, 디지털 기술이 정치에 긍정적인 변화를 가져올 수 있을까? ICT 도구를 사용하여 공개적으로 중요한 문제에 대한 많은 양의 정보를 집계하고 이를 온라인 플랫폼에서 대중이 접근 가능한 방식으로 제시하며 다른 시민 사회 행위자들에게 전파할 수 있다는 점에서, 디지털 기술이 민주주의의 발전을 위해 활용될 가능성은 열려 있다. 디지털 민주주의를 하나로 정의하기는 쉽지 않다. 디지털 민주주의는 디지털 환경과 기술의 활용, 가상 및 실물세계의 정치 활동, 사회적 제도, 정치 운동의 집합체이기 때문이다. 어떤 사람들에게는 정보를 제공하고 투명성을 촉진하기 위해 디지털 도구를 사용하는 것으로 규정되는 반면, 다른 사람들에게는 정보통신기술(ICT)이 시민의 참여를 넓히고 심화시키는 것으로 설명되거나, 시민들이 온라인 도구를 통해 직접 결정을 내릴 수 있도록 함으로써 권한 부여를 촉진하는 방법이 디지털 민주주의로 정의되기도 한다. 디지털 민주주의에 대한 합의된 정의는 존재하지 않지만, 공통적인 요소는 "디지털 도구와 기술을 이용한 민주주의의 실천"으로 정의할 수 있다(Hague and Loader 2005; Van Dijk 2012).

디지털 시대가 시작되며 많은 학자와 실천가는 새로운 ICT 기술이 시민들과 정치인, 그리고 정책 입안자들 사이에 직접적인 연결을 만들어 민주주의에 중요한 기여할 것이라고 생각해 왔다. 예를 들면, 민주주의를 위한 디지털 플랫폼은 공개 캠페인과 시민의 정치참여 활동이 보다 쉽게 이루어질 수 있는 기반을 제공할 수 있다. 데저리스와 비토리(Deseriis and Vittori 2019)는 소셜미디어 플랫폼(SMP)과 디지털 민주주의 플랫폼(DDP) 사이에는 상당한 차이가 있다고 지적하며, SMP는 수익성을 높이는 것이 주된 기능으로 데이터화, 상품화 및 선택 메커니즘을 갖고 있지만, DDP에는 대부분 오픈소스로 개발되며, 이윤을 추구하는 기능이 없다는 점에 주목한다. 그렇기에 DDP는 온라인 참여와 심의 민주주의를 달성할 수 있는 잠재력을 가지고 있다(Hands 2011; Kies 2010)는 주장도 제기된다. 정보가 온라인 플랫폼에 투명하게 저장되고 언제든지 정밀하게 조사될 수 있기 때문에 ICT는 이러한 민주주의적 정치 활동에 신뢰성을 더해 주며 사회적 신뢰를 강화할 수 있다는 것이다. ICT 기술이 시민과 정부 사이의 중도자, 즉, 전통적인 조직들과 미디어를 제거하고 직접적이고 참여적인 디지털 민주주의 시대를 촉진할 것이라고 기대하는 관점이다(Coleman 2017).

조희정 등(2016)은 온라인 청원, 크라우드소싱 등의 실제 경험사례를 분석하여 디지털 기술이 시민의 민주적 정책 관여에 도움이 되고 있음을 보이고, 기술을 통해 민주적 요소들이 개입 정당성(Throughput Legitimacy)을 확보해 나가고 있음을 보여 준 바 있다. 미국에서 설립된 사회적 기업인 '체인지닷'은 공공문제 해결을 위한 온라인 플랫폼으로 미국의 아동 살해범 기소, 애플(Apple)의 하청업체 폭스콘(Foxconn)의 노동착취 반대, 뉴욕 경찰의 휴대용 감시카메라 의무착용 등의 이슈에 공감하는 사람들이 '온라인 서명'이라는 형태로 의제를 형성하고 정치적 압력을 형성하게 했다. 2015년 스페인 마드리드시는 '디사이드 마드리드'를 통해 시민들이 직접 시 재정과 입법, 행정 과정에 참여하는 기능을 제공하는 서비스를 사용하였다. 그 결과, 2개월 만에 약 4,000개의 시민제안이 실제로 시 정부의 행정과 도시계획, 예산 편성에 반영된다. 솔로프(Solop 2001)는 2000년의 미국 애리조나주의 민주당 예비선거를 분석하여 인터넷 투표 방식이 시민들의 선거 참여율을 크게 높였다는 사실을 발견한다.

기술 활용 방식의 가능성과 구체적인 사례로 제시되는 경험적 증거들은 디지털 기술과 정치가 함께 좀 더 성숙하면 우리 사회가 보다 발전된 정치 시스템을 만들 수 있음을 기대하게 한다. 하지만 셔키(Shirky 2008)가 디지털 기술을 통해 기존의 엘리트 중심의 수직적 권력체계가 수평적 권력구조

디지털 기술과 정치

로 바뀌어 갈 것이라 낭만적으로 예측한 것과는 달리, 온라인 정치행동 플랫폼인 '마이 소사이어티'에 주로 참여하는 사람들은 고등교육을 받은 백인 노인이었다는 분석(Gibson et al. 2014)이나 인터넷 투표는 상대적으로 교육을 잘 받은 젊은 유권자들(Solop 2001)에게 편의를 제공했다는 결과는 아직 디지털을 통한 정치발전을 위해 많은 과제가 남아 있음을 시사한다. 혁신적 ICT 도구는 이제 현대 정치에서 자주 사용되지만, 아직 실험적인 시도들이 대부분이며, 명시적으로 지속·신뢰할 수 있는 기술활용 전략이나 이후의 상황 변화에 적절히 대응하기 위한 방안에 대한 논의도 깊이와 역량도 부족하다. 정치 분야의 디지털 기술 적용에 대해 적극적으로 같이 협력하고, 집단적으로 사고하는 커뮤니티 능력의 축적이 필요하다.

## 3. 디지털 기술과 공공 서비스

공공 부문, 특히 중앙정부와 지차제 행정기관은 시민들과 지역 사회를 지원하기 위한 도구로 디지털 기술을 빠르게 받아들여 사용하기 시작했다. 일자리나 생활에서 디지털 기술에 익숙해진 시민들이 양질의 디지털 공공 서비스를 제공받고자 하는 의식이 뚜렷해졌기 때문이다. 이런 시민의 요구는 온라인 공공 서비스 전자정부의 패러다임으로 빠르게 구체화되었다. 경제협력개발기구(OECD 2014)는 전자정부의 개념을 다음과 같이 설명한다. "전자정부는 정보통신기술, 특히 인터넷을 좋은 거버넌스를 위한 도구로 사용하는 것이다." 즉, 전자정부는 공공 행정에서의 새로운 사고, 행동을 가능하게 하는 디지털 업무 방식으로의 전환을 의미한다. 예를 들면, 이번 주에 새로운 꽃이 심어진 공원이나, 실시간 교통 정체 상황 등의 다양한 정보

〈그림 4〉 한국 공식 전자정부 웹사이트, "대한민국 정책브리핑"

를 대중에게 더 투명하게 공개, 전달하거나 행정 절차를 안내하는 대화형 챗봇 서비스 등 첨단 ICT의 사용 등이 전자정부가 들어서면서 가능해진 새로운 변화이다.

　전자 거버넌스는 시민들과 이해관계자들을 참여시키고 그들이 공공 서비스를 공동으로 생산하도록 하는 것에 관한 것이며, 전자정부는 시민들을 이러한 서비스의 소비자로 간주한다. 디지털 민주주의가 공동체의 의사 결정에 대한 시민의 참여를 강조하는 반면, 전자 거버넌스는 정부 정책의 시행과 서비스 제공에서 시민의 역할을 강조한다. 디지털 기술을 사용하여 정책 및 서비스 생산에 협력하기 위해 시민 및 이해관계자가 외부 네트워크에서 정부와 어떤 관계로 역할을 나누고 서로 영향을 주고받아야 하는지가 전자 거버넌스와 혁신 논의에서 오랫동안 중요한 관심사였다.

　1990년대 이후, 전자 거버넌스를 통해 공공 부문을 혁신하고자 하는 시

디지털 기술과 정치

도와 논의가 급속하게 성장한다(Altshuler and Bhen 1997; Moon 2002; Gilbert et al. 2004; Schwester 2009; Sørensen and Torfing 2011 외 다수). 이는 디지털 거버넌스의 발전에 불리하게 작용하는 법적, 사회적, 기술적 또는 제도적 요인이나 맥락을 진단하여 교정하기 위한 분석으로 이어진다. 대표적으로는 정부의 조직이 인적·기술적 역량이 충분해야 하며(Moon 2002), 정치적 지원(Schwester 2009)과 더불어 디지털 거버넌스로 전환을 이끄는 리더십(Eynon and Margetts 2007)이 필요하다. 더하여, 행정 조직 간에도 정보를 투명하게 공개하고 통합된 시스템에서 의한 관리를 위해 부처 자율성을 포기하는 데 오는 반발이나 장벽(Sørensen and Torfing 2011)을 제거해야 하며 프라이버시와 보안에 대한 신뢰(Gilbert et al. 2004)가 형성되어야 한다.

한편, 디지털 기술을 습득한 정부와 공공기관이 '좋은 거버넌스'에만 기술을 사용할 것이라고 보장할 수 있을까? 2013년 6월, 영국 가디언지는 미국 국가안보국(NSA)과 영국 정부통신본부(GCHQ)가 대중에 대한 광범위한 비밀 감시를 수행하고 있다는 기사를 게재한다. 며칠 후, 제보자 에드워드 스노든(Edward Snowden)의 정체가 밝혀졌고, 이 이야기는 전 세계적인 뉴스가 되었다. 디지털 기술을 활용한 정부의 시민 감시에 대하여 대중은 심각하게 인식하게 되는 계기가 되었고, 시민의 사생활 권리와 기밀문서 공개로 인한 보안 위협 사이의 정치적 갈등이 드러나게 되었다. 스노든의 내부고발은 온라인 개인 정보 보호, 디지털 보안, 디지털 권리에 관한 광범위한 논쟁을 촉발시켰다. 사람들은 전자정부를 통해 디지털 공공 서비스를 받는다는 것이 단지 정부의 정보를 열람하기 쉬워졌다는 의미뿐만 아니라 공공 기관에 본인의 고유정보가 식별된 상태로 넘어갈 수 있음을 깨달았다. 국가가 다른 한편으로는 시민을 감시할 기회와 사회를 효율적으로 통제할 수단을 갖게 된 것이다.

디지털 사회에서 국가의 정보통제와 조작은 다양한 사상의 자연스러운 대립과 알력이 존재하는 균형을 깨뜨릴 수 있다. 개인은 정보수집에서부터 정부에 의해 조작된 정보를 얻게 될 가능성이 존재하며, 이미 자유롭지 못한 정보제약을 받게 될 가능성이 농후하다(이동훈 2010). 시민이 표현권과 정보의 향유 주체가 아니라 국가권력에 의한 정보통제의 조작 대상으로, 비대칭적인 정보 속에서 무기력해질 수 있다. 실례로 중국 정부는 민간 IT 기업과 디지털 경제의 활성화를 통해 얻게 된 방대한 데이터를 국가의 통치 방향에 맞게 활용하고자 민간 기업의 데이터에 접근하고 이를 저장, 수집하기 위한 다양한 정책과 규정을 입안하는 전략을 채택하고 있다. 중국의 디지털 통제전략은 정부 기관이 통제하는 사이버 네트워크, 사회 감시 체제와 알고리즘을 통해 시민을 감시하고 통제하는 권력, 빅 브라더를 통해 소위 '기술-권위주의 초강대국'을 건설하려는 시진핑(習近平)의 비전을 포함한다(이상빈 2021). 중국의 디지털 정책은 민간 IT 기업과 정부 사이의 협력과 규제를 통해 21세기 권위주의 통치구조와 디지털 독재를 확립해 가는 데 사용되고 있다.

하지만 공공 기관과 민간 기관 간의 상호 정보 운용성은 디지털 정부를 효율적으로 구현하는 데 핵심적인 요소이다(Headayetullah and Pradhan 2010). 예를 들어, 휴대폰에서 민간기업의 교통정보 애플리케이션을 활용해서 길을 찾고자 할 때 실시간 교통정보가 반영되어 덜 막히는 길을 안내받는 것은 교통 상황에 대한 경찰이나 지자체의 교통정보 시스템 정보를 민간에서 받아 사용할 수 있기 때문이다. 디지털 정보의 공공-민관 상호 운용성, 정보 공유 프로토콜 및 보안 시스템의 구축은 디지털 기술 기반 도구를 사용하여 여러 네트워크 환경에서 다양하고 분산된 조직 간에 정보를 공유하기 위해 필수적이다. 각국의 정부는 정책 영역의 문제를 해결하

디지털 기술과 정치

기 위해 정보 공유와 통합을 점점 더 강화하고 있다. 사회적인 신드롬의 발견과 선제 관리, 테러 방지, 감염병 예방을 위한 캠페인, 이민과 국경 통제, 마약 밀매 등의 문제는 민간과 공공 부문 정보 운용을 넘어 국가와 국가, 즉 국제적인 수준에서의 정부 기관들 사이의 정보 공유와 협력을 요구하고 있다. 효율적인 디지털 정보 공유를 어떻게 할 것인가, 프로토콜과 보안기술의 발전에는 많은 어려운 과제가 남아 있다. 5G, 6G와 같은 더 빠른 네트워크와 블록체인과 양자암호 통신 등이 이러한 과제를 해결하는 새로운 기술로 개발되기도 한다. 사용자가 전 세계적으로 다양한 네트워크와 데이터베이스에서 쉽고 완벽하게 정보를 공유하고 상호 작용할 수 있도록 안전하고 신뢰할 수 있는 정보 공유 프로토콜과 시스템이 개발되는 것도 물론 중요한 기술적 과제일 것이다.

디지털 기술과 데이터는 혁신적이다. 덕분에 현대의 사람, 정당, 기업, 정부는 과거와 다르게 살고 있다. 상호 작용하고, 일하고, 생산하는 모든 활동에 디지털 기술을 사용한다. 그리고 이러한 기술의 흡수와 적응(adaptation)은 빠르게 가속화되고 있다. 빠르게 진화하는 세상에서 성장과 웰빙을 위한 디지털 기술과 데이터의 엄청난 약속을 어떻게 실현할 수 있을까? OECD(2019)는 정부가 시민, 기업 및 이해관계자와 함께 삶을 개선하기 위해 디지털 전환을 구체화할 수 있는 정책을 추진할 수 있다고 본다. 대표적으로, 정책을 통해 디지털 인프라에 대한 접근성을 향상시키고 데이터 기반의 디지털 혁신과 함께 사회 신뢰성을 높이며, 동시에 디지털 집약 부문에서 좋은 일자리를 창출하고 사회적 비용은 감소시키는 제도를 마련해야 한다고 지적한다. 하지만 이러한 정책들이 개별적으로 성공할 수는 없다. 디지털 시대의 좋은 정부는 정책을 큰 틀에서 바라보고 모든 이해관계자 사이에서 효과적인 조정을 관리(governance)하면서 공공 서비스의 디지털 전환을 함께 추구해야 한다.

결론적으로 공공 부문의 디지털 기술 활용과 혁신의 과제는 강력한 기술과 조직구조, 법적 기반 등을 개발하여 전통적인 정부와 행정 부문의 경직된 구조적 장벽을 극복하는 것뿐만 아니라 거버넌스에 어떻게 기술적 요소를 사용하는지에 대한 문화를 바람직한 것으로 형성하는 것이다. 공공 부문에 단지 새로운 기술을 적용하는 것 자체를 목표로 간주하는 경우가 너무 많은 것을 경계해야 한다. 공무원과 시민들은 새로운 기술만으로 변화의 동기가 생기지 않는다. 기술이 담보하는 가능성과 기회를 공공가치의 생산으로 연결하는 프레임이 마련될 때, 사회에는 기술과 전자 거버넌스에 대한 신뢰가 형성될 수 있다. 기술 그 자체로 동기부여를 받는 공무원과 시민은 거의 없다. 사회에 대한 기여, 투명성과 안전성을 높인다는 사회구성원의 공감 측면에서 전자 거버넌스를 구성하는 것이 공공의 디지털 전환 성공을 위한 필수조건이다.


## 4. 디지털 기술과 사회의 공변화

산업혁명 이후, 인류가 경험해 온 과학기술은 인류 삶의 질을 높여 주면서, 동시에 공동체와 사회의 요구와 필요에 따라 발전을 지속하는 벡터였다. 기술의 발달과 사회 변화의 상호 관계에 대해 어느 요인이 변화를 추동하는가에 따라 기술결정론과 사회결정론으로 구분될 수 있다. 서로 다른 해석적 접근일 뿐, 두 시각 모두 기술과 사회변화가 서로 밀접히 상호 연동되어 있다는 사실에는 동의한다. 공진화적 관점에서 기술 혁신은 새로운 비즈니스 모델을 창출하고 새로운 사회 문제를 제기한다. 새로운 비즈니스 모델은 기존의 비즈니스 모델과 대립하기 마련이며, 기존의 사회 시스템은 새로운 비즈니스 모델의 확산에 걸림돌이 되는 경우가 많다. 따라서 기술 혁신이 새로운 산업 생태계의 발전으로 이어지기 위해 제도, 법률, 교육 등 다양한 사회 혁신이 필요해진다. 즉 새로운 기술과 비즈니스 모델이 새로운 사회를 요구하며, 사회적 규범과 문화의 변화, 새로운 정치적·경제적 질서 등을 수반한다. 균형, 규칙, 규범을 포함한 제도적 요인은 사회적·경제적 상호 관계를 규제하는 공식적·비공식적 사회적 제약을 의미한다(Ostrom 1986; North 1992). 이들은 자원의 분배에 영향을 미치고 궁극적으로 혁신의 성공을 결정한다(Mueller et al. 2013).

주요 선진국들은 기술 혁신 시스템의 설계를 하나의 정책 과제로 인식하고 다양한 노력을 기울이고 있다. 이런 노력에는 과학기술정책의 기획 및 조정 기능 강화, 관련 부처 간의 연계 및 통합제고, 사회적 수요 반영 등이 포함된다. 이런 경향 속에서 국가혁신시스템(NIS, National Innovation System) 관점이 등장, 기술 혁신을 파악하는 주된 패러다임을 형성하고 있다. 국가혁신시스템이란, 새로운 기술을 획득하고 개량하며 확산시키기 위해 기술개발 관련 행동과 상호 작용을 수행하는 공공 및 민간부문 조직들 간의 네트워크(Freeman 1987) 또는 기술의 탐색과 탐구활동(searching and exploring)에 영향을 미치는 국가의 모든 조직과 제도(Lundvall 2007)라고 정의된다. 앞에서 우리는 주로 디지털 기술이 어떻게 정치와 행정, 공공 부문에 영향을 미치고 있는지를 살펴보았다. 반대로 사회의 법이나 제도, 정치적인 결정이 기술의 발전에 어떤 영향을 미칠 수 있을까?

1994년 일본의 자동차 부품회사인 덴소기업 산하의 덴소웨이브는 처음으로 정사각 2차원 매트릭스 형태의 QR코드를 개발하여 보급한다. 스마트폰의 보급과 더불어 전자금융, 교통승차권, 상거래, 각종 전자문서의 발급

등 그 사용처가 폭발적으로 증가하였다. 그중에서 가장 많이 사용되는 영역은 전자금융(핀테크, FinTech) 분야로, 알리페이와 위챗 등 중국의 모바일 간편결제 시장이 대표적이다. 중국의 모바일 간편 결제시장은 중국 통신기술의 발전, 스마트폰의 보급 및 사용 확대, 전자상거래의 발전, 비현금 결제 수단의 상대적 부족, 중국 중앙정부의 제도적 지원 등이 복합적으로 작용하여 급성장을 하게 된다(왕영·장동식 2021). 중국에서의 모바일 결제는 주로 스마트폰의 QR코드 인식 기능을 통해 이루어진다. 소비자가 스마트폰에 본인의 결제정보를 QR코드로 표시하면 상점에서 다시 이것을 스마트폰으로 읽어서 거래하거나, 상점에서 상품의 QR코드를 인쇄하여 붙여 둠으로써 소비자가 스마트폰으로 인식한 뒤 지불하는 방법이 사용된다. 중국의 모바일 결제 이용률은 71.4%로 한국의 2.7배에 달한다.[1]

아이러니하게도 QR코드를 발명한 일본에서는 이런 핀테크의 발전이 답보 상태이다(Yoshino et al. 2020). 일본의 경우에는 2020년에도 현금결제가 가장 보편적인 결제수단으로, 2027년까지 비현금결제 비율을 40% 정도 수준으로 높이는 것을 정책목표로 하고 있다. 디지털 기술의 발전을 주도한 일본이 전자 상거래의 촉진에는 어려움을 겪는 이유는 무엇일까? 기존 관련 문헌에 따르면 핀테크 서비스(특히 모바일 머니)는 전통적인 은행 기반 금융 시스템이 낙후된 개발도상국에서 금융 포용성을 높이는 데 도움이 된다는 지적이다(Suri 2017). 인터넷을 활용하기 위한 1세대 인프라(개인용 컴퓨터, 광대역 유선 인터넷 등)가 발전하지 않아 신용카드로 대표되는 1세대 전자상거래는 발전이 더디거나 아예 없었던 사회가 외려 모바일 기기를 통한 핀테크의 발전이 폭발적으로 전개될 수 있는 토양을 제공했다는 것이다.

---

1  "중국 모바일 결제 이용률 71.4%···한국의 2.7배"(2019년 9월 23일). 연합뉴스, https://www.yna.co.kr/view/AKR20190922045300003

다른 연구들에서도 모바일 및 인터넷 기반 금융 서비스의 채택에 영향을 미치는 사회제도적 요인들이 확인된다(Jack et al. 2013; Afawubo et al. 2020). 더하여, 안수현(2019)은 일본이 전자결제 확대를 정책목표로 세우고 있음에도 불구하고, 간편결제 관련 법제가 상거래 서비스의 제공 형태에 따라 법적 용의 가능성이 다르며 기존의 업태에 해당되지 않는 서비스도 존재하여 사각지대가 많아 발전을 저해하고 있다고 진단한다. 일본에서 신용카드조차 잘 쓰지 않는데에는 사람들이 개인 데이터를 넘겨 주는 것을 꺼리는 문화가 있다는 지적도 있다.[2] 개인정보의 취급에 대한 심리적 저항 장벽이 사회의 디지털 기술의 적응(adaptation)에 부정적인 영향을 주고, 이것이 다시 모바일 전자결제 기술에 악영향을 미친다고 해석할 수 있다.

디지털 기술의 혁신과 보급이 사회의 제도적, 문화적 요인에 의해 영향을 받는 것은 비단 모바일 전자결제에만 국한된 이야기는 아니다. 국가의 경제발전 정도와 교육 수준, 인구 밀도, 표준화 정책, 디지털 시장의 경쟁 및 통신망 인프라 등이 포괄적인 디지털 기술에 영향을 주는 요인으로 분석되고 있다(Kwon and Kim 2021). 이오네스쿠 등(Ionescu et al. 2022)은 디지털 기술에 사람들이 잘 적응하는 데는 법치주의부터 정부 효율성, 창업 용이성 등 문화 및 제도적 구조가 크게 영향을 미친다고 이야기하고 있다. 경제, 정치, 법률 시스템 등의 여러 사회 영역에 걸쳐 디지털 기술을 받아들이고 활용하고자 하는 제도적 프레임워크가 잘 통합되어 개발된 곳에서 높은 수준의 디지털 기술 활용과 보급이 발생한다는 것이다.

핀테크 개발의 예시나, 디지털 기술 혁신에 영향을 미치는 사회적 요인에 대한 연구들은 기술의 혁신과 사회의 변동이 상호 영향 관계에 있음을 다

---

2 "핀테크와 일본의 미래를 생각한다"(2017년 12월 25일). 트레저데이터 주최 공동세미나 발제 https://plazma.red/ko/fintech-seminar-1/

시 한 번 보여 준다. QR코드 기술이 중국의 모바일 결제 활성화의 중요한 기술적 도구가 된 것은 사실이지만, 일본 사례는 기술만으로는 사회가 변하지는 않는다는 것을 보여 준다. 기존의 연구들은 사회가 변화하고 제도적인 틀을 갖추는 것이 차세대 디지털 기술의 혁신을 위한 선결조건이라고 말한다. 문제는 미래에 유망하다고 기대되는 디지털 기술의 혁신에 어떤 제도와 문화가 기반이 되고 영향을 미치는지에 대해 먼저 분석하고 파악하기는 어렵다는 것이다. 기술의 혁신을 앞당길 수 있는 사회적 요인을 포착하는 가장 현실적이고 합리적인 접근법은 그 기술이 실현될 때 미래 사회가 어떻게 변화할 수 있는지에 대해 많은 채널에서 많은 사회 구성원이 상상하고 논의하는 것이다. 긍정적인 변화와 달성할 수 있는 발전부터 우려되는 부작용과 사회 구성원들의 가치관까지 기술이 변화시킬 수 있는 사회의 다양한 면면에 대해 이야기하는 미래 사회의 풍부한 담론이 필요하다.

## 5. 결론

현대 사회의 광범위한 디지털 전환을 고려할 때 정치적, 사회 구조적, 제도적 변화에서 디지털 기술의 역할을 무시하는 것은 점점 더 어려워지고 있다. 정치와 행정, 그리고 경제에서 디지털 기술이 과연 사회 변화의 방아쇠(trigger)인지 매개체(carrier)인지, 혹은 수용체(recepter)인지는 흥미로운 주제다. 변화의 방아쇠로서 디지털 기술은 어떤 사회의 변화가 실제로 만들어질 때 새로운 구조를 제공하는 촉매 역할을 하는 경우가 많았다. 매개체로서 디지털 기술은 사람들이 갖고 있는 변화에 대한 요구를 빠르게 유통시키는 채널의 역할을 하였다. 수용체로서의 디지털 기술은 현대 시장경제에서 소비자의 요구에 부합하는 서비스를 제공하는 공급자적 역할을 수행하기도 한다. 현재 기술 혁신의 물결과 사회 변동의 관계는 산업 4.0이나 디지털 전환, 디지털 자본주의와 같은 복합적인 표현으로 서술된다. 이 글에서는 디지털 기술과 사회의 변화를 아주 큰 갈래에서 몇몇 중요한 현상만을 짚어보았다.

'디지털 혁명'이라고 불리는 변화가 사회의 조직을 좀 더 빠르고 유기적으로 움직이게 한 것은 사실이다. 하지만 디지털 민주주의에 대한 논의가 낙관적으로 기대한 더 수평적이거나 평등한 분배는 이루어지지 못했다. 경제적 관점에서 요소생산율이 극적으로 올라간 것에 비해 노동자들의 의사결정력이나 자율성은 딱히 크게 높아지지 않았다. 정보통신기술에 즉시 접근할 수 있는 사람들과 그렇지 못한 사람들 사이에 존재하는 격차를 정의하는 정보 격차(digital divide)라는 용어가 등장할 정도로 디지털 기술은 더 많이 교육받거나 고도로 숙련된 극히 일부에게만 더 창의적인 기회가 주어지도록 만들기도 하였다(Van Dijk 2006). 1990년대 인터넷의 발달과 함께 지구촌의 격차 해소와 공동 발전을 기대했던 사람들도 있었지만, 선진국과 저개발국가 사이의 격차가 감소했다는 뚜렷한 증거는 보고되지 않고 있다. 이는 사회적으로 긍정적인 변화는 신기술의 개발이나 혁신 그 자체로는 결정되거나 만들어질 수 없다는 것을 보여 준다. 디지털 혁명, 디지털 전환이 미치는 영향이 선형적이지도, 일방적이지도 않다는 점을 기억해야 할 것이다.

이 글은 기술의 변화 속에서 사회가 어떻게 크게 변동해 왔는지 크게 세 가지 분야(정치, 공공, 경제)로 나누어 개괄적으로 살펴보았다. 디지털 기술 분야는 여전히 개발되지 않은 성장 잠재력을 가지고 있다. 보다 발전된 민주주의 정치, 공공 서비스, 효율적 시장 시스템을 디지털 기술의 활용을 통해 달성할 수 있다. 혁신적인 디지털 ICT 도구는 현대 인류에게 주어진 새로운 불(火)이라고 볼 수 있다. 다만, 여기서 살펴본 가짜뉴스와 개인을 통제하는 기술, 정보의 비대칭은 이 불을 잘못 사용할 수 있음을 보여 준다. 또, 기술을 받아들일 준비가 되지 않는 사람들과 제도에 대한 고찰은 인류를 위한 새로운 불을 더 크게 지피기 위해 사회적 노력이 필요하다는 사실도 일깨워준다. 1980년 이후, 지난 40년 동안 사회와 디지털 기술의 공생적 결합은 세계를 기대 이상의 발전으로 이끌었다. 현대의 우리는 이 발전을 지속하고 기술과 사회 공생의 시너지를 확장할 필요가 있다. 정치, 공공, 경제 분야와 디지털 기술의 관계에 대한 고찰이 공통으로 의미하는 것은 하나다. 기술이 우리 사회를 긍정적으로 변화시키고 사회의 변화가 또 다른 기술 혁신을 촉진시키기 위해서는 기술과 사회의 변화에 대해 다각적인 이론적 논의와 함께 구체적인 사례의 분석을 포함한 논의가 꾸준히 풍부해져야 한다.

## 참고문헌

김용열·박영서. 2017. "4차 산업혁명과 중소기업 지원정책." 『기술혁신학회지』 20(2). 387-405.

김형지·정은령·김은미·양소은·이재우·강민지. 2020. "가짜뉴스와 팩트체크 뉴스 노출 집단의 미디어 이용과 뉴스 인식, 그리고 리터러시 관계." 『한국언론정보학보』 101. 231-267.

박연진·김관규. 2022. "정치 가짜뉴스의 수용 및 확산에 관한 연구: 편향적 정보처리와 3자 지각을 중심으로." 『사회과학연구』 29(2). 119-141.

서형준. 2019. "4차 산업혁명시대 인공지능 정책의사결정에 대한 탐색적 논의." 『정보화정책』 26(3). 3-35.

안수현. 2019. "해외 주요국의 간편결제 서비스 및 입법정책 현황과 시사점." 『NARS 정책연구용역 보고서』 한국외국어대학교 산학협력단.

왕영·장동식. 2021. "중국 모바일 간편결제시장의 발전방향에 관한 연구." 『기업과 혁신

연구』44(4). 27-48.

윤성이. 2012. "소셜 네트워크의 확산과 민주주의 의식의 변화."『한국정치연구』(Journal of Korean Politics) 21.

이동훈. 2010. "디지털사회에서의 표현의 자유와 표현권 주체의 문제: 전자역감시를 중심으로."『공법학연구』11(2). 193-217.

이상빈. 2021. "중국의 빅 브라더스와 통제의 정치경제."『비교경제연구』28(2). 1-34.

이정훈. 2019. "비판적 뉴스 이용 전략에 영향 미치는 요인에 대한 탐색적 연구: 뉴스 피로감, 정치적 세련도, 뉴스에 대한 지식 체계, 뉴스관의 주효과와 상호 작용 효과를 중심으로."『한국콘텐츠학회논문지』19(11). 578-592.

조희정·이상돈·류석진. 2016. "디지털 사회혁신의 정당성과 민주주의 발전: 온라인 청원과 공공문제 해결 사례를 중심으로."『정보화정책』23(2). 54-72.

Afawubo, K., Couchoro, M. K., Agbaglah, M., & Gbandi, T. 2020. Mobile money adoption and households' vulnerability to shocks: Evidence from Togo. *Applied Economics*, 52(10), 1141-1162.

Allcott, H., & Gentzkow, M. 2017. Social media and fake news in the 2016 election. *Journal of economic perspectives*, 31(2), 211-36.

Altshuler, A. A. & Behn, R. D. 1997. Innovation in American Government: Challenges, Opportunities, and Dilemmas. Brookings Institution Press.

Arns, R. G. 1998. The other transistor: early history of the metal-oxide semiconductor field-effect transistor. *Engineering Science & Education Journal*, 7(5), 233-240.

Bakshy, E., Messing, S., & Adamic, L. A. 2015. Exposure to ideologically diverse news and opinion on Facebook. *Science*, 348(6239), 1130-1132.

Barefoot, K., Curtis, D., Jolliff, W., Nicholson, J. R., & Omohundro, R. 2018. *Defining and measuring the digital economy*. US Department of Commerce Bureau of Economic Analysis, Washington, DC, 15.

Barnatt, C. 2001. The second digital revolution. *Journal of General Management,* 27(2), 1-16.

Berente, N., & Seidel, S. 2022. Digital technologies: Carrier or trigger for institutional change in digital transformation?. *In Digital Transformation and Institutional Theory*, 83, 197-209.

Brynjolfsson, E., & Kahin, B. (Eds.). 2002. *Understanding the digital economy: data, tools, and research*. MIT press.

Carlsson, B. 2004. The Digital Economy: what is new and what is not?. *Structural change and economic dynamics*, 15(3), 245-264.

Caruso, L. 2018. Digital innovation and the fourth industrial revolution: epochal social changes?. *Ai & Society,* 33(3), 379-392.

Coleman, S. 2017. *Can the internet strengthen democracy?.* John Wiley & Sons.

Deseriis, M., & Vittori, D. 2019. Platform Politics in Europe| Platform Politics in Europe: Bridging Gaps between Digital Activism and Digital Democracy at the Close of the Long 2010s—Introduction. *International journal of communication,* 13, 11.

Drum, K. 2018. Tech world: Welcome to the digital revolution. *Foreign Aff.,* 97, 43.

Edwards P & Ramirez P. 2016. When should workers embrace or resist new technology? *Technol Work Employ,* 31(2), 99-113.

Eynon, R., & Margetts, H. 2007. Organisational solutions for overcoming barriers to eGovernment. European Journal of ePractice 1.

Farrell, H. 2012. The consequences of the internet for politics. *Annual review of political science,* 15(1), 35-52.

Freeman, C. 1987. *Technology policy and economic performance/C.* London: London Printer.

Fung, A., Russon Gilman, H., & Shkabatur, J. 2013. Six models for the internet+ politics. *International Studies Review,* 15(1), 30-47.

Gibson, R., Cunill, M. C., & Galandini, S. 2014. *The third sector and online citizen empowerment: the case of mysociety.* mySociety.

Gilbert, D., Balestrini, P., & Littleboy, D. 2004. Barriers and benefits in the adoption of e-government. *International Journal of Public Sector Management.*

Hands, J. 2011. *@ is for Activism: Dissent, Resistance and Rebellion in a Digital Culture.* London, UK: Pluto.

Hague, B. N., & Loader, B. D. 2005. Digital democracy: an introduction. *In Digital democracy.* Routledge. 17-36.

Headayetullah, M., & Pradhan, G. K. 2010. Interoperability, trust based information sharing protocol and security: Digital Government Key Issues. *arXiv preprint arXiv:*1008.1670.

Hindman, M. 2018. *The Internet trap: How the digital economy builds monopolies and undermines democracy.* Princeton University Press.

Hirsch-Kreinsen, H. 2016. "Industry 4.0" as Promising Technology: Emergence, Semantics and Ambivalent Character. *Soziologisches Arbeitspapier,* 48.

Holtgrewe, U. 2014. New new technologies: the future and the present of work in information and communication technology. *New technology, work and employment,* 29(1), 9-24.

Ionescu, A. M., Clipa, A. M., Turnea, E. S., Clipa, C. I., Bedrule-Grigoruţă, M. V., & Roth, S. 2022. The impact of innovation framework conditions on corporate digital technology integration: institutions as facilitators for sustainable digital transformation. *Journal of Business Economics and Management,* 23(5), 1037-1059.

Jack, W., Ray, A., & Suri, T. 2013. Transaction networks: Evidence from mobile money in Kenya. *American Economic Review,* 103(3), 356-61.

Kies, R. 2010. *Promises and limits of web-deliberation.* Springer.

Kwon, H. Y., & Kim, S. 2021. Effects of the development of competition framework and legal environment for media contents on the generational transition of mobile networks. *Telematics and Informatics,* 63, 101667.

Lundvall, B. Å. 2007. National innovation systems—analytical concept and development tool. *Industry and innovation,* 14(1), 95-119.

Meijer, A. 2015. E-governance innovation: Barriers and strategies. *Government Information Quarterly,* 32(2), 198-206.

Merritt, B. 2016. The digital revolution. *Synthesis Lectures on Emerging Engineering Technologies,* 2(4), 1-109.

Mesenbourg, T. L. 2001. *Measuring the digital economy.* US Bureau of the Census, 1, 1-19.

Moon, M. J. 2002. The evolution of e-government among municipalities: rhetoric or reality?. *Public administration review,* 62(4), 424-433.

Mueller, V., Rosenbusch, N., & Bausch, A. 2013. Success patterns of exploratory and exploitative innovation: A meta-analysis of the influence of institutional factors. *Journal of Management,* 39(6), 1606-1636.

Negroponte, N. 1995. *Being Digital,* London: Hodder and Stoughton.

Nielsen, R. K., & Graves, L. 2017. " News you don't believe": Audience perspectives on fake news.

North, D. C. 1992. *Institutionen, institutioneller Wandel und Wirtschaftsleistung* (Vol. 76). Mohr Siebeck.

OECD. 2019. *Going Digital: Shaping Policeis, Improving lives.* OECD publishing, paris. http://doi.org/10.1787/9789264312012-en

OECD. 2014. *Recommendation of the Council on Digital Government Strategies.* Paris:

OECD. Retrieved June, 24, 2020.

Ostrom, E. 1986. An agenda for the study of institutions. *Public choice,* 48(1), 3-25.

Pew Internet Research Center. 2003. *Internet use by region in the United States.* Retrieved fromhttp://www.pewinternet.org/report

Rindfleisch, A. 2020. The second digital revolution. *Marketing Letters,* 31(1), 13-17.

Rodionov, D., Zaytsev, A., Konnikov, E., Dmitriev, N., & Dubolazova, Y. 2021. Modeling changes in the enterprise information capital in the digital economy. *Journal of Open Innovation: Technology, Market, and Complexity,* 7(3), 166.

Sadovaya, E. 2019. Digital economy and a new paradigm of the labor market. *Mirovaia ekonomika i mezhdunarodnye otnosheniia,* 62(12), 35-45.

Saxby, R. 2009. Semiconductors+software: the fuel of the modern economy.

Schwester, R. W. 2009. Examining the Barriers to e-Government Adoption. *Electronic Journal of e-government,* 7(1), pp113-122.

Singh, J. P. 2013. Information Technologies, Meta-Power, and Transformations in Global Politics. *International Studies Review,* 15(1): 5-29.

Shirky, C. 2008. *Here comes everybody: The power of organizing without organizations.* Penguin.

Solop, F. I. 2001. Digital democracy comes of age: Internet voting and the 2000 Arizona democratic primary election. *PS: Political Science & Politics,* 34(2), 289-293.

Sørensen, E., & Torfing, J. 2011. Enhancing collaborative innovation in the public sector. *Administration & society,* 43(8), 842-868.

Suri, T. 2017. Mobile money. *Annual Review of Economics,* 9, 497-520.

Terranova, T. 2000. Free labor: Producing culture for the digital economy. *Social text,* 18(2), 33-58.

Van Dijk, J. A. 2006. Digital divide research, achievements and shortcomings. *Poetics,* 34(4-5), 221-235.

Van Dijk, J. A. G. M. 2012. Digital democracy: Vision and reality. *Public administration in the information age: Revisited,* 19, 49.

Yoshino, N., Morgan, P. J. and Long, T. Q. 2020. Financial literacy and fintech adoption in Japan.

# 제2장

# 디지털 기술, 인간의 조건, 그리고 정치적 과제: 뇌-컴퓨터 인터페이스를 중심으로[1]

정진화(성신여대)

## 1. 서론

영화가 상상력의 공간이었다면 이제는 영화가 현실이 되는 시대에 이르렀다. 2017년 개봉한 영화 '공각기동대: 고스트 인 더 쉘(Ghost in the Shell)'에서 주인공 메이저(스칼렛 요한슨)는 테러 조직에 대응하는 엘리트 특수부대 요원으로 인간과 로봇의 경계에 있는 존재로 나온다. 메이저의 신체는 기계로 만들어진 사이보그지만, 뇌는 인간의 것이다. 메이저는 자신의 뇌에 존재하는 의식과 기억을 추적하면서 점차 자신의 존재에 대한 의문을 품게 되고, 마침내 자신의 정체성을 찾아 나선다. 영화의 부제가 의미하는 '껍질 속의 영혼'이란 말은 기계와 같은 외피 안에 존재하는 영혼, 즉 인간의 의식이나 마음과 같은 비물질적이고 정신적인 것을 은유한다고 볼 수 있

---

1  이 글은 『OUGHTOPIA』 제37권 3호(2023. 2)에 게재된 필자의 논문 "뇌-컴퓨터 인터페이스(BCI)와 인간의 조건에 대한 정치철학적 고찰"을 수정, 재구성한 것이다.

다. 2014년에 개봉한 영화 '트랜센던스(Transcendence)'에서는 천재과학자 윌(조니 뎁)이 슈퍼컴퓨터를 개발하는 과정에서 기술의 발전을 인류의 멸망이라 주장하는 반(反)과학단체에 의해 목숨을 잃는다. 하지만 그의 연인이 윌의 뇌를 컴퓨터에 업로드시켜 그의 의식이 컴퓨터 시스템상에서 계속 살아갈 수 있게 하고, 윌은 홀로그램과 같은 가상의 신체 형태로 나타나기도 한다. 시간을 훨씬 더 거슬러 올라가 1999년에 첫 번째 에피소드를 개봉한 영화 '매트릭스(Matrix)' 시리즈에서 주인공 네오(키아누 리브스)는 자신의 뇌를 네트워크에 연결하는 방식으로 현실세계와 가상세계를 넘나든다. 이러한 SF 영화들에 주요한 모티브를 제공했던 것은 바로 1995년에 개봉한 일본 애니메이션 '공각기동대'다. 당시의 시대적 상황을 감안하면 인간의 뇌를 컴퓨터와 연결한다는 발상은 상상조차 하기 어려운 것이었고, 애니메이션의 배경은 2029년으로 설정되어 있었다.

하지만 지금 인류는 영화적 상상력이 예상한 시점보다 훨씬 더 빨리 영화를 현실로 만들어 가고 있으며, 그 핵심에는 바로 인간의 뇌와 컴퓨터를 연결하는 '뇌-컴퓨터 인터페이스(Brain-Computer Interface, 이하 BCI)'라는 기술이 존재한다. 2019년 7월, 일론 머스크(Elon Musk)가 창업해 최고경영자로 있는 생명공학 회사 뉴럴링크(Neuralink)는 '통합 뇌-기계 인터페이스 플랫폼(Integrated Brain-Machine Interface Platform)' 프로젝트를 발표했다. 그리고 1년여 만에 유튜브 생중계를 통해 뇌에 칩을 이식해 2개월째 생활하고 있는 돼지 '거트루드(Gertrude)'와 칩 이식 수술을 자동으로 할 수 있는 임플란트 로봇 시제품 '브이투(V2)', 그리고 지름 23mm, 두께 8mm의 칩 '링크 0.9'를 공개했다. 이어 뉴럴링크는 2021년 인공지능 마이크로칩을 뇌에 이식한 후 생각만으로 탁구 게임을 수행하는 원숭이도 공개했다. 한편, 2022년 9월 미국의 텍사스 대학의 한 연구팀은 머리에 전극이나 임플란트

디지털 기술과 정치

를 삽입하는 방식이 아니라 인공지능(AI)을 이용한 방식으로 뇌 활동을 측정하고 해석하는 데 성공했다. 즉 뇌에 어떠한 도구도 삽입하지 않고 AI 기술로 사람의 생각을 실시간으로 인식하는 것이 가능해진 것이다. 최근에는 페이스북(Facebook)까지 신경과학자, 로봇공학 전문가, 소셜미디어를 결합한 프로젝트를 추진하기 위한 연구소 '빌딩8(Building 8)'을 출범, 뇌 스캔 기술을 연구하고 있다.

BCI는 첨단 디지털 기술, 뇌과학, 신경과학 등이 집약되어 차세대 인터페이스의 유력한 대안으로 부상하고 있으며, 본래 질병 및 장애 극복 등 의료적 목적으로 개발되었지만 최근에는 그 영역이 점점 더 확장되고 있는 추세다. BCI는 2000년대 후반부터 미래사회를 바꿀 주요한 전략기술 또는 유망기술로 선정되었고 정보통신기술의 변화, 다양한 디지털 기술의 출현과 융복합, 사용자들의 편의성 요구 증대 등이 대두되면서 각 국가는 앞다투어 BCI 관련 사업을 전략적으로 육성하고 있다. 향후 BCI는 AI, IoT, ICT 기술 등과 접목해 더 스마트해지고 고도화되어 우리 삶의 다양한 분야에 쓰일 수 있을 것으로 기대되며 결국 뇌-뇌 인터페이스(Brain-Brain Interface)까지 발전할 수 있을 것으로 전망된다.

하지만 과학·경제·산업 분야의 긍정적 전망과 달리 윤리적 차원에서는 기술적 안정성, 사회적 오남용과 범죄 악용, 인간의 존엄성과 정체성 등에 관한 부정적인 우려를 낳고 있다. 또 BCI는 윤리적 문제에서 더 나아가 인간의 존재 방식을 변화시킬 수 있다는 점에서 보다 근본적인 질문을 제기하고 있다. 기계로 만들어진 신체에 인간의 뇌가 삽입된 존재는 과연 우리가 생각하는 인간의 본질에 부합하는 것일까? 인간의 뇌를 컴퓨터 네트워크에 접속해 가상세계와 현실을 오갈 때 내가 실재하는 세상은 가상세계일까, 현실일까? 나의 육체는 수명을 다했지만 나의 뇌를 컴퓨터에 업로드 해 살아남아 있다면 나란 존재는 과연 살아 있는 인간이라고 할 수 있을 것인가? 이러한 질문들에 내포된 궁극적이고 공통적인 본질은 바로 '인간이란 무엇인가'라는 질문에 있으며, 이러한 질문은 과연 어디까지 이러한 기술을 허용해야 할지 우리 사회의 선택과 결정에 대해 중대한 과제를 던져 주고 있다.

애니매이션 '공각기동대'에는 이런 대사가 나온다. "가능성만 있으면 어떤 기술로든 실현시키려고 하는 것이 인간의 본능이다." 이 말처럼 인간은 끊임없이 진화하고 발전해 왔으며 이제 그 수준은 인간이 신의 영역에 도전할 수 있는 시대에 이르렀다. BCI 기술이 인간의 삶과 생활, 그리고 존재 방식마저 변화시키는 시대에 과연 인간의 본질과 조건은 무엇인지 우리는 진지하게 고민해 볼 필요가 있으며, 이러한 고민을 수반할 때 우리 사회는 BCI의 허용 또는 규제와 같은 현실적인 문제에 보다 잘 대응할 수 있을 것이다. 특히, 과학기술의 발전에 따르는 문제에 대한 대응이 결국 정치적 영역의 역할로 귀결된다는 점에서 이러한 연구는 과학 대 윤리의 대립을 넘어 반드시 정치학 차원에서 연구될 필요가 있다.

이에 본 연구는 정치철학적 접근을 통해 한나 아렌트(Hannah Arendt)가 사유한 인간의 조건을 이론적 토대로 삼아 BCI에 내포된 특징과 문제들을 탐색한 뒤, 우리에게 주어진 정치적 과제와 대안을 모색하고자 한다. 인간의 본질과 조건을 활동적 삶과 정신의 삶 두 가지 차원에서 사유한 아렌트의 사상과 이론은 BCI와 같이 신체적 활동뿐 아니라 정신적 활동까지 변화시킬 수 있는 기술을 고찰하는 데 중요한 이론적 토대가 될 것이며, 아렌트가 강조한 정치의 의미는 향후 정치적 과제와 역할을 모색하는 데 중요한 실마리를 제공해 줄 수 있을 것이다.

## 2. 디지털 기술: BCI 현황과 쟁점

### 1) 초지능으로 가는 경로 – BCI란 무엇인가

세계적인 석학으로 꼽히는 미래학자 닉 보스트롬(Nick Bostrom)에 따르면, 일반 지능의 측면에서 현재 기계는 인간에 비해서 열등하지만 미래의 어느 시점, 예를 들어 특이점을 지나면서부터는 기계가 초지능에 이를 수 있을 것으로 전망된다. 초지능이란 사실상 모든 관심 영역에서 인간의 인지 능력을 상회하는 지능이라고 잠정적으로 정의할 수 있다. 그리고 초지능으로 향하는 여러 가능한 기술적 경로들로 꼽히는 것 중 하나가 바로 BCI이다(보스트롬 2020, 53). BCI에 관한 정의는 학자마다 조금씩 다르지만 공통적으로 인간의 뇌와 컴퓨터를 직접 연결해 컴퓨터를 제어하는 인터페이스 기술을 총칭하며 뇌와 기계 사이에 정보 교환이 일어나게 하여 인간 능력을 증진할 수 있는 융합기술로 볼 수 있다(전황수 2011, 124; 국가생명공학정책연구센터 2014). BCI의 원리는 뇌신경계로부터 나오는 신호를 측정, 분석한 후 인간의 뇌에서 보내는 생각, 의도, 감정 등의 신호를 제어명령으로 변환하는 일종의 신호화 과정(signal processing)을 거쳐 입출력 장치에 명령을 내리면 이를 통해 컴퓨터, 로봇 등 다양한 외부기기를 제어 및 통제하는 방식에 있다(임창환 2010, 1; 한국콘텐츠진흥원 2011, 3; 김래현 2018, 3). BCI는 연구자들에 따라 뇌-기계 인터페이스(Brain Machine Interface) 일명 BMI라는 용어로 쓰기도 하는데 현재는 일반적으로 BCI가 더 많이 쓰이므로 본 글에서는 BCI로 통일하고자 한다.

BCI는 1970년대 미국 UCLA가 국립과학재단의 승인을 받아 시작한 연구에서 비달(Jacques J. Vidal) 교수가 처음 제안한 것으로 알려져 있으며, 그는 당시 추진했던 프로젝트가 BCI의 실현가능성과 실용성을 평가할 수 있었던 첫 번째 시도였다는 데 큰 의미를 부여했다(Vidal 1973, 157-158). BCI는 측정 방법 및 부위에 따라 크게 침습형(invasive)과 비침습형(non-invasive)으로 나뉜다. 침습형은 외과적 수술을 통해 두개골 속에 전기기계나 마이크로칩을 직접 이식해 뇌파를 측정하는 방식으로 뇌파 신호의 질과 시공간 해상도가 뛰어나지만, 뇌 손상의 위험성이 있고 장기간 사용이 어려워 주로 연구용으로만 활용되고 있다. 비침습형은 헤드셋(head-set)과 같은 장비를 사용해 두피에서 뇌파를 측정한 뒤 이를 컴퓨터로 보내어 뇌파를 분석, 적절한 반응을 일으키도록 하는 형태이다. 비침습형은 상대적으로 잡음이 심하여 신호의 질은 떨어지지만 사용법이 간편하여 실용화가 용이하다는 장점이 있다(김래현 2018, 3; 전황수 2017, 2). 침습형의 대표적인 사례로는 뇌 임플란트(Brain Implant) 시술을 들 수 있으며 2016년 스위스 로잔연방공대와 미국 브라운대, 프랑스 국립과학연구센터 등 국제 공동연구진은 척수손상으로 하반신이 마비된 원숭이의 뇌와 척수에 뇌파를 읽을 수 있는 센서와 전기자극 장비를 심어 로봇다리나 보조기 사용 없이 직접 걷게 하는 데 성공한 바 있다. 비침습형의 대표적인 사례는 뇌파헤드셋으로 2015년 중국의 톈진 난카이대학 연구팀은 운전자가 뇌파헤드셋을 쓴 후 뇌파를 통해 자동차를 조종할 수 있는 기술을 선보였고 독일, 미국 등에서는 비행기나 드론을 조종하는 실험에 성공한 바 있다(전황수 2017, 5-7).

최근 BCI 기술은 침습형과 비침습형 구분을 넘어 무선, AI 방식 등을 통한 구현까지 가능해지는 수준에 이르렀다. 2021년 4월, 미국의 학제 간 연구 그룹인 브레인게이트 컨소시엄(BrainGate Consortium)은 폭 5cm에 무게 42g을 약간 넘는 작은 송신기를 통해 유선 시스템과 기능적으로 동등한 BCI를 개발했고, 이를 인간에 장착해 정상 운영하는 시연에 최초로 성공했다. 이 시연에서 척수 손상으로 사지가 마비된 35세 남성과 63세 남성 2명은 실험실이 아닌 자신들의 집에서 무선 송신기가 장착된 시스템을 사용하여 태블릿 PC를 마음대로 클릭하고 문자를 입력했다. 특히 유선 시스템과 동일한 충실도로 신호를 전송했으며 클릭의 정확도와 높은 타이핑 속도를 달성했다는 점에서 주목을 끌었다(Brown University 2021).

BCI는 2000년대 후반부터 미래사회를 바꿀 주요한 전략기술 또는 유망기술로 선정되기 시작했고, 선진국들은 BCI 기술 발전을 위한 대형 및 장기 프로젝트를 적극적으로 추진해 오고 있다. 2007년 세계적인 매거진으로 평가받는 미국 『MIT 테크놀로지 리뷰(Technology Review)』는 BCI를 10대 차세대 기술로 선정했고, 2014년에는 세계경제포럼(World Economic Forum)에서 BCI를 미래유망기술로 지목했으며, 2017년에는 『뉴욕타임스(The New York Times)』에서 세상을 바꿀 5대 혁신기술로 BCI를 통한 마인드 컨트롤(Mind Control) 기술을 꼽았다. 우리나라에서도 2010년 한국과학기술기획평가원(KISTEP), 2011년 국가과학기술위원회, 2012년 한국과학기술정보연구원(KISTI) 등에서 연이어 BCI를 미래유망기술로 선정했다. 또, 최근 과학기술정보통신부는 BCI를 ICT, AI와 융합하는 '뇌 연구개발 투자전략'을 발표했다. 정보통신기술의 변화, 다양한 디지털 기술의 출현, 사용자들의 편의성 요구 증대 등이 대두되면서 과학기술 강국을 꿈꾸는 각 나라들은 연구소, 대학, 기업, 그리고 정부 차원에서 BCI를 전략적으로 지원하고 있다.

## 2) BCI를 둘러싼 두 가지 시선

과학계와 경제·산업 분야에서는 BCI가 다음과 같은 다섯 가지 목적 및 분야에서 크게 활용될 것으로 기대하고 있다. 첫 번째는 의료적 목적으로 BCI는 뇌질환 및 정신질환 극복, 뇌 또는 척수 손상 환자의 의사소통, 노약자와 장애인들의 재활 및 생활 보조, 개인 맞춤형 의학, 헬스케어 등에 중대한 역할을 할 수 있을 것으로 기대된다. 예를 들어 사지가 마비되어 신체를 자유롭게 사용할 수 없는 환자에게 BCI 기술을 적용, 컴퓨터와 연결하면 환자의 생각대로 휠체어나 로봇을 조종하는 방법이 가능해지는 것이다. 두 번째는 일상의 편의성 증진 목적으로 BCI를 통해 인간의 뇌를 스마트폰과 같은 IT 기기나 주변 기기와 연결하는 방식으로 활용하는 것이다. BCI를 통해 뇌파를 자동차와 연결하면 운전자의 생각과 의도에 따라 자동차의 속도, 상태, 방향전환 등을 제어할 수 있게 된다. 세 번째는 정보 및 지식 활용 차원에서 주로 국방, 훈련, 교육 분야 등에 적용하는 연구가 활발하게 진행 중이다. 교육 분야에서 BCI를 활용하면 수학적인 연산과 계산을 더 빠르게 할 수 있을 뿐만 아니라, 특정 프로그램을 통해 학습자의 집중도를 높이거나, 조절 가능케 하고 쌍방향 시스템으로 교육 효과를 높이는 것도 가능할 것으로 보인다. 네 번째는 엔터테인먼트 분야 즉 게임, 영화 등에 활용하는 것으로 게임은 안전성 문제가 비교적 적기 때문에 실용화가 가장 빠르게 전망되고 있다. 이미 게임 업체들은 뉴로스카이(NeuroSky) 등의 뇌파 인식 헤드셋을 게임 캐릭터 조종에 활용하고 있다. 영화 분야에서는 감상하는 사람의 의지에 따라 이야기의 흐름이 바뀌는 콘텐츠가 개발되고 있다. 다섯 번째는 군사적 목적으로 이는 BCI 기술을 국가안보, 정보활동 등에 적용할 수 있는 방안이나 인간과 기계를 융합한 사이보그 병사에 대한 연구 및 프로그램을 개발하는 방향으로 진행되고 있다(국가생명공학정책연구센터 2014; 전황수 2017, 3).

BCI 개발 속도와 동향을 살펴보면 이러한 기술은 당장이라도 우리의 일상생활에 적용될 수 있을 것처럼 기대되고, 언론 보도들은 이러한 기대를 더욱 증폭시키고 있다. 하지만 BCI를 상용화하는 것은 생각만큼 간단하지 않고 윤리적 문제를 중시하는 측에서는 다음과 같은 우려들을 제기하고 있다. 첫째, 기술적 차원의 안정성 문제로 침습형 장비의 경우 외과적인 부작용을 끼칠 가능성과 합병증, 뇌 기능 손상 가능성, 본인이 의식하지 못하는 사이에 무언가를 조종할 수 있는 예측불가능성, 복잡한 인간의 뇌 작용과 알고리즘을 완벽히 제어하지 못할 때 생기는 기계의 오작동 등이 우려되고 있다. 예를 들어, 인간의 뇌에는 의식과 무의식의 2가지 영역이 있고 인간의 행위가 의식적 영역 외에 감정이나 정서, 외부적 상황에 따른 무의식에 의한 영향도 큰 측면을 감안할 때 BCI가 무의식을 근거로 작동해 인간이 입력한 명령과 다르게 움직일 가능성이 충분히 존재한다(Rainey et al. 2020; Bradley 2018). 의식적 사고를 바탕으로 한 행위는 가치판단의 영역이며 결과에 대한 책임이 분명하지만 무의식의 영역에서 BCI 기술이 오류를 일으켜서 예측하지 못한 사고를 일으킬 경우 이를 어떻게 처리해야 할 것인지에 대한 대안은 아직 부재하다. 또, 개인정보 보호 및 뇌 해킹에 관한 문제도 존재한다. BCI가 무선, 포터블, AI 방식으로도 가능해진 상황에서 개인 뇌생체정보, 라이프로그(Life-Log) 등이 외부로 유출되어 상업적, 범죄 목적으로 활용될 가능성은 결코 배제할 수 없다(Shen et al. 2020).

둘째, 이러한 기술의 적용은 사회적인 문제를 야기할 수 있다. BCI가 애초에 의료적 목적을 중심으로 개발되었지만 점차 그 영역이 확대되고 있는 것처럼 처음에는 질병이나 장애 극복을 위해 쓰이더라도 점차 사용 범위와 강도가 확대되면 이러한 기술은 인지 증강이나 인간 강화 목적으로 사용될 가능성이 크다. 이 경우 이러한 기술을 사용하지 않는 것이 오히려 후진적이고 무능력하게 느껴져 사회적으로 암묵적인 강요를 유발할 수 있으며 의료적 목적과 인간 강화의 목적에 따른 활용을 명확하게 구분하고 경계를 설정하는 것은 점점 더 어려워질 것이다. 인간 강화는 인간의 존엄성과 정체성에 대한 문제를 제기할 것이며, 특히 개인이 갖는 선택의 자유나 행복 추구의 권리를 제도적으로 어디까지 허용해야 할지 등과 같은 여러 문제를 유발할 수 있다(신희건·엄주희 2020, 53-55; 김민규 2021, 357). 또 이러한 기술이 상용화되면 일반적으로 경제적 부, 지식 수준, 정보 접근성이 높은 계층에서 더 쉽게 선택하기 마련이어서 경제적 또는 사회적 불평등이 신체적, 정신적 불평등으로 이어져 보다 복합적인 불평등을 초래할 수도 있다.

셋째, BCI는 기존의 윤리체계에 부합하지 않는 측면이 존재한다. 그동안 인간의 특성을 강조하는 데 있어 사용된 가장 중요한 속성은 바로 뇌 기능, 그중에서도 뇌의 사고 능력과 의사소통 능력이었다. 뇌는 외부의 자극을 수용하고 뇌의 신호를 전달하면서 다른 신체 기관과 모두 연결되어 있으며 수용한 정보를 통해 형성된 사고나 학습을 바탕으로 다시 외부에 능동적으로 대응하는 능력을 갖는다. 이러한 과정을 통해 뇌는 결국 자아와 정체성을 확인하고 형성하는 데 결정적인 역할과 기능을 담당한다(최경석 2021, 144; Glannon 2007, 13-14). 이른바 식물인간이라고 불리는 뇌사 상태의 환자가 생명윤리의 주요한 쟁점이 되는 것은 뇌 기능을 정상적으로 사용하기 어려운 상태에서 환자가 최소한의 인간다운 삶을 실현하기 어려운 상황에 있다고 보기 때문이다(최경석 2021, 144). 이런 측면에서 볼 때, BCI를 통해 환자의 뇌 기능을 정상화했다고 해도 그것이 정체성이나 도덕성을 복원했다고 볼 수는 없다. 또, 신체에 대한 기계대체화 문제도 존재한다. 예를 들어 불의의 사고로 팔을 잃어버린 사람에게 인공 의수를 부착하는 것은 윤리적으로 타당하겠지만 업무상 무거운 짐을 들어야 하는 근로자가 업무 능력 및 능률 향상을 위해 자신의 팔을 인공 의수로 대체해 달라고 할 경우,

개인의 행복추구권과 사회 윤리문제에 대한 충돌이 발생할 것이며 윤리적 또는 법률적으로 타당한 것인지에 대한 논란도 제기될 수 있다(정창록 2019, 27-28).

넷째, BCI가 군사적 목적으로 활용될 경우에도 심각한 문제가 존재한다. 미 국방부는 2019년 10월, 「인간과 기계를 융합한 사이보그 병사 시대에 관한 보고서(CyborgSoldier 2050: Human/Machine Fusion & the Impact for the Future of the DOD)」를 발간한 바 있다. 이 보고서는 인간의 신체적·정신적 기능을 보강하고, 인간과 기계의 물리적 결합으로 군사적 목적의 프로그램을 개발하는 내용과 BCI 기술을 사용하여 병사들의 바이오 데이터를 수집, 중요한 작전 정보로 취급할 필요가 있다는 제안을 포함하고 있다(Emanuel et al. 2019, v-vii). 이러한 계획에 따라 인간과 기계가 융합된 병사나 프로그램이 실제로 가동될 경우 국가안보라는 국익을 명분으로 한 인간의 존재가 도구적 수단으로 전락할 가능성도 존재한다.

이와 같이 과학·경제·산업 분야에서는 BCI가 질병 및 장애 극복, 헬스케어 등의 측면에서 획기적인 전환점을 가져올 수 있고, 인간 능력 증강을 통해 인간의 노동 및 수행 능력이 더욱 용이해져 생산성 및 부가가치도 높일 수 있으며, 더 나아가 인간 능력의 대체에서 인간과 기계의 협업 수준까지 오를 수 있다고 기대하고 있다. 반면, 윤리적 문제를 중시하는 측에서는 기술적 안정성, 사회적 문제, 인간의 존엄성과 정체성, 그리고 인간의 도구화 등과 같은 문제점 때문에 BCI의 활용에 대해 우려하고 있으며, 결국에는 의료적 목적보다 인지 증강 차원에서 더 많이 쓰여 기술적 오남용을 피할 수 없을 것이라고 본다. 이와 관련, 보스트롬은 BCI가 가까운 시일 내에 실현되거나 사용될 가능성이 매우 적을 것이라고 전망한다. 전극을 뇌에 이식했을 때 발생할 의학적 부작용들에 대한 우려가 여전히 존재하는 데다가 많은 사람이 우려하는 지능 향상이나 인지 증강은 기대하는 만큼의 효과를 보기 위해 아직 더 많은 과제가 남아 있어 실질적으로 활용되기 어렵기 때문이다. 보스트롬은 인간이 단지 인터넷에 쉽게 접속하기 위해서 뇌에 광섬유 케이블을 꽂지는 않을 것이라고 비판한다(보스트롬 2020, 92).

## 3. 인간의 조건: 활동적 삶과 정신의 삶

### 1) 아렌트와 '인간의 조건'

아렌트는 "인간이 직면하는 가장 대표적인 유한성은 바로 죽음이며 죽음·고뇌·우연 등은 인간이 회피할 수 없는 궁극적 상황으로 이러한 것이 곧 한계 상황"이라고 보았다(Arendt 1994, 31). 한계 상황은 인간의 힘으로 통제하거나 조절할 수 없는 차원에 존재하는 것으로 이 때문에 인간은 주어진 제약과 한계를 극복하기 위해 늘 고민하고 과학기술을 발전시켜 왔다. 그러나 원자폭탄이 그러했듯이 BCI와 같은 기술의 발전도 과학계의 바람처럼 인간을 살릴 수도 있지만, 윤리계의 우려처럼 인간을 파괴할 수도 있다. 한 가지 명료한 것은 과학기술의 발전보다 우리 사회의 대응은 늘 한 걸음 늦을 수밖에 없다는 것이다. 이런 가운데 우리가 고민해야 할 가장 중요한 문제는 바로 BCI와 같은 기술이 궁극적으로 제기하고 있는 문제, 즉 인간의 본질과 조건에 대해 깊이 고민하는 것이다. 이러한 고민이 전제될 때 우리 사회는 인류를 위해 가장 바람직한 방향은 무엇인지 찾을 수 있을 것이며 현실적으로 누가, 언제, 어떻게 이러한 기술을 허용하고, 규제할지도 결정할 수 있을 것이다. 이에 본 글에서는 아렌트가 말하는 '인간의 조건'을 중심으로 BCI에 내포된 속성과 BCI가 가져올 미래 전망에 대해 탐구해 보고자 한다.

먼저, 아렌트는 독일 태생의 유대인으로 나치 친위대에서 유대인 대학살을 진행했던 아이히만(Otto Adoldf Eichmann)에 대한 재판을 보고 '악의 평범성'이라는 개념을 제시한 것으로 유명한 정치철학자이다. 아렌트가 저술한 『전체주의의 기원』은 마르크스와 견줄 만한 대작으로 찬사를 받았으며 이후 저술한 『인간의 조건』, 『정신의 삶』 등 수많은 논문과 저서는 같은 세대의 이론가들 사이에서 국제적 명성을 얻고 탁월한 위치를 차지하였다 (Young-Bruehl 1982, ix). 아렌트의 전기를 쓴 엘리자베스 영 브륄(Elisabeth Young-Bruehl)이 묘사하는 아렌트는 "강렬하고 화려하며 조숙했고, 매혹적이며 온화하고, 시적이며 수줍어하면서도 박식하고, 열정적이며 용기 있는 지식인이다. 그리고 아렌트는 예언자, 정치이론가, 시인, 시오니즘에 대한 선구적인 비평가였으며 동시에 근대성에 대한 도덕적 안내자이자 철학적 현자이다"(Bostein 1985, 335-336). 이처럼 아렌트의 학문적 폭과 식견은 매우 넓었고 그 열정 또한 높아서 후대에 많은 칭송을 받고 있다.

아렌트는 1906년 10월 독일 하노버에서 태어났다. 아렌트는 1924년 마부르크대학교에 입학했고 그때 실존주의 철학자로 유명한 하이데거(Martin Heidegger)와 인연을 맺게 되었으며 두 사람은 사제 관계를 넘어 연인 관계가 되기도 했다. 이후 아렌트는 하이델베르크대학교로 옮겼으며 하이데거와 함께 독일 실존주의 철학을 대표하는 야스퍼스(Karl Jaspers)의 지도로 철학을 연구하게 되었다. 아렌트는 1933년 히틀러가 집권한 이후 좌파 인사들에게 은신처를 제공한 혐의로 체포되어 투옥되었다가 출감한 이후 파리로 망명했다. 아렌트는 프랑스에 있는 동안 독일의 시인이자 철학자인 하인리히 블뤼허(Heinrich Friedrich Ernst Blücher)를 만나 결혼, 평생의 반려자로 삼았다.

아렌트는 1933년 프랑스로 망명한 이후 1951년 미국 시민권을 획득할 때까지 18년간 무국적자로 살았다. 아렌트는 이때의 경험과 생각을 자신의 정치철학에 고스란히 녹여냈고 무국적자라는 제약에도 불구하고 정치적으로 왕성하게 활동했다. 파리에 체류하고 있는 동안에는 유대인 난민의 팔레스타인 이주를 지원하고 반파시스트주의자들을 법적으로 지원하였으며 제2차 세계대전 말에는 미국에서 유대인문화재건위원회를 위해 활동하면서 『전체주의의 기원』을 집필하기 시작했다(Young-Bruehl 1982, 113-114). 미국 시민권을 획득한 이후 아렌트는 대학에서 활발하게 강의 활동을 하며 학문적으로 전체주의의 근본적 악에 대한 탐구를 계속했고, 1960년대에는 학자로서 더욱 명성을 얻게 되었다. 생애 마지막 10년 사이에는 사적 영역과 공공 영역에 대해 사유하며 두 영역을 점점 더 엄격하게 구분하는 연구에 집중했다(Young-Bruehl 1982, 381-382). 아렌트는 1975년 12월 4일 심근경색으로 사망했다.

## 2) 활동적 삶과 정신의 삶

아렌트가 볼 때 산다는 것은 곧 활동하는 것을 의미한다. 인간은 현상세계 속에서 삶을 영위하기 때문에 우리의 삶 자체 역시 현상의 일부라고 할 수 있다. 예를 들어 현상으로 볼 때 나무는 뿌리, 줄기, 가지, 잎으로 구성되어 있고 나무의 일부인 뿌리는 흙에 덮여 있기도 하고 드러나기도 한다. 이처럼 인간의 활동도 드러남과 숨겨짐이라는 두 가지 이중적 양태를 띤다. 아렌트는 이러한 측면에서 인간의 삶을 활동적 삶과 정신의 삶으로 구분하고 이러한 활동의 특성과 의미, 그리고 관계를 밝히고자 했다. 드러나는 삶은 활동적 삶이고, 드러나지 않는 삶은 정신의 삶이다. 활동적 삶은 현상세계에서 진행되기 때문에 우리의 감각기관에 드러나지만, 정신의 삶 자체는 내면에서 진행되기 때문에 감각적으로 드러나지 않는다(홍원표 2011, 91).

먼저, 아렌트가 인간의 조건으로 간주하는 '활동적 삶(vita action)'이라는 개념을 살펴보면, 여기에는 인간의 세 가지 근본 활동인 노동, 작업, 행위가 존재한다. 노동은 인간 신체의 생물학적 과정과 일치하는 활동을 말한다. 신체의 자연발생적 성장, 신진대사, 부패 등의 과정은 노동에 의해 생산되어 삶의 과정에 투입되는 생명 필수재에 묶여 있다. 따라서 노동의 인간적 조건은 삶 자체이다. 작업은 인간의 실존에서 비자연적인 부분에 상응하는 활동으로 자연적 환경이 아닌 인공적인 사물세계를 만들어가는 것을 의미한다. 따라서 작업의 인간적 조건은 세계성이다. 행위는 사물이나 물질의 매개 없이 인간들 사이에서 직접적으로 이루어지는 유일한 활동이다. 행위는 다수의 인간이 이 지구상에 살고 있다는 점, 즉 다수성을 전제로 이루어진다. 이 다수성은 모든 정치적 삶의 '필요조건'일 뿐만 아니라 '가능조건'이라는 점에서 절대적 조건이다. 과거, 현재, 미래를 포함해 다수가 살아가는 세상에서 한 인간이 다른 누구와 동일하지 않다는 점에서 모든 인간은 동일하다. 이 때문에 다수성은 인간 행위의 조건이다. 이 세 가지 활동과 각각의 조건들은 인간실존의 가장 일반적인 조건, 즉 탄생과 죽음, 탄생성과 사멸성에 밀접하게 연관되어 있다(Arendt 2018, 7-8).

활동적 삶의 세 가지 근본 활동을 좀 더 쉽게 설명하자면 먼저 노동은 인간이 먹고 살기 위해 즉, 생존을 위해 필요한 활동을 의미한다고 할 수 있다. 인간의 몸이 살기 위해 끊임없이 에너지의 섭취, 소화, 배설의 과정을 반복하듯이 인간이 살아가기 위해서는 생존에 필요한 것들을 소유하거나 소비해야 하며 이를 위해 노동의 과정이 요구된다. 따라서 생존과 생계유지를 위한 노동의 과정은 계속 반복될 수밖에 없다. 그런 점에서 노동이라는 것은 소비와 거의 동일한 맥락에 있다고 볼 수 있다(Arendt 2018, 126).

반면 작업은 노동과 구별된다. 인간은 무한히 다양한 사물을 제작하며, 이러한 사물들은 인공세계를 구성한다. 예를 들면 인간은 보다 나은 삶을 위해 인위적으로 식탁을 제작하려 하고 식탁을 만들기 위한 재료를 얻기 위해 나무를 자른다. 이 과정에서 인간은 나무가 천천히 자라나는 자연적인 과정을 중단시킨다. 말 그대로 무언가를 만들고(makes), 주어진 재료를 가공(works upon)할 수 있는 존재라는 측면에서 인간은 '호모 파베르(Homo Faber)'이다(Arendt 2018, 136). 인간은 작업을 통해 인위적인 생산물을 만들고 인공세계를 만들어 가지만 동시에 이를 위해 자연을 파괴하기도 한다. 이런 점에서 인공세계의 창조자인 호모 파베르는 언제나 '자연의 파괴자'이기도 하다(Arendt 2018, 139). 노동의 과정은 살기 위해 늘 반복되어야 하며 노동력이 고갈되었을 때, 즉 죽음의 단계에 이르러서야 끝나는 것이지만 작업, 즉 새로운 사물의 제작은 식탁을 만드는 과정과 마찬가지로 시작과 끝이 존재한다.

한편, 행위는 생존의 요구, 생활의 필요에 따른 것이 아니라 인간 개성에 따른 실존적인 욕구와 다른 사람들과 함께 살아가야 한다는 필요에 따른 것이다. 따라서 행위는 제작과 달리 고립되어서는 불가능한 것이다. 제작이 세상에 둘러싸여 세상과 끊임없이 접촉하면서 이루어지는 것이라면 행위는 타인의 행위 및 말의 그물망에 둘러싸여 그것과 끊임없이 접촉하면서 이루어지는 것이라 할 수 있다(Arendt 2018, 188). 이러한 행위의 기본조건이 되는 것은 바로 인간의 다원성에 있으며 다원성은 '동등'과 '차이'라는 이중의 성격을 가진다. 즉 사람은 동등하기 때문에 서로를 이해할 수 있지만 동시에 다른 차이가 있기 때문에 서로 구별될 수 있다. 인간의 조건인 다원성의 실현은 곧 동일한 사람들 사이에 별개의 유일한 존재로 살아가는 것이라 할 수 있다. 그리고 공동의 삶 속에서 다른 사람들과 함께 자신의 삶을 영위하려고 한다는 점에서 바로 정치가 요구된다(Arendt 2018, 175-178).

인간의 삶에서 활동적 삶이 드러나는 삶이라면 정신의 삶은 드러나지 않는 삶이라고 할 수 있다. 아렌트는 활동적 삶의 세 가지 근본 활동이 노동, 작업, 행위라면 정신의 삶에 따르는 세 가지 근본 활동은 사유, 의지, 판단이라고 보았다. 이들은 각기 서로 다른 활동에서 유래할 수 없으며, 여러 가지 공통 특징을 갖지만 공통분모로 분류할 수 없는 것이다(Arendt 1978, 69). 현상세계나 신체 활동의 시각에서 볼 때 정신 활동의 주요 특징은 비가시성(invisibility), 즉 보이지 않는 것에 있다고 할 수 있다. 정신 활동은 사유하고 의지하며 판단하는 나에게 자신을 드러내기는 하지만, 외부에는 드러내지 않는다. 드러나는 삶에서 사람들은 살기 위해 노동을 해야 하고, 세계 속에서 안식하려고 작업을 하며, 동료 인간들로 구성된 사회에서 자신의 위치를 차지하기 위해 행위를 한다. 사람들은 이러한 조건들의 제약을 받고 있으며 그 한계를 물리적으로 넘어서지 못한다. 하지만 정신적으로는 이러한 것들의 한계를 모두 넘어 설 수 있다. 정신 활동은 제약을 받지 않는다는 점에서 자율성을 지니며 우리가 행위하고 판단하며 삶을 영위하는 기준은 궁극적으로 정신의 삶에 좌우된다(Arendt 1978, 70-71).

정신의 삶에 해당되는 세 가지 근본 활동 중 먼저 사유란 "나와 나 자신 사이의 소리 없는 대화라 할 수 있으며 모든 의식에 내재되어 있는 나와 나 자신 사이의 분열로 이해할 수 있다"(Arendt 1978, 74-75). 일반적으로 사유는 현상세계로부터의 이탈을 본질적인 전제조건으로 취하고 있다. 우리는 누군가에 대해 사유하려면 우리의 면전에서 그를 벗어나게 해야 한다. 우리가 누군가와 함께 있을 때 그에 대해 사유하지는 않는다. 물론 우리는 우연히 앞에 있는 타인이나 무엇에 대해 사유할 수도 있지만 은밀하게 현상에서 이탈해 그 자리에 없는 것처럼 행동한다. 이런 점에서 모든 사유는 멈춰서 생각하기를 요구한다(Arendt 1978, 78). 예를 들어 우리가 좋아하는 이상형에 대해 사유한다고 할 때 그 이상형은 내 눈앞에 없는 존재이며 시공을 초월해서 생각할 수 있다. 이상형에 대한 사유는 시대를 넘나들어서 현재뿐만 아니라 과거에 이를 수도 있고 지금까지 존재하지 않았던 형상일 수도 있다. 또 공간을 넘나들어서 우리나라뿐만 아니라 해외에 있을 수도 있다. 설사 그 이상형이 내 눈앞에 앉아 있다고 해도 그에 대한 사유는 드러나지 않고 은밀하게 내 머릿속에서만 일어나는 일이다. 이런 점에서 사유는 일상의 활동을 중단시키고, 현존하거나 가까이 존재하는 것에서 이탈하는 성격을 지닌다. 즉 사유 활동의 자연스러운 조건은 '머물 일정한 곳이 없음(homelessness)'에 있다(Arendt 1978, 199–200). 사유는 원인이나 목적으로 필요로 하는 것이 아니라 인간에게 당연히 필요한 것이며, 플루트 연주가 그 자체에 목적이 있듯이 사유활동도 그 자체에 의미가 있는 것이며 우리가 거주하는 세계 속에서 가시적인 최종 산물을 남기지 않는다(Arendt 1978, 123–124).

의지는 사유와 달리 특수성을 지향하며 현상세계와 밀접한 관계를 유지하고 있지만, 현상세계와 의지 사이의 공간적 거리는 사유의 경우보다 좁다고 할 수 있다. 또한 의지는 정신 활동에 머물지 않고 행위를 촉진시킨다(홍원표 2011, 137–138). 아렌트는 의지에 관한 능력을 이해하는 데 두 가지 방식이 존재한다고 보았다. 하나는 대상들이나 목표들 가운데 선택하는 능력, 즉 주어진 목적의 결정권자로 행위하고 그들에 도달하는 수단을 자유롭게 심의하는 능력으로 보는 것이며 다른 하나는 새로운 시작을 할 수 있는 능력에 초점을 맞춘 방식으로 칸트(Immanuel Kant)적 시각에서 "시간 속에서 일련의 계기를 자발적으로 시작하는 능력"이나 아우구스티누스(Au-relius Augustinus)적 시각에서 "인간 자신이 새로운 시작이기에 갖게 된 인간의 시작 능력"으로 보는 것이다(Arendt 1978[vol. 2], 158). 예를 들어 A라는 사람이 축구동호회에 소속되어 있고 동호회의 회장이 되려 한다고 가정할 때, A라는 사람은 회장 선거에 나가겠다는 결심과 선택, 그리고 회장에 당선되기 위한 다양한 수단과 방법을 통해 '의지'를 보여 줄 수 있다. 그리고 이러한 과정에서 중요한 점은 바로 무언가를 새로 시작할 수 있는 능력을 보여 줄 수 있다는 데 있다. 아무런 생각과 의지가 없다면 축구 동호회에 들어갈 생각도, 회장이 될 생각도 하지 않았을 것이다. 하지만 인간은 자발적으로 무언가를 새로 시작할 능력이 있고 이러한 능력이 바로 의지에서 비롯된다고 볼 수 있다.

한편, 판단은 특수한 것을 판단하는 능력이라 할 수 있다. 판단에 있어서 중요한 것은 바로 범례적 타당성(exemplary validity)이다. "범례는 판단의 보행기"라고 할 정도로 판단에 있어서 범례는 중요하다(Arendt 1978[vol. 2], 271-272). 예를 들면 책상이라는 사물이 있고 우리는 이에 상응하는 개념을 갖고 있기 때문에 책상을 책상으로 인식할 수 있다. 하지만 책상은 매우 다양한 형태로 존재한다. 재료도 조금씩 다르고 형태나 크기도 다를 것이다. 하지만 모든 책상에 공통된 속성을 떠올릴 때 우리는 일반적인 책상의 개념을 갖는다. 이것이 바로 '범례'의 가치이다. 만약 책상으로서 공통된 특성과 기능이 없어서 책상의 범주에 들어가지 않는다면 모양이 비슷하다 하더라도 우리는 이것을 책상으로 받아들이지 않고 식탁으로 판단하게 될 것이다. 즉 단순히 모양과 형태를 인식하는 것을 넘어 대상의 특성과 본질을 정확하게 구분할 수 있는 능력을 판단이라 할 수 있다.

사유가 일반화하는 것을 의미한다면, 판단은 특수한 것과 일반적인 것을

신비하게 결합하는 능력이다. 규칙, 원칙, 법칙과 같이 일반적이 것이 주어
질 때 판단은 일반적인 것 아래 특수한 것을 포함한다. 그리고 하나의 특수
한 것으로 모든 것을 판단할 수 없기에 우리는 가치를 결정하기 위해서는
특수한 것과 이와 연관되는 다른 것들도 함께 봐야 한다(Arendt 1978 [vol2],
271). 예를 들어 사유가 나의 이상형을 추상적으로 생각하는 것이라면, 판
단은 내가 친구로 만나왔던 이성이 현실적으로 나의 배우자로 적합한지 특
수하고 개별적인 것까지 생각할 수 있는 능력이라 볼 수 있다. 사유는 비가
시적인 것, 즉 드러나지 않는 사물들의 표상을 취급하지만 판단은 항상 특
수한 것들, 그리고 가까이 있는 사물들과 연관된다. 그러나 의식과 양심이
연관되어 있듯이 사유와 판단은 상호 연계되어 있다(Arendt 1978, 193).

판단은 내 눈앞에 있는 사람들과 직접 대화를 나누는 것이 아니라 상상
속에 존재하는 다른 사람들과 소리 없이 나누는 대화라 할 수 있다. 사유가
나와 자아 사이의 소리 없는 대화라면 판단은 나 이외의 다른 사람들과 소
리 없이 나누는 대화이므로 정신 활동 가운데 가장 정치적이다(홍원표 2011,
140-143). 판단이라는 활동에서 중요한 것은 정신의 확장으로 정신의 확장
은 다른 사람의 입장에 서서 사유할 수 있음을 동반하며 이처럼 다른 사람
들의 관점을 검토할 수 있을 때 비판적 사유도 가능하다(Arendt 1978[vol. 2],
257). 판단에 중요한 두 가지 능력은 바로 상상력과 공통감이다. 상상력은
내가 직접 대면하지 않고도 대상을 이해하고 성찰할 수 있으며 대상이 나
에게 직접 영향을 미치지 않아도 판단할 수 있는 능력을 말한다. 그리고 공
통감이란 공동체에 우리를 적응시키는 예외적인 감각, 정신 능력을 뜻하며
본질적으로 소통은 공통감에 기반을 두고 있다. 사람들에 대한 공통된 이
해는 인간이란 존재에게 기대할 수 있는 최소한의 조건이며 특별히 인간적
인 감각이다(Arendt 1978[vol. 2], 265-267).

앞서 설명한 활동적 삶과 정신의 삶의 근본 활동을 함축적으로 정리한다면 다음과 같이 이야기할 수 있을 것이다. 먼저 인간의 삶에서 드러나는 부분이라 할 수 있는 활동적 삶의 측면에서 볼 때 인간은 살기 위해 노동을 하고, 새로운 세계를 만들기 위해 작업을 하며, 자신의 개성과 고유성을 갖고 다양한 사람들과 함께 살아가기 위해 행위를 한다. 또한 인간의 삶에서 드러나지 않는 정신의 삶 측면에서 볼 때 인간은 나와 나 자신 사이의 대화를 위해 사유하고, 스스로의 선택과 결정을 위해 의지를 가지며, 공동체 내에서의 삶을 위해 나 이외의 다른 사람들과 소리 없이 대화하는 판단을 한다고 할 수 있다. 이런 점에서 "사유는 자아를 형성하며, 의지는 성격을 형성하는 원동력이며 판단은 한 개인의 인간성을 형성하는 중요한 정신 능력이라 할 수 있다"(홍원표 2011, 154).

### 3) 인간의 조건과 BCI가 만들어 갈 미래

BCI는 그 원리상 인간의 뇌와 컴퓨터를 연결시키는 것으로 인간의 활동적 삶 자체를 변형시킬 수 있을 뿐만 아니라 정신의 삶 영역에도 중대한 변화를 야기할 수 있다는 점에서 매우 중요하게 다뤄져야 할 기술이며 이러한 과학적 변화가 정치철학적으로 중요한 의미를 갖는 부분을 반드시 탐색해 볼 필요가 있다. 먼저, 활동적 삶의 세 가지 근본 활동 중 노동의 측면에서 바라보면 BCI는 인간이 노동에 들이는 수고를 덜어 주고 생존과 생계유지를 위한 생산성 및 효율성을 크게 증대시킬 수 있다는 점에서 매우 긍정적이다. BCI를 통해 뇌에 칩을 이식하면 뇌신경세포의 활동을 기록하고 자극해 인간의 식욕, 생각, 감정까지도 조절 가능하다. 만약 인간이 작은 알약 하나만 먹고도 BCI를 통해 충분한 에너지를 섭취했다고 인식하도록 만든다면 생존에 필요한 신체적 효율성과 정신적 효능감은 극대화될 수 있을 것이다. 하지만 BCI에 적용되는 침습적 방식이나 임플란트 시술은 뇌 손상과 합병증의 위험이 있고 뉴런의 재생을 억제할 수 있으며 이는 오히려 인간이 본래 타고난 인체 시스템을 저해할 수 있다.

작업의 측면에서 바라보면, 노동의 수고를 경감시키는 도구와 기계들은 작업의 산물로서 BCI는 인간의 작업 능력을 배가시켜서 새로운 세상과 사물을 제작하고 인공세계를 만들어 가는데 큰 힘을 발휘할 가능성이 높다. 앞서 언급했던 것처럼 BCI를 활용하면 사지마비 환자가 의족이나 의수를 통해 활동하는 것을 가능케 하는 시스템을 제작할 수 있고 이를 통해 일상에서 많은 제약을 받아야 했던 환자는 보다 인간다운 삶을 살아갈 수 있게 된다. 또 용접과 같이 열과 압력으로 금속, 유리 등을 접합하는 위험한 작업은 BCI를 통해 로봇으로 대체하여 수행하는 것도 가능하다. 하지만 반대로 기계가 인간의 작업을 대체해 갈수록 아이러니하게도 일자리는 계속 감소하여 인간의 생존을 위협할 수 있으며, BCI를 활용한 시스템이 군사적 목적으로 쓰여 사이보그 병사가 양산된다면 오히려 그동안 인간이 창조해 낸 세상이나 다른 사람의 생명을 보다 쉽게 파괴할 수 있는 가능성도 존재한다.

한편, 행위는 타인과 함께 살아가는 공동체 내에서 나의 자아와 정체성을 드러냄으로써 나답게 살아가고자 하는 실존의 욕구와 관련된 것이며 이를 위해 가장 중요한 수단은 바로 말과 글이라 할 수 있다. 이런 점에서 BCI는 매우 긍정적인 역할을 할 수 있다. 대표적인 예로 '브레인게이트 컨소시엄'이 개발한 BCI는 척수 손상으로 사지가 마비된 환자들이 마음대로 PC를 사용하고 문자를 입력할 수 있도록 하는 데 성공했다. 말과 글을 통해 자신을 표현하기 어려운 사람들이 타인과 대화할 수 있도록 했다는 점에서 BCI

디지털 기술과 정치

는 인간의 본질적인 행위를 가능케 하는 중요한 기술적 발전이라 할 수 있다. 그러나 BCI 기술을 둘러싼 주요한 쟁점 중의 하나인 시스템 오작동이나 무의식적 작동과 같은 예측불가능성, 불확실성의 문제는 여전히 존재한다. 예를 들어 BCI가 무의식을 근거로 작동하여 인간이 입력한 명령과 다르게 움직인다면 이는 의도한 행위와 다른 결과를 낳을 수 있으며 오히려 정확한 의사소통과 행위를 저해하는 결과를 초래하여 인간의 조건을 훼손할 수도 있다.

다음으로 정신의 삶에 해당되는 사유, 의지, 판단 세 가지 근본 활동을 중심으로 BCI를 살펴보기로 하겠다. 사유는 나와 내 자신과의 대화인 동시에 사유 활동 자체가 곧 인간의 삶이라 할 수 있다. 그리고 사유는 인간의 현상세계로부터의 이탈과 시공의 초월을 통해 일정하게 머물 곳이 없는 특성을 갖는다. 이런 점에서 볼 때 BCI는 인간의 사유 기능을 강화할 수도, 동시에 제한할 수도 있는 양 측면을 갖는다. 예를 들어 BCI를 통해 인간의 뇌를 컴퓨터와 연동한다는 것은 그 자체로 현상세계로부터의 이탈과 시공의 초월을 의미한다. 또 네트워크를 통해 더욱 자유로운 정보의 이동, 전달, 공유가 가능해진다면 이러한 사유의 특성을 강화할 수 있을 것이다. 하지만 BCI는 인간의 뇌파를 측정해 생각이나 의도를 분석할 수 있는 시스템으로 결국 컴퓨터가 분석한 데이터를 저장할 수 있는 속성을 갖고 있다. 자신의 생각이나 기억을 특정장치에 데이터로 저장한다는 것은 다른 무언가를 사유할 때 더 풍부한 근거를 제공해 줄 수도 있지만 반면에 이러한 데이터에 의존하는 경향을 가질 수도 있다. 즉 현상세계나 시공을 초월해 자유롭게 사유할 수 있는 능력이 오히려 저장된 데이터를 중심으로 제한될 수도 있는 것이다.

사유와 달리 의지는 정신 활동에 머물지 않고 행위를 촉진하는 것으로 스스로 행위를 선택, 결정하고 새로운 것을 시작할 수 있는 능력이라고 볼 수 있다. 앞서 언급했듯이 BCI는 사지마비 환자의 소통과 행위를 가능케 하는 데 매우 결정적인 역할을 할 수 있다. 이때 BCI는 사지마비 환자가 스스로 의사를 표현하거나 결정하는 것, 즉 의지를 나타내는 주요한 경로가 되어 줄 수 있으며 불가능했던 것을 가능하게 한다는 측면에서 제2의 탄생과 같은 역할도 할 수 있다. 그러나 BCI와 연결된 A라는 사람의 무의식을 근거로 시스템이 작동한다면 이것은 A라는 사람의 의지가 맞는 것인지, 아니면 컴퓨터의 의지가 되는 것인지 혼란을 야기할 수 있다. A의 무의식을 통해 작동한 것이기 때문에 이 또한 A의 의지라 볼 수도 있지만 A가 의식적으로 내린 선택과 결정은 무의식과 다를 수 있기 때문이다.

판단의 경우에도 마찬가지다. 우리는 책상이라는 사물을 단순히 인식하는 것을 넘어 책상의 본질을 생각하고 다른 사물과 구별할 수 있는 데서 판단의 능력을 발휘하게 된다. 만약 BCI가 AI와 결합해 더 많은 데이터를 분석하고 학습 능력을 진화시킬 수 있다면 인간은 더 빨리 책상이라는 사물을 분석하고, 구별하며, 나에게 필요한 책상에 대해 보다 효율적인 선택을 할 수 있을 것이다. 그러나 개인의 생각을 컴퓨터로 전송할 수 있다는 것은 동시에 뇌 해킹이 일어날 가능성도 충분히 존재한다는 것을 의미한다. 만약 A라는 사람의 뇌파를 측정, 분석하는 과정에 해킹이 일어난다면 A가 책상을 판단하는 과정을 왜곡시켜 이를 식탁으로 판단하도록 할 수 있으며 A가 책상이라고 판단한 정보를 외부로 유출할 수도 있는 것이다. 이러한 원리가 정치적 과정에 악용된다면 그 문제는 상상을 초월할 정도로 심각하다. 만약 선거과정에서 전자투표를 허용하여 BCI를 통해 온라인 투표 시스템에 접속해 투표를 한다고 가정해 보자. 나 스스로의 의지와 판단을 통해 투표를 할 수도 있겠지만 그 과정에서 뇌 해킹이 일어나 잘못된 정보가 입력

디지털 기술과 정치

되거나 당사자의 의도와 다른 선택으로 투표가 이루어지게 한다면 이는 정치적 자유의 박탈까지 초래할 수 있다. 이 경우 A는 사생활 침해를 넘어 스스로 사유하고 판단할 수 있는 생각의 자유를 잃어버리고, 궁극적으로 자신의 정체성, 인간의 존엄성이 훼손당하는 고통을 겪게 될 것이다.

이와 같이 BCI는 인간의 삶의 두 축이 되는 활동적 삶과 정신의 삶 양 측면에서 볼 때 인간이 보다 풍요롭게 살 수 있는 환경과 조건들을 제공할 수 있는 긍정적·희망적인 측면이 있지만 동시에 인간의 본질과 존엄성을 위협할 수 있는 부정적·비관적인 측면도 함께 존재한다. 이처럼 과학기술의 발전은 인류를 유토피아로 이끌 수도, 디스토피아로 이끌 수도 있는 양면성이 늘 함께 따르며 인류가 어느 쪽으로 갈지는 결국 지금 이 순간 미래를 준비해야 하는 우리들의 몫이 될 것이다.

## 4. 정치적 과제: 공적 영역과 약속의 힘

### 1) 새로운 시대의 근본악은 기술에 대한 맹신

"과학적 지식의 엄청난 진전과 발견 속에서 근대과학은 무제한적인 진보라는 개념을 낳았고 인간은 끊임없이 완벽해질 수 있다는 생각을 갖게 되었다"(Arendt 1978, 19). 하지만 인간은 새로운 것을 만들어 내는 제작 능력뿐 아니라 자기 손으로 생산한 것을 파괴할 수 있는 능력도 갖고 있다. 오늘날에는 심지어 인간이 만들지 않은 지구와 자연도 파괴할 수 있는 잠재력을 갖고 있다. 반면 모든 과정을 원상태로 복구하고 통제하는 능력은 여태껏 가진 적이 없었고 앞으로도 결코 갖지 못할 것이다. 이미 행한 것을 원래 상태로 되돌리지 못하는 인간의 무능력은 모든 행위의 결과를 예견할 수 없고 행위의 동기에 대한 신뢰할 만한 지식을 가질 수 없는 무능력과 거의 동일하다(Arendt 2018, 232-233). 이런 측면에서 볼 때 BCI는 인간의 자유를 확장하고 인간에게 새로운 시작과 능력을 가져다줄 수 있지만 동시에 예측불가능성과 환원불가능성에 있어서는 무능력하고 무책임한 존재가 되는 인간의 한계 때문에 매우 위험할 수도 있다. BCI 기술의 오남용과 예측불가능한 부작용들은 인간의 뇌에 해를 끼칠 수도 있고, BCI가 연결된 컴퓨터 네트워크를 통해 뇌 해킹이나 바이러스 침투가 일어난다면 문제는 걷잡을 수 없이 커질 것이다. 하지만 이미 손상된 뇌와 네드워크는 원래대로 복원하기가 거의 불가능할 것이며 이에 대한 책임을 묻는 일은 명료하게 정리되기 어렵다.

아렌트에 따르면, 자연적 생태계와 인간이 만든 인위적 세계는 반드시 대립하는 관계가 아니라 상호 보완적 관계에 있는 것이며 과학과 기술은 인간실존의 자연적 조건을 파괴하지 않는 한도 내에서 인공세계를 건설해야 한다. 하지만 첨단 과학기술은 인간이 자연을 완전히 통제할 수 있다는 확신을 만들고, 모든 것이 가능하다는 믿음까지 심어 주고 있다. 이러한 전체주의적 믿음은 인간의 본질을 포함해 모든 것을 파괴할 수 있으며, 불가능한 것이 가능하게 되었을 때 그것은 이제 처벌할 수도, 용서할 수도 없는 '근본악'이 될 수도 있다(Arendt 1973, 458-459).

자연과 인공세계의 경계가 점차 흐려지고 있는 변화 속에서 한계 상황을 극복하려는 인간의 욕망과 믿음, 그리고 무제한적 과학기술의 진보가 근본악으로 작동하는 것을 막기 위해서는 이제 논의가 과학이나 윤리 어느 한 영역이나 과학과 윤리의 대립에서 정치로 이동해야 한다. 아렌트는 정치의 의미가 '자유'에 있다고 보았다. 정치는 인간의 복수성, 즉 다양성에 기초하며 따라서 정치학은 서로 다른 인간들의 공존과 연합을 다룬다. 정치란 인간들 사이에 놓여 있으며 관계로서 성립된 것 안에서 일어나기 때문에 자유는 정치라는 독특한 중개적(intermediary) 공간에서만 존재한다고 볼 수 있다(Arendt 2005, 93-94). 정치는 인간의 삶에 절대적으로 필요한 것이며 정치의 과제, 즉 최종 목적은 가장 넓은 의미에서 생명을 보호하는 것에 있다(Arendt 2005, 115). BCI와 같은 새로운 과학기술의 발전은 새로운 시작을 가능케 한다는 점에서 인간의 자유를 확장해 주는 일이며, 정치는 그러한 자유의 확장을 보장해 줄 필요가 있다. 하지만 과학기술이 인간에게 주어진 모든 한계 상황을 극복해 줄 수 있을 것이라고 맹신하는 것은 마치 전체주의와 같은 근본악이 될 수 있다. "인간이 과학기술의 발전으로 엄청난 위업을 달성한다고 하더라도 인간은 완전하게 한계 상황, 즉 필멸성을 극복하지 못할 것이며 또한 파괴성을 배제할 수 없다"(Arendt 2005, 373-375).

따라서 BCI와 같은 첨단 과학기술이 인간의 자유를 확장할 수 있는 공간을 열어 주되 근본악이 되지 못하도록 만드는 것, 그것이 바로 지금 정치가 해야 할 일이며 이제는 정치가 새로운 사유와 논의, 즉 새로운 시작을 시도해야 할 때이다. 우리는 현실의 분주함 때문에 틀에 박힌 삶을 반복하는 과정에 함몰될 수 있으며 새로운 시작을 시도하지 않을 경우에는 중대한 오류를 범할 수도 있다. 오류의 가능성을 줄일 수 있는 계기를 획득하고 반복적으로 자동화된 삶의 과정을 변화시킬 수 있는 것은 바로 정신 활동에 있다. 따라서 새로운 시작으로서 정신 활동은 우리가 살아가는 동안 지속적으로 이루어져야 한다. 무사유가 평범한 악의 원인이 될 수 있고, 정신 활동의 중단은 정치적 악행으로 이어질 수 있기 때문이다(홍원표 2014, 78-79).

때론 올바른 정치제도가 올바른 윤리적 관점의 모색과 강조보다 현실적으로 더 중요한 역할을 할 수 있다. 새로운 기술은 규범적 평가나 성찰적 견해가 할 수 있는 것보다 더 빨리 등장하며, 현대사회와 과학기술의 복잡성 속에서 기술의 활용에 대한 올바른 윤리를 찾거나 선과 악에 대한 책임을 식별하는 것은 매우 어려운 일이기 때문이다. 이러한 상황에서 등장하는 문제들은 결국 책임의 문제로 귀결되며 이는 정치적 논갠의 핵심이 될 것이다. 정치적 접근은 사람들이 상호 작용하는 방법을 찾는 프로세스에 집중하며 사회적 변화를 제안할 수 있다. 정치적 방식은 입법 활동을 통해 진행되며 이를 통해 모든 사람에게 의무를 부과하고 사회적 관습을 이행하도록 하는 과정에서 강압적인 성격을 갖지만 동시에 항상 수정되고 합의될 수 있는 가능성이 존재하기 때문에 유연하기도 하나. 성치적 접근은 사회적 상호 작용과 제도적 설계 두 가지 차원에서 이루어질 수 있으며 이 두 가지 차원에서 대응 방안이 마련된다면 BCI가 그려 내고 있는 불안한 시나리오에 대해서도 크게 우려하지 않을 수 있을 것이다(Wolkenstein 2017).

### 2) 공적 영역과 약속의 힘

먼저 사회적 상호 작용 차원에서의 정치적 과제는 공적 영역에서 풀어 갈 수 있을 것이다. 아렌트가 인간의 조건을 논한 것은 인간적 삶의 조건을 현상학적으로 분석하는 것이지, 인간에게 고정된 본질이 존재한다는 것을 주장하기 위해서가 아니다. 인간의 정체성은 타인과의 정치적 관계를 맺는 가운데 형성되며, 이렇게 형성된 정체성이 정치적 행위를 통해 드러나게 되는 순환적 구조를 갖는다. 따라서 정치 행위란 우리가 인간다운 삶을 위해서 반드시 해야 하는 것이라고 할 수 있다(김선욱 2002, 50). 새로운 기술이 만들어 갈 인간의 조건과 삶의 모습들 역시 고정된 것이 아니다. 앞으로 우리가 다양한 논의와 행위를 통해 선택하고, 결정하는 것에 따라 보다 유연

디지털 기술과 정치

하게 만들어 갈 수 있는 것이다. 중요한 것은 우리가 새로운 지식과 과학기술을 어떤 목적으로, 어떻게 사용할 것인가에 달려 있다. 이 문제에 대한 대응은 과학적 수단으로 결정될 수 없고 전문과학자나 직업정치가의 결정에만 맡길 수도 없는 일이다(Arendt 2018, 2-3). 아렌트는 이러한 문제를 해결할 수 있는 존재로서 '시민'의 중요성과 역할을 강조했다. 아렌트는 시민들 속에서 새롭게 시작할 수 있는 능력과 공공성의 회복을 찾았으며, 시민들의 정치적 판단과 공적인 담론을 통해 과학기술이 갖는 문제를 해결해 나갈 수 있는 가능성을 모색했다. 이것이 바로 아렌트의 '기술담론의 정치'라고 할 수 있다(천명주 2010, 13).

정치적 영역은 인간이 의지로 변화시킬 수 없는 진리와 같은 것에 제한을 받는다. 진리란 은유적으로 표현할 때 우리가 딛고 서 있는 땅, 우리 위로 펼쳐져 있는 하늘과 같은 것이다(Arendt 1961, 264). 하지만 정치적 영역은 진리의 영역이 아니다. 이는 정치 영역에서 절대적 진리의 주장에 대한 거부를 의미한다. 즉 인권과 같은 개념은 자명한 진리로서가 아니라 옹호되고 주장되어야 할 내용인 것이며 정치적 영역은 진리를 추구하는 공간이 아니라 자유로운 정치 영역의 유지와 공동체 내에서 인간다움으로 귀결되는 다양한 선을 추구하는 공간으로 이해할 수 있다(김선욱, 2002, 72). 정치적 영역에서 다양한 사람들이 민주적으로 논의할 때, 과학기술의 전체주의적 경향과 근본악으로의 이행을 방지하고 우리가 원하는 방향, 즉 인류에게 이로운 방향으로 기술의 변화를 이끌 수 있을 것이다.

아렌트는 다양한 사람들의 의견이 서로 공유되고 교환되는 공간을 '공적 영역'이라고 보았다. 아렌트에 따르면 '공적(public)'이라는 용어는 서로 밀접하게 연관되지만 완전히 일치하지 않는 두 현상을 의미한다. 첫 번째는 누구나 공중 앞에 나타나는 모든 것을 보고 들을 수 있고 따라서 가능한 폭넓은 공공성을 가진다는 것을 의미한다. 두 번째는 세계 자체를 가리키며 세계가 우리 모두에게 공동의 것이고 우리의 사적 소유지와는 구별되는 것임을 의미한다. 이 세계는 인간이 움직일 수 있는 제한된 공간이자 유기체 삶의 일반 조건으로서 지구 또는 자연과는 다르다. 세계는 인간이 만든 인공품과 인위적 세계에 거주하는 사람들 사이에서 일어나는 사건과 연관되는 것이다(Arendt 2018, 50-53).

사적 영역과 공적 영역의 차이를 세부적으로 대비시켜 보면, 첫째, 사적 영역은 자유의 제약이란 의미를 담고 있는 '필요'의 영역이지만 공공영역은 물질적 제약, 즉 생계문제를 해결한 이후 참여하기에 '자유'의 영역이다. 둘째, 가정이란 자연공동체는 가족 구성원 사이의 불평등을 전제로 하지만 공적 영역에서는 모든 사람이 자유인이며 동시에 학생과 선생의 관계도 아니기에 평등을 전제로 하는 영역이다. 셋째, 가정은 한 핏줄로 구성되어 있어서 차이보다 거리감 없는 친밀성을 기본으로 하지만 공적 영역은 시민들의 차이를 전제로 한다. 이때 차이는 거리감의 존재를 기본으로 한다. 넷째, 가정에서는 개인적인 능력을 기준으로 인간관계를 형성하지 않고 '사랑'이 정체성을 유지하는 원동력이지만 공적 영역은 관점과 견해의 차이를 전제로 하며 '존중'과 '우정'이란 정치적 덕목에 기초해 그 정체성을 유지할 수 있다. 다섯째, 가정이란 자연공동체는 다른 사람들의 시선이 침투하지 못하는 프라이버시의 영역, 즉 어둠의 공간이지만 공적 영역은 참여하는 사람들의 모든 모습을 보고 들을 수 있어서 완전히 노출된 빛의 영역이다(홍원표 2011, 107-108).

공적 영역에서 다양한 행위자가 참여하여 의견 교환을 실현할 때, 우리 사회는 자유, 평등, 그리고 연대의 가치를 가질 수 있다. BCI와 같은 첨단 기술에 내포된 미래에 대한 불확실성, 예측불가능성, 환원불가능성에 대한

디지털 기술과 정치

치유책은 결국 공적 영역에서 이루어지는 상호 작용, 그로 인해 도출되는 사회적 함의, 이를 지키도록 하는 구성원 간 약속의 힘이 될 것이다. 약속을 지키는 능력은 미래라는 불확실성의 바다에 안전한 섬을 세운다. 이 섬이 없다면 인간사이의 관계에 지속성은 물론 연속성조차 없을 것이다(Arendt 2018, 236-237). 약속에는 안정화의 힘이 내재되어 있고 약속의 행위는 최소한 예측불가능성을 부분적으로 제거할 수 있다. 약속의 능력은 자기 지배와 그에 따른 타인 지배에 의존하는 지배 형식의 유일한 대안이 된다. 인간의 예측불가능성과 신뢰불가능성 상태에서 그 안에 예측가능성의 섬을 만들고 신뢰의 이정표를 세울 수 있는 것이 바로 약속의 힘이다(Arendt 2018, 244).

약속의 힘이 빛을 발하기 위해서는 공적 영역에서 이루어진 약속이 안정성, 지속성을 가질 수 있도록 뒷받침할 수 있는 제도적 설계가 필요하다. 혹자는 "새로운 시작을 할 수 있는 능력"으로서의 행위를 강조하는 아렌트가 그 행위에 제약을 가하는 법과 제도(조직)의 필요성을 역설한 것이 논리적 모순이라고 주장할 수 있다. 하지만 그것은 정치의 자기구속(self-restraint)의 결과이다. 다시 말해 그것은 구속 자체가 목적이 아니라 그 구속을 통해 자기를 계속 혹은 가능하다면 영구적으로 실현하기 위한 것이다. 그러므로 개인들의 정치 행위의 산물인 아렌트적 법과 제도는 자유로운 행위를 고무하는 진보적 측면과 함께 정치를 안정화하는 보수적 성격을 통합하고 있다(김비환 2007, 105).

제도적 설계와 관련해서는 첫째, 다양한 행위자 및 이해관계자들의 참여를 보장하는 거버넌스가 요구된다. EU는 2015년 4월 'BCI 기술개발에 대한 로드맵(Roadmap The Future In Brain/Neural -Computer Interaction; Horizon 2020)'을 발표한 바 있다. 로드맵에 따르면 BCI 기술은 사용하기 쉽고,

저렴하게 공급 가능하며, 생활 패러다임 변화와 의료시장 내 빈부 격차 감소 등에도 기여할 수 있다. 보고서는 이러한 장점이 발휘되기 위해서는 공동의 노력이 필요하며 BCI 시스템을 활용하는 다수의 이해관계자 참여를 통해 정책적 기반이 마련되어야 한다고 강조했다(Brunner et al. 2015). 또 OECD도 2019년 뇌과학, 인공지능의 융합이 핵심적인 미래 동인이 될 것을 전망하며, 책임 있는 뇌과학 기술 활용을 위한 사회적 함의 형성과 제도적 기반 마련을 권고하고 법적 및 사회적 문제에 선제적으로 대응해야 함을 강조하였다. 그리고 이런 문제에 대응하기 위해 세계 각국 정부, 연구자 및 이해관계자들이 모이는 거버넌스 구축을 촉구하였다(OECD 2019).

이와 같이 BCI에 관한 논의는 공적 영역에서의 거버넌스 구축을 통해 이루어질 필요가 있으며 이를 위해서는 관련 문제를 지속적으로 전담하여 이슈에 대한 관심과 전문성, 대응 체계 등을 마련할 수 있는 정부 내 전담 부처 또는 조직이 필요하다. 이는 단순히 BCI 전담 부처의 마련을 요구하는 것이 아니라 BCI와 같은 미래 디지털 기술을 융복합적으로 다룰 수 있는 전담 부처의 필요성을 제기하는 것이다. 미래지향적 과학기술에 대한 거버넌스는 과학적·윤리적·사회적 문제들이 복합되어 나타날 것이기에 보다 다양한 영역에서 참여하고 유연하게 운영할 수 있는 대응 조직 및 체계가 필요하다.

둘째, 관련 법률 및 소관 부처 간의 연계성을 높이는 것이 요구된다. 현재 BCI 관련 법률은 「뇌연구촉진법」, 「의료기기법」, 「보건의료기술진흥법」, 「의료기기산업 육성 및 혁신의료기기 지원법(의료기기산업법)」, 「생명윤리 및 안전에 관한 법률(생명윤리법)」, 「개인정보보호법」 등 관계 법률이 다수 존재한다. 이런 법률은 과학기술정보통신부(기초원천연구개발), 보건복지부(임상연구 및 규제), 식품의약품안전처(유효성 평가, 안전성 심사), 개인정보보호위원회(정보보호) 등 관계 부처 간 역할에 따라 소관 부처를 달리하고 있다. 관계 법률 사이의 모호성과 다수의 부처가 이해관계로 엮여 있어 기술의 빠른 성장과 확장에 법정책적 대응은 지연될 우려가 크다. 이런 상황은 정부 정책에 대한 사회적 공감대 부재, 각 부처별 개별 정책 집행과 사업 간 중복성 문제, 개별 집행에 따른 정책효과 미충족과 국가 차원의 통합적 정책 연계성과 및 효과성 저해를 유발하게 된다. 이는 결국 과학기술에 대한 규제 중심의 정책으로 귀결되며, 과학기술 경쟁력 저하와 국가 경쟁력 상실도 우려하게 만들 것이다(성지은 외 2010, 6). 따라서 과학기술이 융복합적으로 개발, 적용되고 있듯이 제도적 설계와 법률 역시 복합성과 유연성을 확보해 나가며 재정비해야 할 것이다. 과학기술의 발전이 국가의 경쟁력과 국민의 삶 전반을 좌우하고 있는 시대에 규제 중심의 정책만이 정답은 아닐 것이며, 우리 사회는 과학과 윤리, 허용과 규제 사이에 합리적인 균형점을 모색해 나갈 필요가 있다. 그리고 그 과정에서 정치의 역할이 가장 중요하게 요구되는 것이다.

## 5. 결론

최근 저명한 과학 분야 국제학술지인 『네이처 커뮤니케이션즈(Nature Communications)』에는 미국의 한 연구팀이 1,152개 단어를 사용해 의사소통을 돕는 BCI를 개발했다는 논문이 발표되었고 이 기술의 정확도는 무려 94%에 달하는 것으로 나타났다. 이 기술이 상용화되면 사지마비 환자가 높은 정확도와 많은 어휘로 의사소통할 수 있을 것으로 기대되고 있다. 또 뉴럴링크는 지속적으로 BCI 신기술을 선보이고 있으며 머스크는 자신의 머리에도 칩을 이식하겠다는 의지를 밝혔다. 마이크로소프트(Microsoft)의 창업자인 빌 게이츠(Bill Gates)는 최근 BCI 기업에 대규모 자금을 투자한 것으로 알려졌다. 이처럼 최근 언론들은 BCI 상용화가 임박해 있고 투자가치가 매우 높음을 대대적으로 보도하고 있다. 하지만 이러한 발전의 이면에는 또 다른 문제들이 숨어 있다. 대표적으로 뉴럴링크는 BCI 연구개발과정에서 수많은 동물들을 희생시키고 학대한 것으로 알려졌다. 로이터(Reuter) 통신 보도에 따르면, 2018년 이후 뉴럴링크 실험으로 죽은 동물이 양과 돼지, 원숭이 280마리 이상을 포함해 총 1,500마리로 추정되었다(Levy 2022). 이와 같이 BCI는 과학·경제·산업 분야에서 긍정적 전망과 기대를 보이고 있지만 윤리적 측면에서는 부정적 전망과 우려들이 제기되고 있다.

하지만 이제는 과학이나 윤리 어느 한 영역에서의 논의나 과학과 윤리의 대립을 넘어 BCI와 같은 기술에 대한 논의를 정치적 영역으로 이동시켜 올 때다. 이를 위해 본 연구는 우선 정치철학적 접근을 시도하며 아렌트의 사상과 이론을 토대로 BCI에 내포된 특징과 문제들을 고찰하였다. 아렌트는 인간의 조건을 활동적 삶과 정신의 삶 두 측면에서 사유했으며 활동적 삶에 해당하는 세 가지 근본활동은 노동, 작업, 행위라고 보았고 정신의 삶에 해당하는 세 가지 근본활동은 사유, 의지, 판단이라고 보았다. 아렌트가 말한 활동적 삶과 정신의 삶 두 측면에서 고찰해 볼 때 BCI는 새로운 시작을 가능케 하여 인간의 자유와 능력을 강화해 줄 수 있지만 동시에 그 안에 내포된 예측불가능성과 환원불가능성으로 인간의 조건을 파괴할 수도 있다. 최근 뉴럴링크의 사례에서 알 수 있듯이 그러한 파괴는 반드시 결과가 아니라 과정에서도 나타날 수 있다. 이미 BCI가 시도하는 새로운 시작은 현재 진행형이며 그 속도는 매우 빠르게 진행되고 있다. 이처럼 과학기술의 진보는 매우 가속화되고 있는 반면 이에 대한 학문적 성찰과 정치적 대응은 매우 느리게 이루어지고 있다. BCI와 같은 첨단 기술의 적용과 변화가 우리 생각만큼 빨리 오지 않을 수도 있지만 이러한 혁신적인 기술들이 지금과는 전혀 다른 새로운 세상을 열어 갈 수 있다는 것만큼은 부인하기 어렵고, 보다 나은 미래를 위해 지금부터 새로운 변화에 대응해 나갈 준비를 해야 하는 것은 확실하다.

아렌트가 말한 인간의 조건을 토대로 볼 때, BCI가 그릴 미래에는 양면성이 존재한다. 따라서 가장 중요한 것은 새로운 과학기술의 발전이 우리 사회에 야기할 부작용과 문제를 최소화하고 인류에게 가장 이로운 방향으로 쓰일 수 있도록 하는 데 있을 것이다. 그리고 정치가 해야 할 가장 중대한 과제는 과학기술의 무제한적 진보와 인간의 맹신이 근본악으로 작동하지 않도록 끊임없이 사유하고 논의해 가야 한다는 데 있다. 이러한 문제는 과학자나 전문가, 그리고 직업정치인에게만 맡길 수 없다. 새로운 과학기술의 활용이 생명을 보호하고 삶의 질을 증진할지, 반대로 생명을 파괴하고 삶의 양식을 훼손할지 그 결과는 최종적으로 시민사회에서 나타날 수밖에 없기에 언제, 어떻게, 누가 기술의 허용과 규제의 수준을 결정할지에 대한 논의에 시민들의 참여가 반드시 필요하다. 이런 점에서 BCI와 같은 첨단 기술에 대한 문제는 윤리에서 정치로의 이동이 필요하며, 다양한 행위자들의 참여가 보장되는 공적 영역에서의 논의를 통해 약속의 힘을 키워 가야 한다.

첨단 과학기술이 만들어 가고 있는 시대적·역사적 전환점에서 우리의 미래는 유토피아가 될 수도 있고 디스토피아가 될 수 있다. 지금까지 그래 왔듯이 인류는 이러한 역사적 기로에서 많은 지혜를 모을수록 희망의 실마리를 찾아낼 수 있을 것이다. 아렌트의 말처럼 "우리는 가장 불운했던 시대에도 희망의 빛을 기대할 권리를 어느 정도 갖고 있다. 이것은 이론이나 개

넘보다 오히려 불확실하고 꺼질 것 같아서 종종 희미해진 빛으로부터 나올 수도 있다"(Arendt 1968, ix).

## 참고문헌

김래현. 2018. "인간-기계 상호적응형 BMI 기술."『KIST 융합 weekly TIP』127. 1-13.

김민규. 2021. "뇌과학 기술의 형사법적 규제 필요성-향상(Enhancement) 목적 뇌과학 기술을 중심으로."『외법논집』45(3). 349-369.

김비환. 2007. "아렌트의 '정치적' 헌정주의."『한국정치학회보』41(2). 99-120.

김선욱. 2002.『한나 아렌트 정치판단이론』. 푸른숲.

보스트롬, 닉. 조성진 역. 2020.『슈퍼인텔리전스: 경로, 위험, 전략』. 까치글방.

성지은·송위진·정병걸·장영배. 2010. "미래지향형 과학기술혁신 거버넌스 설계 및 개선 방안."『정책연구』2010-10. 1-222.

신희건·엄주희. 2020. "신경향상 기술이 제기하는 난제 -신경법학의 기반 연구를 위한 윤리적 쟁점 검토-."『미래의료인문사회과학』3(12). 39-61.

임창환. 2010. "뇌파 기반 뇌-컴퓨터 인터페이스 기술의 소개."『의공학회지』31(1). 1-13.

전황수. 2011. "뇌-컴퓨터 인터페이스(BCI) 기술 및 개발 동향."『전자통신동향분석』26(5). 123-133.

전황수. 2017. "4차 산업혁명의 미래 뇌-인터페이스(BMI) 연구동향."『BioINpro』34. 1-13.

정창록. 2019. "뉴로 사이언스 (Neuro Science) 의 발전과 윤리적 문제들."『미래의료인문사회과학』2(1). 11-36.

천명주. 2010. "한나 아렌트의 정치철학 속에 내재된 기술철학에 대한 연구: 시민의 정치적 책임을 중심으로."『한국시민윤리학회보』23(1). 1-16.

최경석. 2021 "인간 뇌 오가노이드 연구의 윤리적·법적 쟁점."『생명윤리정책연구』14(2). 129-154.

한국콘텐츠진흥원. 2011. "BCI(Brain Computer Interface) 기술 동향."『문화기술(CT) 심층리포트』12. 1-33.

홍원표. 2011.『아렌트: 정치의 존재이유는 자유다』. 한길사.

홍원표. 2014(2쇄). 『한나 아렌트 정치철학: 행위, 전통, 인물』. 인간사랑.

Arendt, Hannah. 1961. *Between Past and Future*. New York: Viking Press.

_____. 1968. *Men in Dark Times*. New York: Harcourt, Brace & World.

_____. 1973. *The Origins of Totalitarianism*. New York: Houghton Mifflin Harcourt.

_____. 1978. *The Life of the Mind*. New York: Harcourt.

_____. 1994. *Essays in Understanding 1930-1954*. San Diego, New York and London: Harcourt Brace & Company

_____. 2005. *The Promise of Politics*. New York: Schoken Books.

_____. 2018. *Human Condition*(with a new foreword by Danielle Allen, i troduction by Margaret Canovan). Chicago and London: The University of Chicago Press.

Botstein, Leon. 1985. "Reviewed Work: Hannah Arendt: For Love of the World by Elisabeth Young-Bruehl." *The Journal of Modern History*, 57(2), 335-338.

Bradley, Anna Spain. 2018. "The Disruptive Neuroscience of Judicial Choice." *UC Irvine Law. Review*. 9(1), 1-53.

Brunner, Clemens. et al. 2015. "BNCI Horizon 2020: Towards a Roadmap for the BCI Community." *Brain-Computer Interfaces*, 2(1), 1-10.

Glannon, Walter. 2007. *Bioethics and the Brain*. New York: Oxford University Press.

Levy, Rachael. 2022. "Exclusive: Musk's Neuralink Faces Federal Probe, Employee Backlash over Animal Tests." Reuters (December 6).

OECD. 2019. OECD Recommendation on Responsible Innovation in Neurotechnology.

Rainey, Stephen. et al. 2020. "When Thinking is Doing: Responsibility for BCI-Mediated Action." *AJOB Neuroscience*, 11(1), 46-58.

Shen, Francis X. et al. 2020. "Ethical Issues Posed by Field Research Using Highly Portable and Cloud-Enabled Neuroimaging." *Neuron*, 105(5), 771-775.

Vidal, Jacques. J. 1973. "Toward Direct Brain-Cimputer Communication." *Annual Review of Biophysics and Bioengineering*, 2(1), 157-180.

Wolkenstein, Andreas. 2017. Brain-Computer Interfaces: Agency and the Transition from Ethics to Politics. Kurosu, M. ed. *HCI 2017: Human-Computer Interaction. User Interface Design, Development and Multimodality*(Lecture Notes in Computer Science), 10271. Cham: Springer.

Young-Bruehl, Elisabeth. 1982. *Hannah Arendt: For Love of the World*. New Haven, Conn.: Yale University Press.

국가생명공학정책연구센터. 2014. "뇌-기계 인터페이스(BMI) 연구동향 및 전망." (12월

10일). https://www.bioin.or.kr/board.do?num=248748&cmd=view&bid=tech&cPage=219&cate1=all&cate2=all2&s_str.

Brown University. 2021. "BrainGate: High-Bandwidth Wireless Brain-Computer Interface for Humans." (1 April).
https://www.sciencedaily.com/releases/2021/04/210401112415.htm. (검색일: 2022. 10. 23.)

Emanuel, Peter. et al. 2019. "Cyborg Soldier 2050: Human/Machine Fusion and the Implications for the Future of the DOD." U.S. Army Combat Capabilities and Development Command Chemical Biological Center. (October). https://apps.dtic.mil/sti/pdfs/AD1083010.pdf. (검색일: 2022.10.17.)

디지털 기술과 정치

# 제3장

# 디지털 대전환 시대의 사회적 불평등과 정치신화[1]

손민석(조선대)

## 1. 서론

2022년 2월 3일 미국 증시 역사상 최대 규모의 하루 시가총액 손실액이 발생했다. 페이스북 모회사 메타가 분기실적을 발표한 지 하루 만에 시총 2,300억 달러가 증발한 것이다. 폭락 원인 중 하나로 애플 모바일 운영체제의 개인정보보호설정 변경이 지목되었다. 2021년 4월 애플은 개인정보를 추적할 때 사용자 동의를 거치도록 하는 앱 추적 투명성(App Tracking Transparency) 기능을 도입했는데, 그 여파로 광고주에게 맞춤형 광고를 제공해 온 페이스북 사업모델이 직격탄을 맞은 것이다. 한편 최대 검색엔진과 유튜브 등 자사업체를 통해 사용자정보를 자체 수집하면서 데이터를 확충한 구글의 경우 제3자 쿠키(데이터파일) 제한으로 페이스북 수준의 타격

---

1 이 글은 성신여자대학교 동아시아연구소에서 발간하는 『국가와 정치』 29집 1호에 게재된 필자의 논문 "디지털 대전환 시대의 사회적 불평등과 정치신화"를 수정, 보완한 것이다.

을 받지는 않았다. 이런 배경에서 구글은 크롬과 안드로이드에서 제3자 쿠키 수집을 제한하는 개인정보강화정책을 발표했다. 줄곧 문제로 제기된 이용자 사생활보호라는 명분을 살리면서도 디지털광고시장에서 자신들에게 유리한 입지를 확보하는 실리를 챙길 수 있기 때문이었다.

오늘날 글로벌 빅테크 기업들은 새 이용자 유입을 유도하고 이들이 남긴 데이터를 채굴해서 행동예측상품 자원으로 삼는 각축전을 벌이고 있다. 메타버스와 같은 미지의 영토 선점을 위한 차세대 플랫폼 전쟁도 진행 중이다. 이 글의 관심은 디지털 사회에서 새롭게 부상하는 권력관계에 있다. 현대 정보시대에 디지털 권력은 인간을 유기체로 분해하고 나아가 인간 본성을 변형시키고 있다. 우리가 온라인 공간에 자발적으로 남긴 데이터 흔적들은 자신이 알지도 못하는 사이에 채굴되어 맞춤광고 서비스를 제공하고 수익모델 창출을 위한 도구로 활용되고 있다. 애플 CEO 팀 쿡이 "온라인 서비스가 무료라면 당신이 고객이 아니라 제품임을 의미한다"라고 말했다지만, 실제 인간은 행동예측상품 제조 과정에서 필요한 천연자원 부스러기로 전락해 가고 있는 실정이다(주보프 2021, 35).

쇼샤나 주보프는 이를 감시자본주의(Surveillance Capitalism)로 문제화했다. 감시자본주의는 "인간의 경험을 무료로 추출하여 예측, 판매로 이어지는 숨은 상업적 행위의 원재료로 이용하려는 새로운 경제 질서"이다(주보프 2021, 15). 감시자본가는 우리 사고와 행동, 욕망과 정서적 반응을 모두 목록화하고 분석할 뿐 아니라, 내면의 정신과 품행을 유도하고 새롭게 조건화한다. 디지털 감시 장치를 통해 우리 일상은 일거수일투족 관리되고 있다. 구글 CEO 에릭 슈미트가 말한 것처럼 이제 "당신이 타이핑할 필요조차 없다. 우리[빅테크 기업]는 당신이 어디에 있는지, 어디에 있었는지 알고 있다. 무슨 생각을 하고 있는지도 대략 알 수 있다"(Thompson 2010). 플랫폼 기업은 SNS에 계속 머무르도록 맞춤형 서비스로 개인이 욕망하는 상품목록을 선보이고, 디지털 세계에서 초(超)연결사회를 구축한다. 비즈니스 모델로 계발된 개인 관심 맞춤형 알고리즘은 우리의 감정과 판단을 바꾸고있다. 도파민 분출을 계속해서 자극하는 방식으로 설계된 시스템에서 우리를 디지털 중독에 빠뜨려 뇌 구조까지 변형시킨다. 달콤한 '행복'을 약속하면서 중독에 빠뜨리는 행복산업(Happiness Industry)을 운영하면서 거대 플랫폼 기업은 막대한 수익을 창출한다.

한편 '고객행복'을 내세우는 플랫폼 사회의 이면에는 사회적 불평등 심화가 자리한다. 편리함과 효율성 측면에서 '혁신'을 내세운 IT 기업이 정한 '별점' 시스템 안에서 플랫폼 노동자들은 노동의 기본권마저 위협받을 정도로 '인공지능'에 닦달당하거나 차별적 평가를 받기도 한다. 또한 디지털 격차(digital divide)가 양산하는 다양한 부류의 사회적 불평등이 존재한다. 알고리즘 자동화 사회에서 사회적 불평등은 디지털 정보 전달과정에서도 일어난다. 일례로 시스템 차원에서 광고전달최적화 알고리즘이 인종이나 성별, 경제 위상에 따라 '왜곡'해서 구직광고를 내보내기도 한다.

공론장에서는 디지털 플랫폼을 매개로 한 정치적 부족주의 집단신화 문제를 무시하기 어렵다. 한때 선거민주주의를 보완하는 시민참여 공론장으로 기대를 모았던 디지털 공간이 근래에는 혐오와 조롱을 일삼는 극렬주의자들의 횡포로 얼룩지고 있다. 디지털 알고리즘은 종종 자극적이고 탈진실의 허구세계를 만드는 데 일조한다. 진실보다 조회수가 관건이 되는 세계에서 알고리즘이 필터링해 맞춤형 정보만 보이게 하는 정보 여과 현상(filter bubble)과 인지편향을 강화하는 반향실 효과(echo chamber effect)는 종종 도덕적 허세와 타자를 일그러진 방식으로 상상하고 혐오하는 정치를 부추긴다.

디지털 대전환 시대에 사회적 불평등과 정치적 집단신화를 비판적으로 탐색하는 것은 우리 시대의 중요한 과제이다. 이 글은 디지털 시대에 제기되는 쟁점을 시론적 차원에서 다룬다. 먼저 네트워크 시대에 새롭게 부상한 감시자본주의 체제와 빅테크 기업의 관리 권력을 살펴본다. 다음으로 디지털 전환기에 심화되는 사회적 불평등 문제를 논의한다. 이후에는 자동화된 알고리즘 지배와 가속화되는 탈진실의 정치와 정치적 부족주의 집단신화 문제를 다룬다. 끝으로 시대의 문제에 응답하는 바람직한 정치적 삶은 어떻게 모색될 수 있는지 논의로 글을 마무리한다.

## 2. 디지털 시대, 감시자본주의 체제

디지털 전환기 권력은 이전과 다른 방식으로 배치된다. 아울러 권력비판 담론 역시 다양한 각도에서 제기되고 있다. 가령 CIA 보안전문가였던 에드워드 스노든은 미국 국가안보국(NSA)에서 '국가안보'와 테러방지를 명분 삼아 광범위하게 개인 사생활 정보를 무차별적으로 사찰해 온 사실을 드러낸 바 있다. 남용된 국가권력에 대한 경각심을 일깨우면서, 스노든은 정보당국과 테크놀로지 기업의 내밀한 공모를 함께 폭로했다. 시민을 예속화하는 정부감시와 소비자를 상품화하는 기업감시가 서로 은밀하게 결합되어 있다는 것이다(Snowden 2019). 본 절에서는 가상세계와 현실세계에서 상품화와 감시체계로 우리 삶을 조종하는 관리 권력체계를 중심으로 살펴본다.[2]

쇼샤나 주보프는 현재 새롭게 부상하는 정치경제질서를 감시자본주의 체제로 규정한다. 감시자본주의와 테크놀로지, 특정 플랫폼 기업은 구분할 필요가 있다. 감시자본주의는 테크놀로지 자체라기보다 "테크놀로지를 주입하고 실행하는 논리 체계이다". 또한 감시자본주의는 디지털 환경을 전제하지만(디지털 세계와 무관한 감시자본주의는 존재하지 않지만), 그 자체가 디지털만으로 환원되지 않는다. 마찬가지로 감시자본주의는 그 안에서 플랫폼이 작동되지만, 플랫폼 자체와 동일하지는 않다. 감시자본주의는 디지털 시대에 지배적으로 부상한 정치경제질서이며 실행논리다. 비유하자면 그것은 '꼭두각시가 아니라 꼭두각시 조정자'이다(주보프 2021, 40-42).

주보프에 따르면 근대자본주의의 역사적 진화 과정은 당대 사람들의 요구에 반응하는 방식과 관련을 맺고 있다. 20세기 초 대중소비 욕구에 호응하면서 일반인들에게 보급된 포드 자동차는 대량생산 산업자본주의를 상징적으로 나타낸다. 포드 시대의 대중사회('1차근대 자본주의')에서는 도시화와 산업화가 진행되면서 전근대적인 전통사회와는 달리 사회분화가 이루어지고 삶은 개인화되어 갔다. 하지만 여전히 봉건적인 사회위계구조는 남아 있었고, 집단가치는 개인을 압박해 나갔다. 하지만 점차 집단규범보다 개인성을 더욱 중시하고 삶의 저자는 자신임을 강조하는 '진정성의 시대' 흐름이 20세기 후반 이후 폭넓게 확산되어 갔다. 21세기 초 애플의 잡스는 개인화된 소비 수요를 시대의 흐름으로 읽어 내면서 폭발적인 성공을 거두게 된다. 이 점에서 아이폰과 아이팟, 아이튠즈는 개인화된 삶의 양식('2차근대 자본주의')을 대변한다(주보프 2021, 58-70). 그런데 바우만의 지적처럼 "개인화는 끊임없이 증가하는 남녀에게 비할 바 없이 실험할 자유를 가져왔지만, 동시에 비할 바 없이 자유의 결과에 대처해야 하는 과제를 함께 안겨 주었다. 자기주장의 권리와 자기주장을 실현가능한 것으로, 혹은 비현

---

2  스노든이 주로 정부기관에서 일어난 폐해에 초점을 맞추었다면, 주보프의 감시자본주의 담론은 구글과 같은 민간기업 행동양식을 보다 면밀하게 분석하고 이를 비판하는데 많은 분량을 할애한다. 그녀는 기업이라는 감시자본가들이 지식과 정보에 부여되는 권력을 통해 우리의 일상생활에 깊이 침투하고 우리를 예속화하는 차원을 다룬다.

실적인 것으로 제시하는 사회 환경을 조정하는 능력 사이에 벌어진 간극이 야 말로 유동하는 현대세계의 주요모순"으로 지목되었다(Bauman 2000, 37-38).

21세기 첫 10년 동안 일각에서는 디지털자본주의와 개인권익을 보장하는 민주주의가 조화를 이루는 세계의 도래를 낙관했다. 하지만 주보프는 실리콘밸리 서식지에서 자본주의의 악성코드가 자랐다고 지적하면서, 이를 감시자본주의 체제라고 이름 붙인다. 감시자본주의는 2차근대 자본주의에 내포된 깊은 불확실성의 '공백'을 메우고 "우리의 힘든 삶에서 복잡성을 줄이는 천 가지 방법과 무한한 정보라는 마법을 약속"했다. 3차근대 자본주의 시대의 새로운 담지자가 되겠다는 약속이었다. 하지만 정보기술을 장악한 감시권력은 인간존엄을 분쇄하기 시작했다. '편리성'과 '효율성'을 추구하려는 소비자 욕구를 채워 주는 대신 우리의 삶을 상품화하기 위해 분해한 것이다(주보프 2021, 89-90).

과거 산업자본주의 시대에는 인간이 "자연(nature)을 원재료로" 삼아 상품화했다면, 오늘날 감시자본주의 시대에는 여기에 더해 "인간 자신의 본성(human nature)을 원재료로" 활용해 이를 상품으로 만들어 낸다. 가령 구글/알파벳 같은 빅테크 기업은 온라인 공간에 남겨진 인간 경험을 원재료로 삼아 행동데이터로 적출한다. 초기에는 수집된 사용자정보를 시스템 오류진단과 품질검색에 활용했지만, 점차 사용자행동을 예상하는 "예측상품"을 만드는 데 전산시스템의 시뮬레이션을 작동시켰다. 소비선호에 기초한 행동예측상품은 다음단계 생산과정에 구체적 가이드라인을 제시한다는 점에서, 표적 대상물(행동데이터)을 선물거래(先物去來, futures trading) 하는 거대시장이 형성되었다. 광고주들 입장에서는 예측이 어려운 소비자행동은 매출손실로 이어질 수 있기 때문에, 중장기 고수익을 위해서 소비자 욕망과 행동양식을 가장 잘 예측하는 행동데이터를 원하고 있었다(주보프 2021, 144, 31-32).

빅테크 기업은 광범위하고 심도 있게 정보를 수탈(dispossession)하고, 개인정보를 데이터로 변환(rendering)하는 축적과정을 체계적으로 가동해 왔다. 먼저 '잉여정보'를 정교하게 추출하는데, 여기에서는 구글이 수행한 "정보수탈 4단계 사이클"을 살펴본다. 1단계는 '습격(incursion)'이다. 정보추출에 대한 반발이 생기기 전까지 침입을 지속하는 단계다. 지도제작시스템 구축을 위해 정보를 수집한 역사에서 드러난 것처럼, 구글은 첨단디지털장치를 동원해 사람들의 일상에 침투해서 사생활 정보를 추출했다. 문제가 제기되면 실무 엔지니어의 '단순실수'로 얼버무리면서 말이다. 은밀하게 개인정보를 수집한 사안들이 사회적으로 문제가 되고 법적소송 절차가 진행되면, 구글은 2단계 '길들임(습관화, habituation)' 과정으로 진입했다. 2단계에서는 사람들의 거부감이 누그러지고 이전 관성으로 돌아갈 때까지 시간을 지연시켜 길들이는 전략을 구사했다. 사실 분노의 열정이 의미 있는 제도변화로 이어지고, 상정된 의제가 초점을 잃지 않고 지속적으로 결집되기란 쉽지 않다. '새로운 뉴스로 이전 뉴스를 덮는' 경우가 비일비재하기 때문이다. 민주적 절차에 따라 조사와 소송을 병행하는 과정 역시 느리게 진행된다. 관료화된 당국의 대응속도는 첨단기술 산업이 자기 증식하는 속도를 따라잡지 못한다. 이런 상황에서는 초기에 충격으로 받아들이고 격분하던 사회적 열기도 이내 사그라지고 무감각하게 플랫폼 기업행동을 받아들이는 경우가 많다. 불만을 적극적으로 표출하고 조직화하는 움직임도 있지만, 단순한 '기업관행'으로 치부하면서, 문제 삼지 않고 빅테크 기업행동에 동조하는 흐름도 함께 형성되는 것이다(주보프 2021, 200-212).

사회요청과 법적판단, 정치압박이 계속되는 경우, 구글은 '각색(adaption)'

하는 3단계로 진화했다. 3단계에서는 책임 있는 위치에 있는 기업 대표자가 앞에 나서 '진심 어린' 사과문을 발표하고, 정책개선방향을 설명하고 '개혁'을 약속한다. 내부감독기능을 강화하고, 정부당국 규제방침과 여론에 호응하겠다고 말하지만, 시간이 지나 되돌아보면 피상적 변화를 '각색'하는 정도에 머무른다. 다만 사회요구와 정치압박, 법적규제를 마냥 무시할 수 없는 상황에서 4단계인 '재설정(조준변경, redirection)' 과정을 진행한다. 4단계에서는 당국규제를 피하면서, 수익극대화를 위해 보다 정교한 방식으로 표적광고 역량을 강화하는 공급망 확보('행동잉여 사냥')에 나선다. '동의'를 클릭하지 않으면 사용자체가 제한되고, 다음 단계로 진행이 불가능한 상황에서 우리는 자신의 경험을 '데이터화'하도록 허용한다. 숙련된 방식으로 자신들에게 유리한 방향으로 이끌어 가는 거대 디지털권력 앞에서 개별 시민은 '동의' 버튼에 클릭하면서 감시권력에 포획된다(주보프 2021, 212-222).[3]

한편, 빅테크 기업들은 사람들의 행동패턴을 보다 적확하게 예측하기 위해 온라인 공간에서 수집한 정보 이상을 '추출하는 구조물(extraction architectures)'을 마련한다. 감시자본가들은 행동잉여 데이터 원재료를 새롭게 찾고 공급망(supply chain)을 확장·운영하기 위해서 온라인 세계를 넘어 아날로그 현실세계로 침입한다. 서두에서 밝힌 것처럼 디지털 세계와 무관한 감시자본주의는 존재하지 않지만, 감시자본주의가 디지털만으로 환원되지는 않는다. 플랫폼 기업은 아날로그 현실세계에서 개인경험과 생활패턴

---

3  주보프가 분석한 구글의 '정보수탈 4단계 사이클' 자체가 이전에는 부재했다고 보기는 어렵다. 습격, 길들임, 각색, 재설정은 디지털 시대의 등장 이전의 권력관행과도 조우한다. 다만 정보자본주의 시대에 정보가 지닌 위상이 달라졌고, 빅테크 기업들의 정보와 지식의 비대칭성을 기반으로 하는 권력독점 역시 테크놀로지 혁신을 바탕으로 보다 정교하고 치밀하게 진화하고 있다는 점에서 심각한 문제를 야기하고 있다.

면면까지 속속들이 빨아들인다. '언제 어디서나 이용하는 장치(ubiquitous apparatus)' 기술이 이를 뒷받침한다. 예컨대 센서를 통한 음성인식 기술, 스마트 워치로 신체리듬 점검 기술, 내면의 감정측정 기술을 활용하면서 감시자본가들은 "당신의 침대, 아침 식탁에서의 대화, 통근, 조깅, 냉장고, 주차장, 거실, 당신의 혈류까지도 추출의 대상"으로 삼는다. 이 시스템은 일상생활의 편리함을 제공하지만, 표적광고 서비스 활성화를 위해 사람들 경험 전체를 송두리째 빨아들이면서 체제를 구축한다. 나아가 감시자본가들은 사람들의 정보흐름을 자동화하는 데 그치지 않고 소비자들의 욕망 자체를 자동화하면서 시장을 창조한다. 소비자들의 기존 선호를 '반영'하는 데 머무르지 않고, 사람들의 욕망을 새롭게 '창출'하고 현실세계에서 소비자행동을 실제로 '촉발'시키는 편이 보다 높은 예측력과 확실한 수익을 가져오기 때문이다. 감시자본주의는 이미 '현실 비즈니스'에서 행동으로 개입하는 단계로 전진했다. 그렇게 다양한 감시 장치로 사람들의 행동을 특정방식으로 유도하고 조작한다(주보프 2021, 279–282).

오늘날 세계는 돈으로 환원되지 않는 영역까지 모두 시장(market) 모델로 잠식당하고 있다. "삶의 모든 면을 꾸준하게, 어디에서나 경제화"하면서, 인간존재를 "언제나, 오로지, 어디에서나 호모 에코노미쿠스(homo economicus)라는 철저한 시장 행위자"로 규정한다. 전통적으로 금전화로 국한되지 않는다고 간주된 사랑이나 봉사와 같은 영역 활동도 투자 대비 수익 극대화 관점에서 가치가 결정된다. 모든 사회활동은 경쟁력 상승 관점으로 해석된다. 인간이라는 존재는 삶의 전 영역에서 투자 포트폴리오를 갖추기 위해 내달리는 인적자본으로 다시 규정된다. "소셜미디어에서 '팔로우'나 '좋아요'나 '리트윗'을 통해서든, 모든 활동과 영역에 대한 평가와 순위 매기기를 통해서든", 사람들은 모든 행위와 인간관계를 자신의 미래가치를 높이는 전략적 활동으로 재정립한다(브라운 2017, 35-40).

모든 영역이 '경제화'되는 세계에서 감시자본가들은 우리가 '나태할' 틈이 없도록 발 빠르게 움직인다. 생활 구석구석에서 '센서'가 작동되는 정보환경을 구축하고 효율성, 생산성, 수익성의 이름으로 일상에 스며들고 있다. '감각화(센서화, sensorization)'된 세계에서 우리의 삶은 모니터링되고, 프로그래밍되고 있다. 착용형(wearable) 스마트 장치는 생체를 모니터링하고 내밀한 감정까지 분석하고 변환하고 있다. 빅테크 기업들은 감시 역량을 바탕으로 새로운 영토인 아날로그 현실에서 관리체계를 구축하고, 우리의 삶은 상품화된다. 감시자본가들은 개인경험에 맞춤형 콘텐츠를 제공하면서 소비자들의 구매 욕구를 자극하고, 유혹받을 정보를 노출시킨다. '쓸데없이' 주차된 차량이 있으면 대여 알람을 울려 주고, 일정 시간 출타할 때는 에어비앤비(AirBnB)으로 연결해 주고 위치정보를 발송해 준다. 우리는 '편리성'을 제공받는 대신에 정확한 예측상품으로 클릭과 결제를 유도받는다. 주체적으로 판단하고 자발적으로 선택한다고 생각하지만 실제 우리 행동반경은 조건화되어 있다. 내가 요청하기도 전에 무심결에 눌렀던 '팔로우'나 '좋아요', 검색기록과 위치데이터, 감지센서로 누적된 생활패턴 등 데이터기반 자동화시스템에 따라 욕망이 선점된 것이다. "욕망이 발현되기도 전에 미리 욕망을 충족시킬 수 있는 능력"과 "충족되지 않는 욕구의 시간성이 0에 수렴하도록" 하는 작업이 진행된다(안드레예비치 2021, 35-40).

마크 와이저는 지난 세기 후반에 21세기 컴퓨터를 전망하면서, 테크놀로지가 뿌리 깊게 내리면 주목의 대상조차 되지 않을 정도로 모습을 '감추게(disappearing)' 된다고 말한 바 있다. '시간과 장소에 구애받지 않고 동시에 어디에나 존재하는(ubiquitous)' 컴퓨터를 이용가능한 환경이 조성되는데, 테크놀로지를 의식하지 못할 정도로 디지털 현실과 아날로그 현실이 '끊김 없이 연결(seamless connectivity)'되어 있기 때문이라고 그는 전망했다. 인간의 환경에 들어맞는 머신은 "컴퓨터 사용이 숲속 산책만큼이나 상쾌하게" 느껴질 정도로 만든다. 그것은 "일상생활 얼개와 함께 엮어 있는" 세계이다 (Weiser 1991, 104, 94).

21세기가 도래한 지 20년이 지난 시점에서 우리는 상당한 수준에서 "일상생활 얼개와 엮인" 디지털 환경에서 호흡하고 있다. 일례로 메타버스세계는 이미 우리와 밀접하게 엮여 있다. 다음 네 가지 유형의 메타버스가 일상화된 현실에서 살고 있다. 세컨드 라이프나 포트나이트 게임처럼 대안세계를 디지털데이터로 구축하는 가상세계(Virtual Worlds), 카카오맵이나 구글어스처럼 현실세계를 디지털로 구현해 주는 거울세계(Mirror Worlds), 포켓몬고 게임처럼 실제현실에 가상캐릭터를 '덧붙인' 증강현실(Augmented Reality), 인스타그램과 나이키러닝 어플처럼 일상의 내력이나 경험을 '캡처'하고 공유하는 라이프 로깅(Life-Logging)이 그것이다.[4]

팬데믹을 전후로 메타버스 담론은 증폭되었는데, 많은 이들이 메타버스를 새로운 미래 혁신 담론으로 소개하고 있다. 종종 앞으로 펼쳐질 '디지털 대항해 시대'를 준비하라는 선전문구도 보인다. 디지털 대전환 시대에 사회적 관계와 공론장이 보다 건강한 방향으로 나아가기 위해서는 장밋빛 미래 선전에만 매몰되기보다 비판적으로 성찰할 지점을 함께 살펴야 한다. 디지털과 아날로그 현실의 '끊김 없는 연결'이 공동체 차원에서 '숲속 산책만큼

---

**4** 미국의 미래연구기관인 가속연구재단(Acceleration Studies Foundation, ASF)은 메타버스를 두 축을 가지고 4유형으로 분류한 바 있다. 대상의 지향범위에 따라 '내적인 것(intimate)과 외적인 것(external)'로 구분되고, 기술적용 형태에 따라 '증강(augmentation)과 시뮬레이션(simulation)'으로 나뉜다. ASF는 두 축의 스펙트럼에 따라 '내적'이면서 '증강'기술이 적용되는 라이프 로깅, '내적'이면서 '시뮬레이션' 기술이 적용된 가상세계, '외적'이면서 '증강'기술이 적용되는 증강현실, '외적'이면서 '시뮬레이션' 기술이 적용된 거울세계 유형으로 분류했다(Smart et al. 2007).

의 상쾌함'을 선사했는지를 되물을 필요가 있다. 이런 맥락에서 디지털 대
전환 시대에 나타나는 사회적 불평등 문제와 정치적 부족주의 신화를 검토
한다.

## 3. 디지털 사회 불평등, 디지털 격차와 알고리즘

디지털 전환기에 다양한 형태의 사회적 차별과 불평등 문제가 양산되고
있다. 데이터 기반 의사결정시스템이 기존의 편견을 극복하고 보다 객관적
이고 가치중립적인 의사결정과정에 도움을 줄 것이라는 통념과 달리, 알고
리즘이 지배하는 사회는 사회적 불평등을 은밀하게 확산시킨다. 일례로 대
중들의 욕망을 '반영'하고 새롭게 '창출'하는 알고리즘은 편향된 사회적 관
행을 노출시킬 뿐 아니라, 기존의 성차별과 인종차별, 계급불평등을 심화
시키고 있다.

그렇다고 디지털 장치에 대한 접근과 활용을 마냥 멈추기도 쉽지 않다.
2022년 10월 경기도 판교에 소재한 SK C&C 데이터센터에서 발생한 화재
로 생긴 '카카오 먹통사태'에서 본 것처럼, 우리는 이미 "일상생활 얼개와
엮인" 디지털 환경에서 호흡하고 있다. 디지털화된 세계에서 정보 접근과
디지털 기량, 활용 능력은 필수적으로 요청된다. 디지털 사회의 불평등과
차별 문제는 다양한 각도에서 접근할 필요가 있다. 디지털 사회로 접근과
활용의 격차 문제를 해소하면서, 동시에 편의성 제공을 명분으로 하는 알
고리즘 자체가 생산하는 사회적 문제를 검토해야 한다.

본 절에서는 먼저 '디지털 격차(digital divide)' 문제를 다룬다. 디지털 시
대에 정보 접근이 제한되거나 활용 능력 결여는 사회 불평등 문제로 이어

지기 때문이다.

디지털 격차는 접근과 기량, 활용 차원에서 탐구될 수 있다. 첫째, 접근 (access) 관련 격차이다. 교육과 소득수준, 사회관계망에 따라 디지털 접근 성을 '가진 자와 못 가진 자' 사이에 심한 간극이 존재할 수 있다. 일례로 코로나 팬데믹으로 오프라인 활동이 제한되면서 교육격차 문제가 제기되면서 취약계층 학생들의 열악한 여건이 보도되기도 했다. 코로나 1년 차 국내 조사에 따르면, 학교의 수요조사로 기기를 학생들에게 나누어 주었고, 82% 학생들이 디지털 기기를 가지고 있었다. 혹자의 지적처럼 "온라인 수업을 위한 디지털 기기가 없다는 것은 교실에 나온 학생들에게 책상과 의자가 없다는 말과 같다". 다시 말해 "한 반의 학생이 20명이라고 할 때 3~4명은 아예 수업에 참여조차 할 수 없는 상황"이었다(변진경 2020). 재난이 닥쳤을 때 교육 불평등은 심화되었다. 접근과 관련된 디지털 격차를 줄이는 작업은 디지털 매체 접근 및 사용기회뿐 아니라, 디지털 매체 이용에 필요한 유지비용, 멤버십 요구와 같은 조건적 접근을 확장시키는 노력이 병행되어야 한다(다이크 2022, 100-121).

둘째, 기량(skills)에 따라 디지털 격차가 발생하고 사회적 소외가 발생한다. 우리 사회는 국제지표로 볼 때 디지털 인프라가 높은 수준으로 알려졌다. 이런 관점에서 보면 접근만큼이나 기량에 따른 디지털 격차와 사회적 소외에 주목할 필요가 있다. 일례로 사회적 거리두기 시행 이후 비대면 서비스가 늘어나면서 QR코드, 키오스크(kiosk, 무인 주문·계산대) 등 온라인 기반 서비스 이용과 관련된 디지털 격차가 커지고 있다. 2022년 12월에 국내에서 발간된 〈디지털 격차로 인한 노인의 인권상황 실태조사〉에 따르면 코로나 기간 노인들은 접근과 관련된 정보획득 격차도 나타났지만, 기량 측면에서도 뒤처져 있다. 온택트(ontact)가 일상화된 사회에서 디지털 격차는 곧 사회적 소외로 이어졌다고 보고서는 지적한다. 기기 사용법을 익히지 못 해 일상의 물리적 공간에서 권리를 제한받고, 타인에 대한 의존도 심화, 심리적 불안감, 자존감 하락과 같은 심리적·사회적 소외가 동반되었다는 것이다(장안식 외 2022).

한편 미디어 기량은 QR코드 애플 인터페이스를 익히고 버튼을 제대로 누르는 '조작적 기량'으로 국한되지 않는다. 컴퓨터와 인터넷에는 특정한 구조가 있다. 정보를 잘 찾으려면 접근가능 코드를 식별하는 등, 디지털 형식을 이해하는 '형식적 기량'이 요청된다. 미디어 관련 기량과 더불어 콘텐츠 관련 기량도 요청된다. 검색정보를 보고 가짜뉴스인지, 신뢰할 만한 담론인지를 판별하는 '정보 기량'이 필요하다. 이메일이나 SNS로 소통하고 의견을 개진하는 방식을 발전시키는 과정에서 자신을 특정한 포지션에 위치하는 '커뮤니케이션 기량'도 요청된다. 또한 디지털 세계에서 적극적으로 자기 공간을 마련해서 공유하기 원한다면 '콘텐츠 창작 기량'이 있어야 한다. 끝으로 앞서 언급한 기량을 모두 습득하고서 인터넷을 어떤 목표를 위한 수단으로 삼을지를 전략적으로 고민하는 '전략적 기량'도 요구된다(다이크 2022, 132-137).

디지털 시민권 강화를 위해 다양한 기량이 요청된다는 사실은 격차 해소를 목표로 삼는 디지털 포용정책 방향과도 관계가 있다. 사회적 소외를 야기하는 기량 격차는 '조작적 기량' 문제로 국한되지 않는다. 이 점에서 디지털 포용정책 가운데 QR코드나 키오스크 이용 교육 필요성 차원만 유독 부각하는 일각의 경향은 기대와 우려를 함께 낳고 있다. 코로나 이후 무인서비스가 일상화된 상황에서 정보취약계층이 시급히 필요로 하는 권리를 증진하는 것은 필요한 일이다. 다만 점포의 무인계산대는 기본적으로 계산원이 수행한 노동을 일반 소비자들에게 분할해서 전가하는 방식으로 인건

비를 절감해서 기업수익을 높여 주는 장치다. 만약 공공정책의 방향이 간단한 '조작적 기량' 강화에 과도하게 초점을 맞추고 여타의 디지털 기량 강화는 외면한다면, 디지털 시대에 양산된 다양한 사회적 배제 해소 목적보다는 고객 회전율 속도를 높이고 기업 수익 증진에 도움 주는 디지털 격차 해소에만 몰두해 있다는 비판을 피하기 어려울 것이다. 이와 관련해 '디지털 공공성(digital commons)' 정책에 대한 보다 근원적인 성찰이 요구되고 있다.

셋째, 정보 접근 확보와 디지털기량 발전을 통해 격차를 해소하더라도, 실제 디지털 미디어를 활용(usage)하는지는 또 다른 차원의 문제다. 디지털 기량을 갖춘다고 해도, 누군가는 디지털 미디어를 활용하지 않을 수도 있다. 가령 기술수용의 관점에서 세대와 생애주기별로 디지털 미디어에 노출된 최초 시기가 이후 미디어 사용방식에 미친 영향을 검토할 수도 있다. 여기에서는 사회문화적 관점에서 사회계층이나 지위에 따라 발생하는 활용 격차에 주목한다. 경제적·문화적 자원이 많은 이들은 그렇지 않은 이들보다 상황과 목적에 따라 미디어 설계 및 활용 능력이 더 뛰어난 경향이 있다. 디지털 미디어를 더 효과적으로 활용하는 특정한 삶의 방식(lifestyle)은 이후에 직업적으로나 사회적으로 더 많은 이득과 영향력을 발휘한다(다이크 2022, 177-179).

라그네다는 아날로그 현실의 불평등구조가 특정한 삶의 방식을 산출하고 특정한 삶의 방식에 뿌리내린 디지털 격차가 사회적 불평등을 심화시키는 현실에 주목했다. '삶의 방식(lifestyle)'은 수많은 '삶의 선택'의 결과로 형성된다. 삶의 선택은 자신들의 사회적 배경과 '삶의 경로'와 무관하지 않다. 주어진 삶의 경로를 추적하다 보면 누군가는 다른 이들보다 '삶의 기회(life chance)'가 더 많이 주어졌음을 발견하게 된다. '삶의 기회'를 따라 '삶을 영위'하다 보니, '삶을 선택'하게 되고, '삶의 방식'으로 형성되었다는 설명을 기계론적인 운명론 혹은 인과론으로 받아들일 필요는 없다. 하지만 경제적·문화적 자본이 세습되고 재생산되고 있음을 부정할 수는 없다. 불평등한 사회구조는 특정한 삶의 방식을 빚어 낸다. 그렇다면 신기술 확산과 같은 '낙수효과'를 긍정하는 기술낙관론만으로는 디지털 격차와 사회적 불평등 문제를 해결하기는 어렵다. 기존 오프라인 세계에서의 배경이 디지털 역량 축적('디지털 자본')과 밀접하게 관계하기 때문이다. 만약 오프라인 세계에서 구조화된 불평등과 디지털 격차가 상호 결속되어 있다면, 문제해결을 위해서는 기존의 기회불평등구조 개선이 포함되어야 한다(Ragnedda 2017; Ragnedda·Addeo·Ruiu 2022).

다음으로 사회적 차별을 양산하고 심화하는 알고리즘 문제를 몇 가지 사례를 중심으로 검토한다. 과거부터 축적된 데이터를 학습하고 자동화하는 인공지능 알고리즘은 지금까지 존재하는 계급불평등, 인종차별, 성차별을 더욱 악화시킨다는 문제를 안고 있다. 유뱅크스는 과거처럼 물리적 학대와 처벌이 자행된 구빈원은 철거되었을지 몰라도, 오늘날은 자동화된 복지체제 알고리즘이 "디지털 구빈원"(digital poorhouse)을 양산하고 있다고 지적한다. 디지털 복지 체제가 가난한 사람들을 감시하고 정밀하게 조사할 뿐 아니라, 처벌하는 불합리한 처우를 오히려 심화한다는 것이다. 말하자면 가난한 이들을 보다 교묘한 방식으로 옥죄어 간다는 것이다. 유뱅크스는 미국 사례를 중심으로 복지수급자격 판정시스템, 홈리스 통합등록시스템, 아동학대 예측 알고리즘이 어떻게 작동되는지를 탐사취재하고 분석했다.

인디애나주 티프턴에서는 2006년 복지 수급자격 판정을 자동화하는 시스템을 도입했다. 이전에는 사회복지사가 지원 대상자와 대면 면접으로 수급 여부를 판정했다면, 적격판정시스템이 도입된 이후에는 온라인에서 신청을 받았다. 행정절차 간소화 등 효율적인 자원분배와 비용절감이 이루어진다는 이유에서였다. 그런데 자동화된 시스템은 직원들이 적격성 여부를 적시에 처리했는지를 성과로 평가했고, 직원들은 민원을 빨리 종결시키기 위해 일단 반려 처리하고 재신청을 권고하는 방식으로 일을 진행했다. 신청거부 사유에는 '협조불이행' 판정이 내려지는 경우가 많았다. 이전에는 사회복지사에게 의도적이고 명백하게 비협조적인 민원인들에 한정해서 '협조불이행' 판정이 내려졌다. 하지만 이제 온갖 서류와 정보를 요구할 뿐 아니라, 신청양식에 미비한 점이 하나라도 발견되더라도 적극적으로 협조를 거부한 것처럼 '협조불이행' 판정이 내려졌다. 게다가 협조불이행 통지문에 어떤 부분에서 개선이 필요한지에 대한 제대로 된 설명 없이 제대로 된 형식을 갖추지 못했다는 통지만 있었다. 자동화 시스템이 도입되고 수없이 많은 수급신청 거부 사례가 발생했다. 심지어 시스템 오류 증거가 제시되는 경우조차도, 시스템에서 이용가능한 정보만 사용하면서 수급자격을 제한하기도 했다. 수많은 제출서류 중 하나만 미비하면 처음부터 다시 신청해야 했고, 대기기간에는 필요한 수급이 끊기는 사태가 발생했다. 사람들을 지치게 만드는 엄격한 절차로 인해 의료복지를 반드시 필요로 하는 이들조차도 약을 구하지 못한 채 위험한 상태를 맞이하기도 했다. 인디애나 사례를 시스템 도입 초기상황에서 나타난 '시행착오'에 불과한 것으로 치부하는 것은 논점을 비켜 가는 것이다. 요점은 '능률화' 논리에 몰두하는 자동화된 복지행정시스템이 조력자 역할을 하기보다, 완장을 차고 앞을 가로막는 문지기 노릇을 하려 든다는 것이다. 자동화된 시스템은 취약계층의 복지사각지대를 악화된 방향으로 넓혀갈 수 있다(Eubanks 2018, 37-83).

캘리포니아주 로스앤젤레스 홈리스 통합등록시스템은 노숙자들에게 주택을 지원하기 위해 데이터를 통합했다. 전산화된 알고리즘을 활용해 무주택자와 이용가능한 주택자원을 연결한다는 계획이었다. 당국은 주택지원을 받을 수 있는 우선순위를 정하기 위해 평가기준을 마련하고, 무주택자들을 취약성 정도에 따라 순위를 매겼다. 이 과정에서 노숙자들은 자신의 내밀한 개인정보를 등록해야 했다. 일상생활의 반경에서부터 범죄이력에 이르기까지 내밀하고 민감한 수많은 개인정보가 포함되어 있었다. 하지만 이에 대한 적절한 개인정보 보호조치는 이루어지지 않았다. 도리어 노숙자들은 사회복지기관이나 주택단체, 의료기관뿐 아니라 시 정부와 경찰당국과 같은 법집행기관에서도 정보를 활용할 수 있다는 데 '동의'해야 했다. 이렇게 해도, 주택매칭 "보장은 없다". 주택서비스를 받는 이들이 누군지도 모르고, 채굴된 방대한 데이터 사용처는 오리무중이었다. 노숙자가 된 사연을 이야기하는 과정에서 그들의 인간성(humanity)은 존중받기보다 '표적화'되었다. 나아가 법집행기관은 프로파일링된 데이터를 가지고 빈곤한 노숙자들을 꼬리표 붙이고 '범죄화(criminalization)'한다는 데 문제가 있었다 (Eubanks 2018, 84-126).

펜실베이니아주 앨러게니에서는 아동학대 및 방치 예방을 위한 예측 알고리즘이 문제가 되었다. 모든 형태의 아동학대 철폐를 위해 애써야 한다는 점은 모두가 동의하지만, 빅데이터 알고리즘 예측분석을 통해 폭력이 추방할 수 있다고 간주하는 것은 전혀 다른 '믿음'이다. 유뱅크스는 가정선별도구를 사용할 때, 실제 학대를 나타내는 측정지표가 아니라 대리변수를 활용한다는 점에 주목한다. 대리변수를 선택할지 여부와 어떤 방식으로 설정값을 책정하고 활용할지 여부는 인간의 재량에 달려 있다. 앨러게니에서의 미래행동 예측 알고리즘은 학대 및 방치 신고전화를 참고한다. 문제는 이 '신고전화를 다시 참조(call re-referral)'하는 부분에서 이미 편견이 반영된다는 점이다. 신고접수만 놓고 보면, 흑인이나 혼혈가정에서 학대와 방

디지털 기술과 정치

치가 일어난다고 보고되는 경우가 백인 가정보다 훨씬 더 많다. 이는 기존의 인종차별과 편견과 관련되어 있다. 신고접수만으로 실제 학대받고 있는지를 정확하게 판가름할 수 없음에도, 예측 알고리즘에서는 (신고전화로 학대를 규정하는) '신고 편견(referral bias)'을 발생시킨다. 인종적 편견과 더불어, 가난한 사람들에 대한 과도한 표본 추출 역시 문제로 지목된다. 또한 아동학대 예측 점수를 매기는 과정에서 부모의 과거 이력을 수치화하면서 부모자격을 의심하는 지표가 온당한지도 비판의 대상이 되고 있다. 심지어 당국 조사과정의 부당한 대우에 항의한 경우조차 가정선별도구에 반영된다. 조사관이 먼저 차별적 행동을 했을 수 있지만, 그런 경우는 제대로 고려하지 않은 채 말이다. 유뱅크스는 탐사취재와 사례연구를 통해 빅데이터 알고리즘이 편견 없이 공정한 결과를 도출하고, 인간의 의사결정보다 책임감 있고 포용적이라고 믿는 것은 '환상'이라고 말한다. 알고리즘 자체에 기존의 사회적 편견과 차별이 깊숙이 반영되어 있기 때문이다(Eubanks 2018, 127-173).

유뱅크스는 첨단기술의 모니터링 시스템이 강화하는 사회적 불평등을 비판적으로 성찰할 것을 촉구한다. 데이터 시스템이 인간존엄을 증진하는 데 도움을 주는지, 아니면 오히려 계층화를 심화시키는지를 질문하자고 말한다. 또한 자신은 디지털 관리시스템 등록 대상이 아니라고 생각한다면, 만약 현재의 시스템 관리방식이 자신들에게 적용되더라도 용인할 수 있는 최선책인지를 되묻는다.

오늘날 디지털 추적 장치와 자동화된 알고리즘은 사회적 문제를 은폐하면서 더욱 교묘하게 파고들고 있다. 유뱅크스는 보험회사 탐지 알고리즘 때문에 피해를 본 경험을 통해 디지털 시대에 사회적 약자들이 더욱 내몰리게 될 현실을 성찰한다. 귀갓길 밤에 유뱅크스의 가족이 폭행을 당해 응

급치료를 받은 적이 있었다. 그런데 이들은 이내 보험회사에서 의료비지급을 잠정중단 했다는 소식을 알게 되었다. 위험예측시스템에서 '사기징후 (red flag)'가 탐지되어, 의료보험사기 조사대상에 포함되었다는 것이다. 탐지 알고리즘이 차별적으로 작동되고 있음을 인식한 유뱅크스는 보험회사와 싸우는 과정에서, '새로운 데이터 체제(new data regime)'를 경험하는 방식 자체도 불평등하다는 점을 성찰하게 된다. '전문직 중산층'이었던 유뱅크스는 그나마 정보 접근성, 시간재량, 자기결정 능력이 상대적으로 확보되었기에 거대보험회사에 항의하고 치료비를 보상받을 수 있었다. 하지만, '전문직 중산층 대중'의 시야로부터 가려진 사회적 약자들은 훨씬 더 심각한 고통에 노출되지만, 대처할 수 있는 역량이 부족하다는 점을 성찰한다 (Eubanks 2018, 1-6).

디지털 시대의 자동화된 알고리즘은 '불평등을 자동화(automating in-equality)'한다. 빅데이터의 발전은 사회적 차별을 '코드화'하고 있다. 이와 관련해 벤자민은 과거 미국 남부에서 흑인을 명백한 방식으로 차별했던 짐 크로(Jim Crow) 법은 공민권 운동 이후 철폐되었지만, '기술 이후 인종(race after technology)' 문제는 보다 내밀하게 '코드화된 인종차별(New Jim Code)'로 나타나고 있다고 지적한다. 기술 발전을 물신화하기보다 정치사회적인 현실에 맥락화하면서, 벤자민은 "종종 객관적이고, 과학적이거나 진보적인 것처럼 포즈를 취하는 기술이 실제로는 너무나 자주 인종차별과 다른 형태의 불평등을 강화"하는 현실을 보여 준다. 가령 '흑인이 범죄자로 코딩되는 방식'을 통해 과학기술이 사회적으로 어떻게 인종차별을 야기하고 있는지를 분석한다. 과학기술의 '사회적 생산' 문제에 주의를 기울이면서 그녀는 '코드화된 불평등의 블랙박스를 개봉'한다(Benjamin 2019).[5]

알고리즘 때문에 부당하게 체포된 윌리엄스 사건은 인종차별이 일상에 깊숙하게 뿌리내린 미국의 현실에서 과학기술의 사회적 생산의 한 가지 예를 보여 준다. 2020년 1월에 디트로이트 교외에서 가족과 함께 있던 로버트 윌리엄스는 경찰에 부당하게 체포되어 유치장에 갇히는 신세가 되었다. 그가 명품시계를 훔쳤다는 이유에서였다. 나중에 밝혀진 것은 디트로이트 경찰국의 안면인식 시스템 오류로 윌리엄스가 용의자로 지목된 것이다. 뿐만 아니라 윌리엄스 사건 이후에 "또 다른 흑인들에 대한 부당체포가 두 건이나 더 있다"는 사실이 밝혀졌다. 이후 불법체포를 한 경찰국에 대해 고소한 윌리엄스의 대리변호인단 소장에 따르면, 디트로이트 경찰국은 이미 "안면인식기술 오류비율이 다른 집단들보다 흑인이 훨씬 더 높다"는 점을 알고 있었다. 그럼에도 경찰이 이 기술을 채택한 것은 "인종이나 피부색을 이유로 윌리엄스가 온전하고 동등하게 누릴 수 있는 경찰국 서비스, 특권과 이권을 박탈한 것이다"(Ryan-Mosley 2021).

오늘날 사회적 불평등과 차별 문제는 과학기술과 결합하면서 복합적인 방식으로 진화하고 있다. 근래에는 '광고전달최적화' 알고리즘이 인종이나 성별, 경제 위상에 따라 '편향(skew)'적으로 구직광고를 내보낸다는 사실이 밝혀지기도 했다. 심지어 광고주 의도와 상관없는 광고전달 왜곡도 발견되었는데, 이는 플랫폼 자체의 예측시스템과 관련되어 있었다. 플랫폼이 운영하는 광고전달최적화 시스템 자체에 성별과 인종, 계급에 따른 차별이 내장되어 있었던 것이다(Imana et al. 2021).

알고리즘 자동화 사회에서 불평등 문제는 전 방위적으로 시스템 차원에서 심화되고 있다. 알고리즘이 배치되는 사회적 맥락은 과학기술 낙관론에 가려지면서 종종 망각되어 왔다. 우리는 과학기술의 사회적 생산에 주의를

---

5  그녀는 비판인종연구(critical race studies)의 문제의식과 과학기술학(science and technology studies, STS)을 결합하는 인종비판코드연구(Race Critical Code Studies)를 제안한다.

기울이면서, 지배적인 감시권력에 포획되지 않고, 대안적이고 포용적인 세계를 모색해야 한다. 지난 세기 민권운동가들이 짐 크로우 법안을 폐지했던 것처럼, 오늘날 과학기술을 전복적으로 사용하면서 보다 바람직한 방향으로 변혁하는 세계를 함께 꿈꾸어야 한다.

## 4. 디지털 정치, 정치적 부족주의 신화

본 절에서는 디지털 민주주의 담론에서 제기되는 정치적 부족주의 집단 신화 문제를 논의한다. 20세기 후반 미디어 혁신이 진행되면서, 전통적인 선거민주주의 너머의 정치적 상상이 참신한 방식으로 전개되고 있었다. "정당을 떠나서는 근대민주주의를 생각할 수 없다"라는 삿슈나이더의 전통적인 명제를 넘어 정당 및 의회를 중심으로 한 대의제 이후의 정치적 대표 현상이 부각되기도 했다. 정당정치의 관료화 경향이 심화되는 와중에 관객처럼 물끄러미 바라만 보는 '관객 민주주의'를 넘어서는 시민들의 정치참여가 주요 의제로 제시되었다. 대표의 정당성 역시 선거정치라는 대의제 무대를 중심으로 하는 차원을 넘어 다양한 각도에서 이루어졌다. 이 과정에서 선거를 거치지 않고서 '자신이 위임한 대표(self-authorized representatives)' 개념이나 '시민대표(citizen representatives)'가 주목을 받기도 했다 (Urbinati et al. 2008).

21세기 모바일 혁명과 '삶의 디지털화'를 상징되는 생활양식의 변화는 시민정치참여의 사회 문화적 토대를 근본적으로 변화시키고 있다. 산업사회를 기반으로 구축된 기존 민주주의 정치제도 전반에 걸쳐 디지털 공론장의 활성화 과제를 부여하면서 근본적인 혁신을 요구하기 시작했다. 금세기 초만 하더라도 많은 이들이 디지털 민주주의에 대한 전망을 밝게 전망했다. 사람들의 서로 다른 다양한 이야기들이 온라인·오프라인 공간에서 교차하고 이전까지 소수의 관료나 전문가, 직업정치인의 독점물로 간주된 심의 과정이 보다 풍요롭고 포용적이 될 것이라는 기대가 높아졌다. 디지털 기술과 집단지성의 협업을 통해 정책수립 및 집행과정을 소수가 독점하는 밀실화된 정치 공간이 아닌 더 많은 사람의 지혜가 결집된 열린 광장에서 문제를 해결할 수 있을 것으로 전망한 것이다. 더욱이 2000년대 글로벌 금융위기 직후 세계 곳곳에서 정치적·경제적 민주화를 요구한 광장에 나온 운동을 '페이스북 혁명(Facebook Revolution)'으로 호명할 정도였다. 2010년대 초반 아랍의 봄, 스페인에서 시작된 인디그나도스(indignados, 분노한 자들) 운동, 대만의 해바라기 운동, 브라질의 봄 등에서 SNS 플랫폼은 변화를 위한 '분노와 희망의 네트워크'를 형성하는 데 일조했다. SNS는 정치에 활력을 불어넣는 풀뿌리 민주주의의 창구가 될 것이라는 기대는 커져 갔다(Castells 2012; Halberstam and Knight 2016).

하지만 세계에 대한 새로운 희망이 환멸로 바뀌기까지는 그리 많은 시간이 걸리지 않았다. 아랍의 봄의 주역이자 SNS로 개별적인 목소리가 잠식되지 않으면서 서로가 서로를 연결하는 세계를 기대한 와엘 고님은 2016년 1월 TED 무대에 서서 자신의 과거 발언을 철회했다. "5년 전 나는 '만약 사회를 해방시키고 싶다면, 인터넷만 있으면 된다'고 말했다. 오늘 나는 우리가 '사회를 해방시키고 싶다면, 우리가 먼저 인터넷으로부터 해방되어야 한다'고 믿는다." 아랍의 봄 당시 무바라크 정권이 퇴진할 때만 해도, 고님은 "서로의 차이에도 불구하고 더불어 잘 살 수 있으리라는 믿음을 공유"했다. 자기 인생에서 "가장 감격스럽고 벅차오르는", "위대한 희망의 시간"이었다는 것이다. 하지만 혁명 이후 SNS가 정치적 양극화를 증폭시키고 증오 확산의 온상지가 되어가는 모습을 보면서, 그는 무력함을 느꼈다. 고님은 소셜미디어가 다섯 가지 도전에 직면했다고 말한다. 첫째, 사람들 편향을 확증시키는 루머를 다루는 법, 둘째, 자기만의 반향실에 갇히는 문제, 셋째, 온라인 토론장이 성난 폭도들이 날뛰는 장으로 급변하는 문제, 넷째, 사실과 새로운 증거 앞에서도 기존 입장만을 완고하게 고수하는 문제, 다섯째, 깊은 대화와 진정한 참여로 이어지는 쌍방통행이 아닌 얄팍한 논평과 자기 광고만 하는 일방통행의 미디어 체험이다(Ghonim 2016).

　고님의 지적처럼 오늘날 SNS세계에서 자유로운 의견이 표출되는 것처럼 보이지만 사려 깊음과 상호경청을 발견하기란 쉽지 않다. 도리어 디지털 공간에서 하이에나처럼 '먹잇감'을 찾아 물고 뜯거나 게임화하면서 '재밋거리'를 찾는 경우가 많다(또한 많은 경우 '먹잇감'을 찾는 일과 '재밋거리'를 찾는 일이 구별되지 않는다). 이전에는 권력이 정보를 직접 통제하면서 진실을 은폐했다면, 오늘처럼 정보 과잉의 시대에는 과도한 가짜뉴스들로 진실이 뒤덮이는 경우가 많아졌다. 닐 포스트먼이 "죽도록 즐기기(amusing ourselves to death)"에서 언급한 것처럼, 어떤 면에서 오늘날 우리는 오웰이 예견한 방식의 거대한 외부압제자('빅브라더') 지배보다는 헉슬리의 염려에 더 관심을 기울여야 할지 모른다. 헉슬리는 "사람들이 스스로 압제를 환영하고, 자신들의 판단력을 무력화하는 테크놀로지를 떠받들 것"이라고 전망했다. "오웰은 우리가 증오하는 것이 우리를 파멸시킬까 봐 두려워"했지만, "헉슬리는 우리가 좋아서 집착하는 것이 우리를 파멸시킬까 봐 두려워" 했던 것이다(포스트먼 2009, 9-11).

　감시자본주의 체제 설명에서 언급한 것처럼, 오늘의 권력관계는 전통적인 의미에서 자유와 통제의 이분법만으로 포착하기 어렵다. 또한 사회적 불평등을 강화하는 통제장치도 여전히 존재하지만, '코드화(암호화)'된 권력관계는 복잡한 양상을 띠고 나타난다. 사람들은 자유롭다는 환상 속에서 자신을 전시하면서 스스로를 착취한다. 감시자본주의는 우리를 디지털 중독에 '자발적으로' 빠뜨린다. 빅테크 기업은 신경과학, 행동경제학을 연구해서 인간본성에 대한 깊은 이해를 바탕으로 우리 본능을 자극하고 디지털 중독에 빠지는 경로를 구축했다. "인터넷은 중독 대상에 대한 높은 접근성을 보장할 뿐 아니라, 우리에게 절대 일어나지 않을 법한 사례를 제시함으로써 강박적인 과용을 부추긴다." 그리고 중독에 빠진 뇌 구조는 쾌락을 분비하는 도파민이 과도하게 분출되어, '만족을 미룰 줄 아는 능력' 면에서 손상이 온다(렘키 2022, 41, 131).

감시자본주의 체제에서는 달콤한 행복을 약속하는 '행복산업' 역시 강박적인 과용을 부추기는 데 활용된다. 행복이데올로기는 불행한 현실과 심화된 불평등 구조를 대면하고 더디더라도 개선하기보다, 이를 망각('회복')하고 자신이 즉시로 "마음만 먹으면 고통을 완전히 제거할 수 있다"고 선언한다. 누구나 실현가능할 것처럼 부추기면서 중독되게 하거나 아예 실현불가능한 판타지로 남겨 두게 한 채로 과몰입하는 애착심을 모조리 쥐어짜 낸다. 디지털 세계에서 '과잉 긍정성'에 대한 심화된 환상을 부추긴다(Illouz 2019; Berlant 2011).

'행복회로'를 계속 돌리지만, 도파민 과다 분출로 인해 현실의 실존에서는 결국 정서적으로 모든 것이 소진되어 버린다. 이 맥락에서 한병철의 '피로사회' 논의는 일부 참고할 만하다. 그는 "시대마다 그 시대에 고유한 주요 질병"이 있으며, 우리 시대 병리현상은 소진증후군과 같은 신경성 질환이 지배한다고 지적한다. 한병철은 이러한 질병이 긍정성의 과잉에 따른 질병이라는 점에 주목한다. 아울러 "과잉생산, 과잉가동, 과잉커뮤니케이션이 초래하는 긍정성의 폭력"은 결국 반발을 초래하는데, 그것은 "소화 신경적 해소나 거부반응"으로 나타난다. "소진증후군은 자아가 동질적인 것의 과다에 따른 과열로 타버리는 것이다"(한병철 2012, 11-22).

선거민주주의를 보완하는 시민참여 공론장으로 기대를 모았던 디지털 공간은 낯선 다름이 공존하기보다 이질적인 타자를 추방하는 '부족주의(tribalism)' 정치신화의 세계로 변모되고 있다. 긍정성의 과잉 이면에는 피할 수 없는 비극성과 고통과 같은 부정적 정서에 대한 의도적인 외면이 존재한다. 동시에 삶에서 고통과 비극을 마주하는 능력을 상실한 채 중독에 빠지는 삶은 역설적으로 혐오하고 조롱하며 타자를 먹잇감으로 삼는 극단주의 무대와 만나게 된다. 앞서 언급한 것처럼 중독에 빠져 함몰된 삶은 미루고 기다릴 줄 아는 능력을 상실한다. 비판적으로 숙고하는 공간을 개방하기보다 이질적인 타자성이 나타나면 시야에서 지워버린다. 고된 노력 끝에 알게 되는 '불편한 진실'을 탐색하기보다 '허구'의 세계일지라도 자기입맛에 맞고 자신에게 동조하고 긍정하는 부류들만을 원한다. 인공지능 알고리즘이 필터링해 맞춤형 정보로 보여 주는 정보 여과 현상과 인지편향을 강화하는 반향실 효과는 '탈진실(post-truth)의 세계'를 공고히 해 준다.

한편 상대의 불행에 희열을 느끼는 심리(schadenfreude)는 시스템 차원의 문제와도 얽혀 있다. 시스템 자체가 즉각적인 주목을 끄는 재가공 콘텐츠인 밈(meme)이 생산, 유통, 확산되기에 적합한 구조인 것이다. 재밌거리나 조롱거리 등 감정을 자극하는 소재로 합성되고 편집된 밈이 뻗어 가고 새로운 맥락이 계속해서 창발되는 과정에서 의사소통 양식은 근본적으로 변화한다. 심리학자들은 사람에게는 공감하고 연대하는 선한 본성만큼이나 남의 불행에서 쾌락을 느끼는 이기적인 욕망도 강렬하다고 말한다. 미디어 연구에서도 '굴욕엔터테인먼트(humilitainment)'라는 표현이 있을 정도로 우리는 사람들이 '굴욕당하는(humiliation)' 모습을 오락 삼아 즐긴다. 스미스는 "경쟁 상황에서 자기 이익부터 챙기고 열등함보다는 우월함을 훨씬 더 좋아"하는 인간은 쌤통심리라는 감정을 버릴 수 없다고 말한다(스미스 2015, 16-17). 그런데 변화된 콘텐츠 제작과 유통 구조는 자극심리를 증폭시키고 있다. 누구나 뉴스를 생산할 수 있고, 내용의 진실 여부보다 조회수가 중요해진 디지털 생태계는 자극적인 콘텐츠를 양산하는 숙주로 작용하는 것이다.

그뿐만 아니라 다른 사람들이 자신을 도덕적으로 고상하다고 느끼기를 원하고 자기과시로 가득한 허세(grandstanding)가 정도를 넘어서고 있다. 디지털 세계에서 자기를 뽐내고 싶어서 과장하는 이들은 "도덕적으로 영웅적인 행동을 실제로 행하는데서 오는 명예를 추구하기보다 단지 키보드를 두드리거나 어떤 단어를 발설했다는 이유만으로 명성과 관심을 갈구한다". 자신이 속한 집단의 내부인정을 받기 위해, 처음에는 '동조한다'. 그리고 자신이 도덕적으로 우월하다는 것을 입증하기 위해 극단적인 강성파로 '치달려간다'. 여기에 그치지 않고, 자신이 민감한 도덕적 감수성을 가지고 있음을 드러내기 위해 평범한 사안도 심각하게 문제 삼고, 사안을 '날조한다'. 또한 지속적인 '강렬한 분노 표출'을 통해 당사자와 함께 하는 이들 모두에게 분노피로감을 유발한다. 자제력을 상실한 채 영웅의식에 휩싸여 격분하다가, 덧없이 소멸되는 행동패턴을 반복하기 때문이다. 끝으로 내집단의 승인은 지극히 중요하게 여기지만, 외집단에 대해서는 철저하게 조롱하고 '묵살한다'. 도덕적 오만함과 허세 부리는 이들은 온건한 중도층을 논의에서 이탈시키고 담론장을 양극화시켜 나간다(토시·웡키 2020). 이들은 키보드 앞에서 전투 태세를 갖춘 전사(Keyboard Warrior)가 되어 과격한 투쟁언어를 전시한다. 또한 온라인 문화전쟁에서 사용된 문법체계는 이제 오프라인으로까지 침투해 낙인찍기 정치를 강화한다.

이처럼 시민공론장이 정치적 부족주의와 쌤통심리, 도덕적 허세로 오염되면서, 비판적 사유능력은 결핍된 채 '집단사고(group thinking)'에 함몰되는 우려스러운 정치상황이 계속되고 있다. 디지털 민주주의를 낙관하던 금세기 초만 하더라도, 집단서사와 조직화된 힘은 금기를 깨고 정치적 활력을 넣을 것으로 기대를 모았다. 하지만 현재는 예전과 상황이 달라졌다. 지배이념에 저항해 온 반문화(counterculture) 정신과 디지털 혁신이 결합되었지만, 아이러니하게 사회적 평등과 우애보다 손쉽게 낙인찍는 반지성주의와 따돌림 정치문화가 온라인·오프라인 공간을 기괴한 방식으로 장악하고 있다. 알고리즘 필터링은 정치세계에서 조회수를 높이기 위해 만들어진 자극적인, 무더기 허위정보를 양산하면서, 부족주의 집단신화를 강화하는 역할을 하고 있다(Nagle 2017; Hoggan and Litwin 2019; Ebner 2020).

디지털과 아날로그 현실은 상호 결속되어 있다. 온라인 공간에서, 자기편만 옳다고 주장하는 정치문화를 정당화하는 집단신화는 오프라인 공간에서 왜곡된 방식으로 세습된 희생자의식(victimhood)과 공모한다. 세습된 희생자의식은 정파를 가리지 않고 다양한 집단에서 나타난다. 특정한 역사적 맥락에서 희생당한 이들의 경험을 둘러싸고, 직접당사자가 아닌 이들이 자신들이 희생자의 지위를 계승했다고 주장하면서 도덕적 우위를 선점하는 경합을 벌인다. 왜곡된 방식으로 세습된 희생자의식은 역사 속 희생자를 복권시키고 현재 고통받는 이들과 연대하는 작업에 깊은 관심을 갖기보다, 자신들의 현재 정치적 입지 강화만을 염두에 두면서 고통의 기억을 재구축한다. 또한 현재 경합을 벌이는 과정에서 진지한 자기성찰을 결여한 채 맹목적으로 치달려가기도 한다(임지현 2021). 물론 정치세계에서 마냥 자기성찰과 끝없는 대화만 할 수는 어렵다. 선명하게 선을 긋는 결단의 순간 역시 존재한다. 그뿐만 아니라 극단적 대치상황 속에서 죽음정치가 계속 이어졌

디지털 기술과 정치

던 우리의 역사적 맥락에 대한 고려도 필요하다.

우리사회의 현대정치사는 예기치 않은 국가지도자 사망, 국가폭력에 따른 고문과 열사들의 분신, 정치인들과 공직자들의 자살, 사회적 참사로 인한 시민들의 죽음 등 죽음정치의 연속이었다. 죽음의 스펙터클 속에서 살아남은 자들은 집단 트라우마, 애끓는 분노와 같은 감정이 응축되어 있다 (임미리 2017; 천정환 2021). 휘발성이 강한 정치세계에서 집합감정의 에너지는 특정 계기를 거치면서 폭발적으로 표출된다. 영웅의 비극적 결말에 책임져야 할 악의 세력이 특정되고, 상황을 전복시킬 대항세력을 묶어내는 과정에서 결집효과를 극대화하고자 한다. 이러한 역사적 맥락과 정치세계에서 권력쟁취의 속성을 생각할 때 정치적 선악 구도 판짜기가 이해되지 않는 바는 아니다. 다만, 모든 정치적 상황이 상대방과의 대화의 여지를 전혀 남기지 않는 극단적인 대치상황만을 요청한다거나 상대를 악마화해야만 하는 것은 아니다. 그런데도 현재 일각에서는 정치적 부족주의 집단신화로 보이는 현상과 정치의 극단적 종교화 현상이 나타나는 것처럼 보인다 (Chua 2019; Mueller 2022).

디지털 시대의 집단신화는 더 넓은 맥락에서 보면 데이터의 흐름 자체가 모든 것을 빨아들이는 디지털 연결망과 연결되어 있다. 이와 관련해 유발 하라리는 전통적 신화체계와 테크놀로지 혁신이 결합될 때 '데이터종교(Data Religion)'가 탄생한다고 말했다. 데이터종교 체계에서 우주는 데이터 흐름으로 구성되어 있다. 데이터교도들은 데이터 흐름을 극대화하는 것을 지상사명(至上使命)으로 여긴다. 마치 전통종교에서 절대자와의 사귐이나 우주적 질서와의 접속을 최우선시하는 것처럼 말이다. 데이터에 중독된 이들은 삶의 의미를 찾기 위해 끊임없이 데이터망에 접속한다. 그 안에서 구체적으로 어떤 내용이 함께 논의되고 토론되고 있는지는 부차적인 문제가 된다. 실질적인 합의를 형성해 가는 과정과 무관하게 끊임없이 데이터의 흐름에 노출되고 있는지가 중요할 따름이다. 정치적 부족주의 형식이 증폭되는 까닭 역시 데이터의 흐름이 더 활발하게 회전하는 데 그것이 효율적인 모델이기 때문이다. 이처럼 정신세계와 관계망에 개입하는 데이터 종교가 확립되면 될수록 개별인간과 정치공동체가 지향하는 가치는 거대 데이터 처리시스템 내부의 미세한 칩에 불과하다는 점이 드러난다(Harari 2017).[6]

디지털 시대의 거대한 집단신화와 비판적 거리를 두고 참된 앎을 추구하는 정치적 성찰은 과연 가능한지를 묻게 된다. 또한 집합적 차원에서 생산적으로 경합을 벌이면서 공론장을 건강하게 회복하는 작업도 중요한 과제이다. 기존의 틀 안에 안주하며 사고할 수 없는 새로운 디지털 현실 속에서 지속적으로 격동시키는 상황을 어떻게 포착하고, 또 어떻게 새로운 상황을 창출할 수 있을지는 쉽지 않은 과제이다. 미리 정해진 답안지를 가지고 '적용'해서 풀 수 있는 문제가 아니기 때문이다. 이미 정립된 답안을 손에 쉬고 있다고 생각한다면, 실은 이미 낡은 패러다임에 기초한 사유체계일 수도 있다. 현재 나타나는 다양한 병적인 징후는 "낡은 것은 사라지는데 새로운 것은 아직 도래하지 않았을 때 생기는 위기"라는 점을 기억할 필요가 있다.

다른 한편 이러한 공백기(interregnum)에 우리에게 한 가지 요구되는 것은 근본에서부터 새롭게 캐묻기일 수 있다. 빅데이터가 모든 것을 객관화하는 것처럼 보이지만, 알고리즘 지배는 탈진실의 정치신화를 형성하고 있

---

6 '데이터종교론'은 엄격한 종교인류학·역사학·과학기술학 관점으로 평가한다면 여러 면에서 한계가 있다. 다만 '일상생활 얼개와 함께 엮어' 디지털과 아날로그 세계가 융합된 현실에 권력 네트워크가 뻗어 있는 상황에서, 그의 '데이터종교론'은 디지털 시대 집단신화의 한 가지 양상을 짚어 내는 데 유효한 은유일 수 있다. 가령 진실보다 조회수가 중요한 허구적 세계를 지속적으로 창출한다는 점이다.

다. 여기에서는 탈진실의 정치신화를 근원적인 차원에서 검토하기 위해 고전정치철학을 참고 삼아 '오래된 미래'를 그린 현대사상가 논의를 '간접적으로' 참고한다.

탈진실의 세계와 정치적 부족주의 신화 문제는 비단 오늘날 알고리즘 지배 현상에서 나타난 것은 아니다. 이러한 점에서 정치와 진리(진실)의 문제에 대한 보다 근원적인 정치철학적인 성찰이 필요하다. 여기에서는 정치세계를 진리가 아닌 '속견(俗見)'들로 구성된 동굴로 묘사한 플라톤의 문제의식을 가지고 현대에 씨름했던 레오 스트라우스 정치철학과 독단적인 체계로서의 철학을 거부한 소크라테스의 문제의식을 발전시켜 다양한 '의견(意見)'의 공론장을 모색한 한나 아렌트 정치사상을 검토한다. 상이한 강조점에도 불구하고, 두 사상가는 모두 탈진실과 대중독재가 결합한 전체주의적 권력조작에 대해 비판적 관점을 견지했다.

먼저 스트라우스는 종교화된 정치질서가 세계를 잠식하고 '속견(俗見)'이 지배하는 현실을 문제화하고 비판적 정치철학을 발전시킨다. 그는 대중영합적인 흐름에 맹목적으로 휩싸이기보다 소크라테스와 플라톤과 같은 고전정치철학자들이 그러했던 것처럼, 가치의 객관성을 탐사하고 실재(實在, Reality)에 뿌리내린 진실을 추구하는 미덕을 강조했다. 그는 한편으로 '정치의 종교화' 현상이나 정치적 집단신화는 인간사회에서 어떤 면에서 불가피하다고 지적한다. 인간사회는 집단적인 욕망과 밀접하게 엮여 있는 수많은 정보를 바탕으로 집단신화를 형성한다. 시대마다 집단신화는 존재하며 커뮤니케이션의 조건이 달라질 따름이다. 이런 관점에서 디지털 세계는 과거와 다른 새로운 문법으로 집단신화를 형성한다.

스트라우스는 시대마다 다른 형식으로 정치세계에 나타나는 집단신화를 '합리적' 이성만으로 완벽하게 무너뜨릴 수 있다는 생각은 과신임을 지적한

바 있다. 그에게 비판적 정치철학은 모든 것을 자신의 연결망으로 빨아들이는 집단신화를 일거에 논파하기 어렵다는 점을 근본적으로 인식하는 힘이다. 동시에 다른 한편으로 그에게 정치철학은 종교화된 정치질서에 굴복하지 않는 저항의 원동력이다. 그는 정치세계가 집단의 광기로 치달려 가지 않도록 우리 시대의 가치에 대한 물음을 진지하게 캐물을 수 있는 인문주의 공간을 요청한다. 휘발성이 높은 정치세계에 지나치게 함몰되기보다 우리에게 바람직한 정치적 가치가 무엇인지를 캐묻고 충분히 탐사할 수 있는 공간이 필요하다는 것이다(Strauss 1957).

다음으로 아렌트는 정치세계에서 경합하는 '의견(意見)'을 긍정하면서도, 소크라테스처럼 사실적 진실에 기초한 생산적 논쟁을 이어가면서 공동의 서사를 다시 쓰고자 한다. 그녀는 새로움을 가져오는 사건들을 풍부하게 이해하기 위해 체계화된 이론철학이 아닌 이야기하기에 주목한다. 총체적 의미를 확정하려는 이론철학과 달리 이야기하기(story-telling)는 실타래를 풀어 가면서 사건의 미묘한 의미를 드러내는 동시에 새로운 해석과 결말에 개방되어 있다. 사실적 진실(factual truth)을 강조한 그녀는 정치현상을 전체화된 체계에 욱여넣기보다 있는 그대로의 사태를 조망하려고 한다. 아울러 완결된 동일성의 규범체계에 매몰된 쪼그라든 정신이 아니라 공동의 세계에서 새로운 내러티브를 창출하는 확장된 정신(enlarged mentality)을 모색했다. 그것은 타자와 만남 과정에서 이야기 듣기와 자신의 고유성을 드러내는 이야기하기가 성찰적으로 결합될 때 가능하다(Arendt 1961).

골드스타인은 '구글 본사 단지를 방문한 플라톤(Plato at the Googleplex)'이라는 가상 에피소드를 활용해서, 현대 정보자본주의의 본산지에서 '지혜를 사랑하는' 철학과 윤리적 판단 문제를 논의한 바 있다. 그녀는 범람하는 검색의 시대에 정작 비판적 성찰을 결여한 채, 다른 이들의 의견에 함몰된 세

디지털 기술과 정치

계에서 '성찰하는 플라톤'과의 대화가 여전히 생산적일 수 있다는 점을 엿보게 한다. 인공지능 시대에도 여전히 '우리가 던져야 할' 철학적 주제를 탐색하면서 말이다(골드스타인 2016).

하지만 고전정치 담론을 통해 '오래된 미래'를 모색하는 작업은 제한적이고 '잠정적인' 탐색임을 기억할 필요가 있다. 고전적 관점은 참고할 지점을 제안할 뿐, 오늘의 문제를 해결해 주지는 못한다. 일그러진 방식의 정치적 부족주의 집단신화 문제는 달라진 기술 환경과 사회문화적 풍경, 사회경제적 조건과 정치제도적 환경을 고려하면서 보다 다각도에서 심층적으로 탐구되어야 한다.


# 5. 결론

카프카 소설 『심판』은 요제프 K가 영문도 알지 못한 채 기소당하는 이야기로 시작한다. 무슨 잘못을 했는지, 왜 잡혀 가는지 알지도 못한 채 부당하게 체포당한 상태에서 일상생활은 계속 이어진다. 그뿐만 아니라 그가 만나는 사람들은 모두 재판과 연결되어 있어서 벗어나려고 해도 벗어날 수 없다. 그는 끝까지 어떤 것도 알지 못한 채 심판을 받는다. 지난 세기 카프카의 소설은 전체주의 시대의 압제적인 감시조직이나 관료제도, 혹은 집단수용소의 맥락에서 해석되어 왔다. 하지만 코켈버그의 지적처럼 요제프 K는 오늘날 새로운 테크놀로지를 활용한 지배권력체제에서 살아가면서, 영문도 모른 채 감시받는 현대인으로 재해석될 수도 있다. 마치 디트로이트 경찰국에 영문도 모른 채 부당하게 체포당한 로버트 윌리엄스처럼 말이다 (Coeckelbergh 2022, 1-2)

디지털 대전환기 시대에 현실은 중층적으로 나타나고 있다. 장자가 호접몽(胡蝶夢)을 통해 던진 꿈과 현실의 경계에 대한 오래된 질문은 아날로그 현실과 디지털현실이 상호 결속된 오늘날, 새롭게 변주되어 등장하고 있다. 중층현실세계에서는 현실의 의미 자체가 재구성되고 있다. 디지털 문법은 많은 부분에서 아날로그 현실에 체현(embodiment)되고 있다. 또한 디지털 세계는 아날로그 세계의 사회적 상상을 반영한다.

이 글에서는 디지털 대전환기의 특징을 이해하기 위해서 감시자본주의 체제를 분석했다. 아울러 플랫폼 기업이 행동패턴 및 소비취향을 예측할 수 있도록 인간의 삶의 경험을 원재료로 사용한다는 점을 살펴보았다. 다음으로 디지털 전환기에 나타나는 사회적 불평등 문제를 디지털 격차와 자동화된 알고리즘이 사회적으로 생산하는 코드를 중심으로 검토했다. 이후에는 디지털 시대에 휘발성 강한 정파적 이해관계에 매몰되거나 진실이 은폐되고 왜곡되는 정치적 집단신화를 논의했다.

디지털 대전환기에 부상하는 다양한 문제들은 서로 다른 층위에서 대응방안을 요청한다. 감시자본주의 체제에서 기업권력이 테크놀로지를 활용해 우리 일상을 감시하고 포로로 삼는 환경을 조성할 때, 이를 규제할 수 있는 적절한 법적·제도적인 대응방안이 요청된다. 이를테면 알고리즘에 대한 윤리적 감사 프레임워크(auditing framework)를 정치제도 차원에서 어떻게 마련하는 것이 적절하고 효율적인지를 고심해야 한다. 또한 새로운 권력과 이윤을 둘러싼 투쟁 속에서 사회적 차별과 불평등이 심화되는 오늘날, 사회운동 차원에서는 공동적인 것을 회복하고 빅테크 기업과 같은 도구주의 권력에 맞설 수 있는 사회적 연대와 데이터 액티비즘 조직화 역시 중요한 과제이다.

정보여과현상과 반향실 효과를 양산하는 디지털 환경에서는 타자의 의

디지털 기술과 정치

견에 함몰되어 버리거나 진영의 논리에 갇혀 타자를 악마화하기보다, 반성적 숙고와 비판적 사고를 통해서 보다 바람직한 사회를 모색하는 인문학적 성찰이나 사회문화적 차원도 함께 고민해야 한다. 아울러 디지털 사회를 경험하는 속도나 양상이 개별국가와 지역마다 상이하다는 점에서 우리가 속한 국가적·지역적 맥락에서 나타나는 특수한 문제와 글로벌 맥락에서 제기되는 보편적 문제를 함께 풀어 가야 한다.

이러한 과제는 보다 포괄적이고 학제 간 연구를 필요로 한다는 점에서 후속작업 및 협업과제로 남겨 둔다. 다만 우리에게 주어진 과제를 해결하기 위해서는 먼저 변화하는 세계에 대한 이해와 주어진 도전을 이해할 필요가 있다. 이 글에서는 디지털 감시자본주의 체제를 이해하고, 디지털 사회 불평등과 정치적 부족주의 집단신화의 문제를 대면하는 데 참고할 수 있도록 디지털 시대의 감각풍경 일면을 간략하게 스케치했다.

## 참고문헌

닐 포스트먼. 홍윤선 역. 2009. 『죽도록 즐기기』. 굿인포메이션.
리처드 H. 스미스. 이영아 역. 2015. 『쌤통의 심리학: 타인의 고통을 즐기는 은밀한 본성에 관하여』. 현암사.
마크 안드레예비치. 이희은 역. 2021. 『미디어 알고리즘의 욕망: 자동화된 미디어는 우리의 일상을 어떻게 바꾸는가』. 컬처룩.
쇼샤나 주보프. 김보영·노동욱 역. 2021. 『감시 자본주의 시대: 권력의 새로운 개척지에서 벌어지는 인류의 미래를 위한 투쟁』. 문학사상.
애나 렘키. 김두완 역. 2022. 『도파민네이션: 쾌락 과잉 시대에서 균형 찾기』. 흐름출판.
얀 반 다이크. 심재웅 역. 2022. 『디지털 디바이드: 디지털 격차는 어떻게 불평등을 만드는가』. 유재.
웬디 브라운. 배충효·방진이 역. 2017. 『민주주의 살해하기: 당연한 말들 뒤에 숨은 보수주의자의 은밀한 공격』. 내인생의책.

임미리. 2017. 『열사, 분노와 슬픔의 정치학: 한국저항운동과 열사 호명구조』. 오월의봄.

임지현. 2021. 『희생자의식 민족주의: 고통을 경쟁하는 지구적 기억전쟁』. 휴머니스트.

장안식·이상일·강동훈·김남옥·정지연·염지혜·김민주·여지민. 2022. 「디지털 격차로 인한 노인의 인권상황 실태조사」. 국가인권위원회 2022년 인권상황실태조사 연구 용역보고서.

저스틴 토시·브랜던 웜키. 김미덕 역. 2022. 『그랜드스탠딩: 도덕적 허세는 어떻게 올바름을 오용하는가』. 오월의봄.

천정환. 2021. 『숭배 애도 적대: 자살과 한국의 죽음정치에 대한 7편의 하드보일드 에세이』. 서해문집.

한병철. 김태환 역. 2012. 『피로사회』. 문학과지성사.

Bauman, Zygmunt. 2000. *Liquid modernity*. Blackwell.

Benjamin, Ruha. 2019. *Race After Technology: Abolitionist Tools for the New Jim Code*. Polity,

Castells, Manuel. 2012. *Networks of Outrage and Hope: Social Movements in the Internet Age*. Wiley.

Chua, Amy. 2018. *Political Tribes: Group Instinct and the Fate of Nations*. Bloomsbury.

Coeckelbergh, Mark. 2022. *The political philosophy of AI: an introduction*. Polity.

Ebner, Julia. 2020. *Going Dark: The Secret Social Lives of Extremists*. Bloomsbury.

Eubanks, Virginia. 2018. *Automating inequality: how high-tech tools profile, police, and punish the poor*. St. Martin's Press.

Ghonim, Wael. 2016. "Let's design social media that drives real change" *TED Talk* (Jan. 13, 2016)

Halberstam, Yosh, and Brian Knight. 2016. "Homophily, Group Size, and the Diffusion of Political Information in Social Networks: Evidence from Twitter". *Journal of Public Economics* Vol. 143, 73-88.

Harari, Yuval. 2017. *Homo Deus: A Brief History of Tomorrow*. Vintage.

Hoggan, James., Litwin, Grania. 2019. *I'm Right and You're an Idiot: The Toxic State of Public Discourse and How to Clean It Up*. New Society Publishers.

Mueller, Hannah. 2022. *The Politics of Fandom: Conflicts That Divide Communities*. McFarland & Company.

Nagle, Angela. 2017. *Kill All Normies: Online Culture Wars From 4chan and Tumblr to Trump and the Alt-Right*. Zero Books.

Ragnedda, Massimo, Felice Addeo, and Maria Laura Ruiu. 2022. "How offline backgrounds interact with digital capital." *New Media & Society*.

Ragnedda, Massimo. 2017. *The third digital divide: a Weberian approach to digital inequalities*. Routledge, Taylor & Francis Group.

Smart, J. M., Cascio, J. & Paffendorf, J. 2007. Metaverse Roadmap Overview. CA: Acceleration Studies Foundation.

Tate Ryan-Mosleyarchive. 2021. "The new lawsuit that shows facial recognition is officially a civil rights issue." *New Technology Review* (April 14, 2021).

Thompson, Derek. 2010. "Google's CEO: 'The Laws Are Written by Lobbyists'." *The Atlantic* (Oct. 2, 2010).

Urbinati, Nadia, and M. E. Warren. 2008. "The Concept of Representation in Contemporary Democratic Theory." *Annual Review of Political Science* 11(1): 387-412.

Weiser, Mark. 1991. "The Computer for the 21st Century." *Scientific American* 265, 94-104.

제2부

# 디지털 기술과 세계정치

# 제4장

# 디지털 기술의 발전과 안보패러다임의 변천: 사이버안보를 중심으로[1]

심세현(중앙대)

## 1. 서론

최근 국제안보 영역에서는 새로운 디지털 기술의 등장으로 사이버안보에 대한 중요성이 증가하고 있는 추세다. 이러한 변화는 새로운 디지털 기술 또는 정보통신기술의 등장과 발전이 안보 패러다임의 변화를 추동한 결과라고 볼 수 있다.

오랫동안 전통적인 의미에서의 안보(security) 개념은 대내외의 위협으로부터 주권, 국민, 영토와 같은 국가의 사활적 이익을 보호하는 것을 의미했고, 따라서 안보란 군사적 관점에서 정의된 국가안보(군사안보)로 이해되는 것이 일반적이었다. 그러나 최근 목격되는 초국적 글로벌 안보 위협의 양상은 이러한 전통안보의 경계를 넘어서는 특징을 보이고 있다. 과거와 달

---

[1] 이 글은 성신여자대학교 동아시아연구소에서 『국가와 정치』 제29집 1호에 게재된 논문 "디지털 기술의 발전과 사이버안보 위협"을 수정 및 재구성한 것이다.

리 국경에 구애받지 않고 초국적·글로벌 차원에서 등장하고 있는 사이버 공격, 신종감염병의 지구적 확산, 글로벌 테러리즘의 진화, 기후변화로 인한 자연재해 등 안보 위협이 급속하게 다변화하면서 안보의 개념, 영역, 주체, 대상 등도 달라지고 있는 것이다. 특히 제4차 산업혁명 시대를 대표하는 인공지능(AI), 5G, 빅데이터, 로봇, 드론 등과 같은 기술의 등장이 안보 패러다임의 변화를 더욱 촉진하고 있는 것으로 보인다. 이제 과거와 같이 국가 또는 군사 영역에만 초점을 맞춘 안보 정책 및 전략만으로는 국가안보를 제대로 구현하기 어려운 시대가 도래한 것으로 볼 수 있다.

오늘날 사이버안보에 대한 관심과 중요성이 증가하고 있는 것도 이러한 안보 패러다임의 변화와 궤를 같이하고 있는 것으로 판단된다. 1990년대 냉전의 종식과 탈냉전의 시작, 세계화·정보화 시대로의 급속한 전환으로 인해 안보 영역에서는 이전과 달리 국가 이외에도 글로벌 테러리스트, 국제 범죄조직, 그리고 최근에는 개인에 이르기까지 다양한 행위자의 활동이 목격되기 시작했다. 이러한 경향은 2000년대 이후 인터넷과 정보통신기술의 발달, 새로운 디지털 기술의 등장 및 확산 그리고 제4차 산업혁명이라는 분기점을 맞이하여 더욱 강화되는 모습이다.

사이버공간에서 활동하는 행위자들이 다양해진다는 것은 사이버공간에서 위협이 될 수 있는 공격 주체들이 증가한다는 것을 의미하는 것이기도 하다. 실제로 최근 사이버공간에서 발생하고 있는 사이버공격 및 위협 양상도 더욱 다양해지고 있으며 공격 수단 또한 더욱 고도화·지능화되고 있는 것으로 보인다. 이러한 사이버공격으로 인한 피해와 영향 또한 개인을 넘어 사회, 국가에 이르기까지 광범위하게 확산되고 있는 모습이다. 전통적인 안보 영역에서 독점적 행위자로 기능했던 국가뿐 아니라 전문 해킹조직, 그리고 개별 시민에 의한 사이버공격마저도 더욱 지능적으로 변모하

디지털 기술과 정치

고 피해 또한 증가하게 되면서 사이버안보의 중요성이 더욱 증가하고 있는 것으로 볼 수 있다.

사이버안보의 중요성이 증가함에 따라 이를 둘러싼 국가 간의 경쟁도 치열하게 전개되고 있다. 미국, 중국을 비롯한 주요 군사 강국들은 육·해·공, 우주에 이어 사이버공간을 제5의 전장으로 인식하고 이 분야에 대한 상대적 우위를 점하기 위해 경쟁 중이다. 기술혁신, 군사혁신을 바탕으로 주요 대전쟁에서 승리한 국가가 이후 국제정치의 주도권을 장악했던 역사적 상황을 재연이라도 하듯이 사이버안보 분야에서 활용할 수 있는 디지털 기술의 발전 및 군사적 용도로의 전환을 위해 경쟁 중인 것이다. 이러한 점을 감안한다면 새로운 디지털 기술의 등장, 기존 기술의 진화와 발전으로 인해 사이버공간에서의 위협의 수준과 이에 따른 피해 규모도 더욱 증가할 것으로 보인다. 따라서 디지털 기술이 더욱 발전하면 할수록 안보 영역에서 사이버안보의 중요성과 위상은 더욱 높아질 것으로 예상된다. 사이버공간에 대한 중요성을 인식하고 사이버안보 역량을 국가안보 차원에서 대비하고 관리할 수 있는 능동적인 대응 정책 및 전략 수립이 필요한 이유이기도 하다.

이 글에서는 우선 논의의 시작으로 안보 개념의 변천 과정에 대해 살펴본다. 전통적으로 안보 영역에서 국가안보가 군사안보로 인식될 수밖에 없었던 시대적 상황을 개괄적으로 설명한 후 이후 20세기 국제정치의 상징이었던 냉전 체제의 종식이 안보 패러다임에 미친 영향을 살펴보고자 한다. 이후 포괄적 안보 개념의 등장, 그리고 최근 사이버안보가 주목받게 되는 일련의 배경과 요인에 대해 살펴보고 사이버공간과 사이버안보에 대한 개념에 대해서도 검토하고자 한다. 이어 제4차 산업혁명 시대 새롭게 등장한 디지털 기술과 이에 따라 사이버공간에서 새롭게 목격되는 주요 위협 사례를 분석함으로써 오늘날 디지털 기술이 사이버안보의 중요성을 어떤 식으로 추동시키고 있는지에 대해 검토한다. 사이버공간에서의 위협 사례는 사이버범죄, 사이버테러, 사이버전으로 유형화하여 검토한 후 이를 바탕으로 사이버안보 역량 강화 및 사이버공간에서의 피해를 최소화할 수 있는 대응 방안을 살펴보고자 한다.

## 2. 제4차 산업혁명 시대의 국가안보

### 1) 제4차 산업혁명과 포괄적 안보

인류의 역사는 전쟁의 역사라고 할 만큼 전쟁은 모든 역사의 분기점이자 동시대 국제정치의 향방을 결정짓는 전환점이었다. 그리고 이러한 주요 전쟁의 승패와 이후 국제정치의 주도권을 결정지었던 가장 중요한 요인은 기술혁명이었다. 맥스 부트(Max Boot)는 저서 『전쟁이 만든 신세계(Made in war)』에서 15세기까지 국제사회의 주도권 경쟁에서 중국, 인도, 몽골 등에 뒤지던 서양이 16세기 이후 국제정치의 중심으로 부상한 사실, 그리고 변방의 소국이었던 영국이 스페인의 무적함대를 격퇴하고 패권국으로 등장한 사례, 아시아 2등 국가였던 일본이 19세기 후반 청나라와 러시아를 연이어 패배시키고 서구 열강들도 인정하는 강대국으로 부상했던 사실 등을 그 증거로 제시한다(맥스부트·송대범 2007). 제1, 2차 세계대전 이후 수 세기 동안 국제정치의 중심이었던 유럽의 몰락과 패권국 영국의 지위가 신흥 강대국 미국으로 전이되었다는 사실도 이러한 주장을 뒷받침하는 사례로 볼 수 있다.

이처럼 전쟁이 국제정치의 향방, 패권국의 등장, 심지어 국가의 생존을 결정하는 가장 중요한 요인으로 자리매김하면서 대부분의 국가는 혁신적 기술개발 혹은 기술혁명을 통해 더 우월한 무기체계를 확보하기 위해 노력해야만 했다. 이러한 경쟁 속에서 새로운 기술의 등장은 군대의 운용이나 전략 및 전술에 영향을 미칠 수밖에 없었고 전쟁의 양상도 이전과는 확연히 다른 국면으로 전개되는 경우도 많았다. 전쟁이 전개되는 과정에서 새로운 기술이 등장하여 전쟁의 판세를 변화시키는 사례들도 흥미롭다. 제2차 세계대전을 종결시킨 1945년 핵무기의 등장이 대표적이다. 오늘날 국제정치의 가장 중요한 이슈라고 할 수 있는 미중 양국의 전략적 경쟁 구도의 핵심에는 기술패권이 자리하고 있다는 점도 이러한 상황과 무관하지 않다(이승주 2022).

안보학의 관점에서 볼 때, 넓게는 20세기 국제정치의 전개과정, 좁게는 제2차 세계대전 이후 국제정치 무대에서 국가의 생존(survival)을 가장 중요한 목표로 상정하는 현실주의(realism)가 지배적인 지위를 차지할 수 있었던 것도 20세기 주요 대전쟁의 교훈 때문이었다. 따라서 20세기, 특히 냉전 시기 국제정치학의 중심에는 그 어떤 가치보다 국가의 생존을 최우선으로 하는 국가안보 또는 군사안보의 중요성이 절대적이었고, 이를 열렬히 지지하는 이들은 힘을 통해 전쟁을 방지하고 평화를 유지할 수 있다고 믿었다. 이러한 신념은 제2차 세계대전을 종결시킨 핵무기가 국제정치 무대에 전격적으로 등장하게 되면서 더욱 심화되기 시작했다. 실제로 제2차 세계대전 이후 국제정치는 핵전력(이후 수소폭탄에 이르기까지)의 우위를 점하기 위한 기술 및 군비경쟁으로 점철되는 모습을 보여 주었다고 할 수 있다. 이러한 경향으로 인해 이 시기 안보 영역에서는 사실상 군사안보를 의미했던 국가안보의 중요성이 절대적일 수밖에 없었던 것이다.

・국가: 안보의 주체/대상
・국가안보: 대내외 군사적 위협에서 국민/영토/주권 등 가치 수호
・국가안보=군사안보

・국제안보 환경의 변화
・안보의 주체/대상/유형 다양화
・인간안보 및 포괄적 안보 개념 등장

・비전통적 안보 위협 증대
・디지털 기술 등 4차 산업혁명 기술이 접목된 안보 위협의 등장 및 확산
・안보 영역 다양화, 사이버안보의 중요성 심화

〈그림 1〉 시대별 안보 패러다임의 변천과정

이와 같은 군사 및 국가안보 중심의 안보 패러다임에 변화가 감지되기 시작한 것은 냉전이 종식된 이후였다. 이때부터 기존의 군사적 위협 외에도 개별 국가의 안보를 위협하는 다양한 위협들이 출현하고 이로 인한 위협의 수준이 증가함에 따라 안보의 범위가 확대되기 시작한 것이다. 특히 1990년대 고도로 발전하기 시작하는 새로운 과학 및 정보통신기술의 등장과 함께 국제사회가 빠르게 국경을 초월한 세계화·정보화의 시대로 전환되면서 안보 영역에서도 급속한 변화의 모습들이 감지되기 시작했다.

냉전 종식 이후 안보 영역에서의 가장 주목할 만한 변화로는 안보 위협의 주체, 대상, 범위, 그리고 안보 위협에 대한 대응 방식 등 안보와 관련된 대부분의 영역에 초국가성이 가미되기 시작했다는 점이다. 예를 들어 개별 국가의 안보를 위협하는 주체들은 기존의 국가 이외에도 글로벌 테러리스트나 국제 범죄조직과 같은 비국가행위자(non-state actors)들이 목격되기 시작했으며, 위협의 본질 또한 군사력과 같은 전통적 위협 이외에도 보다 다양한 비전통적 위협들이 등장하기 시작한 것이다. 적대국 혹은 잠재적

디지털 기술과 정치

경쟁국으로부터 발생할 수 있는 군사적 위협 등과 같이 실체가 분명한 위협들은 안보 위협의 주체, 방어해야 할 대상 및 범위 등이 비교적 명확했었다고 볼 수 있지만, 탈냉전 시기에 접어들어 본격적으로 부상하기 시작하는 새로운 안보 위협들은 기존과는 다른 대응 방식을 요구하고 있었다(홍규덕 2020, 13-15). 이러한 경향으로 인해 1990년대 이후 안보 영역에서는 주로 군사력에 의존하는 국가중심적·전통적 안보로부터 초국가적이며 비군사적 요소까지 포함하는 비전통적인 포괄적 안보(comprehensive security)로의 변화를 경험하게 된다(Richard Hass 1995, 43-58; 채재병 2013, 26-27). 이러한 변화와 함께 안보 영역은 더욱 확장되기 시작했으며 이제 안보라는 개념은 기존의 정치 및 군사 이외에도 환경, 경제, 사회 등 비군사적 분야를 포함하지 않고는 본질을 제대로 파악하기 어려운 개념으로 자리매김 한 것이다. 학술적 측면에서도 기존 국가·군사안보 이외에도 사이버안보, 사회안보, 보건안보 등이 안보 영역에서 주요한 한 축으로 자리한 것도 냉전 이후 안보 패러다임의 주목할 만한 변화라고 할 수 있다.

오늘날 전통적·비전통적 안보 위협이 혼재된 포괄적 안보 개념의 중요성은 제4차 산업혁명 시대에 접어들며 더욱 확산되는 모습이다. 특히 제4차 산업혁명 시대와 함께 목격되는 주요 기술들은 미래세계의 새로운 성장산업으로 부상할 것으로 예측된다. 그러나 여기에서 주목해야 할 사실은 가까운 미래에 부상할 것으로 예상되는 산업 분야들과 토대가 되는 원천 기술들은 대부분 민군 겸용으로 활용할 수 있다는 점이다. 즉 이러한 분야의 주요 기술들은 언제라도 군사적 목적으로 활용될 수 있다는 공통점을 가지고 있는 것이다.

이로 인해 제4차 산업혁명 시대 국제 안보 환경의 성격 또한 더욱 다양한 모습으로 진화 중인 것으로 판단된다. 냉전 종식 이후 국제 안보라는 영역

〈표 1〉 민군겸용 가능한 제4차 산업혁명 시대 주요 기술

| 분류 | 내용 |
|---|---|
| 인공지능<br>(Artificial<br>Intelligence:<br>AI) | 1. 2030년까지 인공지능 기술이 인간 수준에 이를 것으로 전망<br>2. 대용량의 데이터를 스스로 학습해 인간처럼 종합적 추론이 가능한 차세대 인공지능인 '초거대 인공지능'의 등장<br>3. 초거대 인공지능은 기존 인공지능을 뛰어넘는 데이터 학습량을 통해 사람의 뇌에 더욱 가깝게 설계됨으로써 사고와 학습, 고도의 판단 능력 보유<br>4. 인공지능은 군사·국방 영역 등 모든 산업에 영향을 미칠 것으로 전망 |
| 드론<br>(Drone) | 5. 최초 군사적 목적으로 개발, 최근 드론 기술의 발전과 인공지능 및 사물인터넷과 결합되면서 활용 영역 확대 추세 → 순찰/감시, 치안/경호, 화재 진압, 난민 구조, 공중 방역, 밀렵 감시, 통신 중계, 초미세먼지 측정, 시설물 진단, 택배, 택시, 재난 관리, 영화 촬영 등<br>6. 최근 군사·국방 영역에서의 활용성 증가 추세 |
| 나노기술<br>(Nano-<br>Technology) | 7. 나노기술: 나노미터(10억분의 1미터) 크기의 원자 또는 분자를 합성하거나 제어해 새로운 특성을 갖는 물질 제조, 그 성질을 규명하는 기술을 지칭<br>8. 작은 크기로 인해 강력함을 갖는 기술로 평가, 최근 소재, 에너지, 환경, 바이오, 의학, 항공우주, 태양광 패널 및 식품 산업, 방탄복 산업 등에 이르기까지 혁신적 변화를 가져올 것으로 예상 |
| 증강현실<br>(Augmented<br>Reality: AR) | 9. 증강현실은 컴퓨터에서 형성된 디지털 이미지를 실시간으로 현실과 결합하여 보여 주는 기술<br>10. 스마트폰 고해상도 디스플레이, 위치정보 시스템, 3D 감지카메라 등의 발전이 증강현실 일상화를 촉진<br>11. 군사·국방 영역에서는 군인들이 전투환경을 입체적으로 구현한 증강현실 환경에서 모의 전투 훈련이 가능함으로 전투력 증강에 도움 |
| 로봇공학<br>(Robotics) | 12. 기술 혁신과 로봇 자동화의 수요 증가 추세<br>13. 제조 로봇 외 헬스케어, 안내 보조 서비스 로봇, 자율주행 등의 영역에서 주로 활용<br>14. 최근 인공지능 기술이 접목된 전투형 로봇(킬러로봇)에 대한 기술 경쟁 확대 추세 |
| 3D 프린팅<br>(3D Printing) | 15. 3D 프린터로 재료를 층층이 쌓아 도면에 맞게 제품을 제작하는 기술<br>16. 최종 제품 출시 전, 프로토타입 제작을 통해 시행착오 및 시간/비용 축소 가능<br>17. 최근 다양한 재료 발견, 소프트웨어 발전, 시뮬레이션 기술 도입, 하드웨어인 3D 프린터의 진화 속도 향상으로 정교한 프린팅 구현 가능<br>18. 개인 맞춤형 서비 외 스마트팩토리, 자동차, 항공, 국방, 농업 등 분야에서 활용도 증가 |

출처: 박영숙·제롬 글랜 2022, 『세계 미래 보고서 2023』, pp.10-17; 일부 내용은 저자 추가 작성

디지털 기술과 정치

에서 부상하기 시작한 비국가행위자들의 영향력이 더욱 증대되면서 이들로 인한 안보 위협의 증가 또한 주요한 문제로 부상하고 있다는 사실도 간과할 수 없는 부분이다. 특히 제4차 산업혁명 시대의 새로운 기술을 활용한 비전통적 무기 기술은 개발 비용이 현저히 낮은 것은 물론, 습득 과정도 용이하여 일반 시민들도 쉽게 안보 위협의 주체로 등장할 가능성을 높이고 있다고 볼 수 있다. 최초 군사적 목적으로 개발된 드론의 보급 및 확산으로 인해 이를 활용한 테러가 증가하고 있다는 사실이나 3D 프린터를 통해 제작한 비정형 무기체계, 즉 사제 총기류 등을 활용한 자생테러의 증가와 같은 상황이 이러한 사실을 뒷받침한다고 볼 수 있다(심세현·엄정호 2021).

제4차 산업혁명 시대로의 진입과 신기술의 개발 및 확산은 국가는 물론 안보 영역의 급속한 변화를 촉진하고 있기도 하다. 오랜 기간 안보 영역에서 가장 지배적인 지위를 차지했던 국가·군사안보 영역도 예외일 수는 없다. 인공지능 기술의 발전으로 인해 등장하기 시작한 자율무기체계(Autonomous Weapon System, AWS)가 대표적이라고 볼 수 있다. 인공지능 기술이 탑재된 자율무기체계의 등장으로 인해 전쟁의 수행방식과 군사작전의 운용이 달라질 가능성이 커지면서 군사·국가안보 영역에서는 미래전에 대한 연구가 주목받고 있는 상황이다. 물론 이미 주요 강대국들은 실제 전장에 다양한 자율무기체계를 투입하고 있는 것을 확인할 수 있다(고봉준 2021; 양정학 2021; 정구연 2022).

인공지능 기술뿐만 아니라 더욱 다양한 제4차 산업혁명기술이 전쟁이라는 영역에 접목되면서 이 분야에 대한 우위를 선점하기 위한 국가 간의 경쟁도 치열하게 전개 중이다. 이미 오늘날 전쟁의 영역은 육·해·공이라는 전통적인 영역뿐 아니라 우주에 이어 사이버공간으로까지 확대되고 있다. 기술혁명 혹은 군사혁신을 통한 신기술을 확보한 국가가 주요 대전쟁에서 승리를 쟁취할 수 있었고, 이는 다시 이후의 국제정치의 주도권을 결정짓는 중요한 요인이었다는 역사적 사례들이 21세기 국제정치에서도 그대로 재연되고 있는 것이다.

이러한 변화의 과정 속에서 최근 사이버안보에 대한 관심과 중요성도 증가하고 있다. 사실 사이버안보라는 개념의 등장은 앞서 언급한 바와 같이 1990년대 탈냉전 시기에 이르러 급속하게 발전하게 된 정보통신 및 디지털 기술의 발전에 기반하여 나타난 새로운 안보 영역이라고 할 수 있다(채재병 2021, 21). 그럼에도 불구하고 최근으로 올수록 다양한 모습으로 변화하고 있는 각종 사이버공격과 이로 인한 피해가 확산됨으로써 사이버안보의 중요성이 더욱 강조되고 있는 것이다. 21세기 안보 패러다임이 다시 한 번 변화하고 있는 것으로 볼 수 있다.

사이버안보에 대한 중요성이 더욱 커지고 있는 최근의 상황은 다양한 분야에서의 인터넷 사용과 같은 사이버공간에 대한 의존이 심화되면서 더욱 증가할 것으로 예상된다. 인터넷 사용이 증가하면 증가할수록 민감한 정보를 보호해야 하는 것은 물론, 해킹을 통해 개인의 민감한 정보나 중요 군사 기밀 등이 악의적으로 사용되는 것을 막아야 하는 책임도 더욱 높아질 수밖에 없는 것이다(박영숙·제롬 글랜 2022, 15). 이처럼 오늘날 사이버안보에 대한 관심과 중요성이 증가하면서 안보 패러다임의 변화를 추동하고 있는 상황은 비약적인 발전을 거듭하고 있는 디지털 기술의 영향이라고 볼 수 있다.

새로운 디지털 기술의 발전과 함께 사이버공간에서 이루어지는 공격수단이나 방식도 더욱 지능화되면서 사이버공격으로 인한 피해는 이제 개인을 넘어 국가로까지 확대되는 추세이다. 사이버공격의 주체 또한 글로벌 테러리스트, 국제 범죄조직, 전문 해커집단, 개인을 비롯하여 개별 국가들에 이르기까지 다양화되고 있는 모습이다. 특히 사이버공간에서의 우위를 선점하는 것이 향후 국제정치의 주도권을 확보하는 데 필수적이라는 인식이 확산하기 시작하면서 이 분야에 대한 주요 군사 강국들의 경쟁이 치열하게 전개되고 있다. 이와 같은 상황은 사이버안보의 중요성이 과거의 국가안보 수준으로까지 격상되고 있는 것을 의미하는 것이기도 하다. 이러한 점을 고려하여 다음 절에서는 사이버공간, 사이버안보의 개념에 대해 살펴보고, 특히 디지털 기술이 발전함에 따라 더욱 중요성이 커지고 있는 사이버공격 및 위협의 특성에 대해 검토하고자 한다.

## 2) 디지털 기술의 발전과 사이버안보

앞서 국제정치 무대에 핵무기가 등장한 이후 전개되었던 20세기 국가들 간의 관계를 핵전력 우위를 점하기 위한 경쟁 구도로 설명한 바 있다. 실제로 핵무기가 등장한 이후 주요 강대국들은 핵전력의 강화 및 고도화에 경쟁적으로 나서게 된 것이 사실이다. 그러나 흥미로운 점은 핵무기가 국제정치 전면에 등장하고, 이후 군사 강국들이 핵전력 강화를 둘러싼 경쟁에 전력했음에도 불구하고 제1, 2차 세계대전과 같은 국가 간 대전쟁이 발생하지 않았다는 점이다. 이러한 상황을 현실주의자들은 공포의 균형(balance of terror)이라고 지칭한다. 즉 핵무기의 가공할 파괴력으로 인해 핵전쟁이 발발할 경우 전쟁의 당사자들은 물론 인류의 공멸을 피할 수 없다는 사실이 명확했기에 실제 핵무기를 전쟁에 사용하지는 못했다는 것이다. 군사전략적 측면에서는 이를 상호 확증 파괴(Mutually Assured Destruction, MAD)라고 한다.

흥미로운 사실은 당시 주요 강대국이 핵전력을 강화하기 위해 노력했음에도 불구하고 실제로 전쟁에서 핵무기가 사용될 가능성을 최소화하기 위한 노력과 고민도 병행했다는 점이다. 비록 발족 배경이나 현재의 국제 정치 상황 속에서 존재 의의에 대한 비판이 다양하게 제기되고는 있지만, 1967년 등장한 핵확산금지조약(Nuclear Nonproliferation Treaty, NPT) 체제는 핵무기의 사용 가능성을 최소화하기 위한 국제사회의 움직임이 만들어 낸 결과이다. 핵무기가 가지는 파괴력, 동시에 핵무기 통제에 대한 어려움이 반영된 조치였다고 평가할 수 있다.

정치적 · 경제적으로 어려움에 직면한 불량국가(rogue states)나 국제범죄 조직이 핵무기를 입수할 경우 발생할 수 있는 위험성에 대해서는 많이 언급된 바 있다. 실제 영화로도 많이 제작되었다. 또한 이성적 존재이기도 하지만 동시에 불완전한 존재인 인간의 우발적 실수로 핵무기가 사용될 가능성에 대한 우려도 제기되기도 했다. 이러한 위험을 최소화하기 위해 핵무기의 사용에는 인공지능 기술이 활용되기도 한다. 문제는 인공지능 기술에도 오류가 발생할 가능성이 크다는 점이며, 특히 적대국이나 경쟁국이 해킹 공격을 감행할 경우에는 심각한 위험이 발생할 수 있다. 1983년 개봉한 영화 '워게임스(WarGames)'는 사이버공간에서 발생할 수 있는 해킹 공격이 핵무기의 실제 사용으로 이어질 수 있다는 위험성을 경고한 최초의 영화로 알려져 있다. 영화의 줄거리는 대략 다음과 같다(박동휘 2022, 51).

"컴퓨터에 능숙한 주인공(미국인 10대 천재 해커 소년)이 우연히 미 공군 핵미사일 기지의 서버에 접속하여 프로그램 하나를 실행시킨다. 인간의 실수로 핵미사일이 발사될 경우 미국과 소련 간의 핵전쟁이 일어날 것을 우려해 핵미사일 발사는 최신 AI 프로그램이 담당하고 있었는데, 주인공이 이를 컴퓨터 게임으로 오해하고 핵미사일 발사를 준비시킨 것이다. 그러나 미국 정부와 군 전문가 어느 누구도 핵미사일 발사를 중지시키지 못한다. 다행히 문제를 일으킨 천재 해커 소년이 핵미사일 발사를 중지시키는 데 성공한다. 미국과 소련 간의 핵전쟁이 일어날 뻔한 아찔한 순간이었다."

비록 적대국이나 경쟁국의 해킹 공격을 직접적으로 다룬 것은 아니었지만, 이 영화를 통해 우리는 안보적 측면에서 두 가지 함의를 도출할 수 있을 것으로 보인다. 첫째, 사이버공간에서 발생할 수 있는 해킹이라는 위협 및 사이버공격은 국가안보에도 직접적인 위험 혹은 실제적인 피해를 초래할 수 있다는 가능성을 보여 준 것이라고 할 수 있다. 다시 말하자면 오늘날 특정한 하나의 안보 영역에서 발생할 수 있는 피해는 단편적으로 그치지 않고 피해의 규모나 범위가 다른 안보 영역으로까지 확산될 수 있다는 사실이다. 예를 들어 사이버공격을 통해 특정 국가의 주요 금융망이 공격당할 경우, 개인의 경제적 피해는 물론 사회 전반으로 확산되어 경제안보에 이어 국가안보의 위기로까지 확산될 가능성이 있다는 것이다. 2020년 남중국해에서 '항행의 자유 작전(Freedom of Navigation Operation)'을 수행 중이던 미 해군의 시어도어 루스벨트 항공모함 내부에서 코로나19(Covid-19)가 발병하자 미국은 결국 항모를 본국으로 회항시킬 수밖에 없었고, 이 과정에서 미국이 중국에게 일정 기간 남중국해에 대한 영향력을 넘겨줄 수밖에 없었던 상황이 발생했다(이동규 2020). 이처럼 코로나19라는 보건안보 차원의 문제가 미국에게 국가안보의 피해로까지 확산되었던 사례도 이러한 상황과 논리적으로 동일하다고 볼 수 있다.

둘째, 디지털 기술의 비약적인 발전이 안보 위협을 야기할 수 있는 공격 주체와 수단을 더욱 다양화시켰다는 점이다. 1990년대를 지나 2000년대로 넘어오면서 인터넷이 전 세계로 확산되어 사이버공간을 통한 개인의 정치, 사회적 활동이 급증하게 되었다. 이러한 경향은 오늘날 제4차 산업혁명 시대의 진전과 함께 더욱 심화되는 추세이다. 사이버공간을 통한 개인 간 소통과 상호 작용이 확대됨으로써 일정 수준의 디지털 기술이나 정보통신과 관련된 지식을 보유한 개인이라면 누구라도 사이버공간에서 안보 위협의 주체가 될 수 있는 시기가 도래한 것이라고 볼 수 있다.

이처럼 컴퓨터와 인터넷을 통해 누구라도 접근 가능한 영역으로 부상한 사이버공간은 "개인과 사회, 국가에 걸친 인프라와 실생활에 사용된 정보 전반에 통용"되고 있다(홍석훈·정영애 2020, 57). 보다 중요한 사실은 사이버공간은 전통적인 안보 영역에서는 논의되지 않던 개념이라는 점이다. 사이버공간은 컴퓨터, 인터넷의 발달로 창조된 새로운 공간이며, 정보통신 및 디지털 기술의 발전과 함께 진화 중인 영역이다. 따라서 초기에는 사이버공간이 일부 개인들의 신속한 정보교류나 오락 및 취미 생활을 영위할 수 있는 가상공간(virtual space) 정도로 인식되는 경향이 강했으나 개인, 기관, 사회, 정부 그리고 다양한 비국가행위자들에 이르기까지 사이버공간에 대한 의존도가 심화되면서 이제는 국가안보적 측면에서도 중요한 안보 영역이자 '실존공간(existence space)'으로까지 평가받게 된 것이다(채재병 2019, 27).

사이버공간이라는 개념에 대한 정의도 다양하다. 일부에서는 사이버공간이 실재하지 않는 가상의 공간 혹은 추상적 공간이기 때문에 이에 대한 명확한 개념 정의는 어렵다고 주장한다. 그럼에도 불구하고 사이버공간에 대한 개념을 정립하기 위한 시도는 계속되고 있다(박은주 2020, 11-12). 우선 국가별로도 사이버공간에 대한 개념 정립이 상이하다는 것을 알 수 있다. 미국을 중심으로 하는 서구사회에서는 사이버공간을 "정보와 데이터가 자유롭게 이동하는 비국가적인 가상 공간"으로 평가한다. 반면, 중국과 러시아에서는 국가 영토의 일부로 이해하는 모습이다. 중국과 러시아가 사이버공간을 국가 영토의 일부로 인식한다는 것은 국가 주권이 행사될 수 있는 공간으로 이해한다는 것을 의미하는 것이기도 하다. 2009년 상하이협력기구(SCO)가 '정보안보' 협정을 체결하면서 사이버공간에 대한 개별 국가의 주권을 명시했다는 사실도 이를 반증한다고 볼 수 있다. 한편 국제전기통신연합(ITU)은 "컴퓨터 및 전기통신, 인터넷 네트워크에 직·간접적으로 연결된 시스템과 서비스"로 정의하고 있음을 알 수 있다.

『사이버전의 모든 것』(2022)에서 박동휘 교수는 사이버(cyber)라는 단어에 공간(space)이라는 단어가 결합된 사이버공간(cyberspace)을 "오늘날 물리적 측면에서 상호 연결된 셀 수 없이 많은 컴퓨터, 라우터, 서버, 광섬유 케이블이 만들어 낸 정보통신기술 기반 시설의 독립된 네트워크를 의미"한다고 했다. 여기에 추상적 측면은 물론 인간의 정신적 사고 과정도 포함해야 사이버공간에 대한 보다 명확한 정의가 가능하다고 주장한다. 그에 따르면 "정보통신기술을 사용하는 독립된 네트워크 또는 상호 연결된 네트워크들을 통해 정보를 생산·수정·교환·이용하는 활동이 일어나는 공간"이라는 추상적 의미와 함께 인간의 정신적 사고 과정을 포함해 "네트워크와 기계들로 구성된 물리적 하드웨어, 데이터와 미디어로 대표되는 정보, 그리고 인간의 정신적 사고 과정과 그것들 간의 사회적 관계가 일어나는 가상의 세계 모두"를 사이버공간으로 정의했다. 즉 "컴퓨터 과학기술에 의해 탄생한 물리적 장치들, 인간의 사고와 인지 과정을 통해 만들어진 모든 것들, 그리고 그 둘 간의 상호 작용이 빚어낸 것들을 모두 포함한 가상의 공간"이 사이버공간으로 볼 수 있다.

오늘날 4차 산업혁명 시대의 등장과 발전으로 인해 이와 같은 사이버공간, 사이버안보의 중요성이 더욱 강조되고 있는 모습이다. 특히 초연결사회(Hyper-Connected Society)를 주된 특징으로 하는 사이버공간의 진화는 개인과 사회 그리고 국가 영역을 하나의 단위로 연결하고 있으며, 이로 인해 사이버공간에서 발생하는 위협 또한 국가 차원으로까지 확대되고 있기 때문이다. 즉 개인이 사이버공간에서 직면하게 되는 위협 혹은 피해가 사회와 국가 영역으로까지 확대될 수 있는 시기가 본격적으로 도래한 것이라고 볼 수 있다. 이것은 개인이 사용하는 정보통신이 국가 수준의 교통, 통신, 자원, 국방, 금융 인프라와 연결이 가능하게 되었기 때문이다(홍석훈·정영애 2020, 54). 이러한 상황이 가능하게 된 것은 새로운 디지털 기술의 등장 혹은 기존 기술의 발전이 사이버공간의 확장을 가능케 했고, 이로 인해 시공을 초월하여 보다 광범위한 영역에서 개인과 사회, 그리고 국가 영역이 하나로 연결되어 있기 때문이다.

특히 제4차 산업혁명 시대 디지털 기술의 발전에 따라 사물인터넷(Internet of Things, IoT), 보안 위협 증가, 클라우드(cloud)를 포함한 디지털 서비스 이용의 확산, 피싱(phishing)의 지능화·고도화 등이 이루어지면서 사이버공간에서의 위협이 주권 국가에도 직접적인 위협이 되고 있다(유지영 2020, 5). 개인, 기관, 기업을 넘어 정부 및 국가의 활동 영역이 사이버공간으로 확대되면서 국가를 겨냥한 다양한 안보 위협이 발생하고 있는 것이다. 더구나 상호 연결성을 특징으로 하는 사이버공간에서의 위협은 "단순히 일방향 또는 쌍방향으로 발생하기보다는 위협의 방식과 수단이 복잡 다단화되어 전통적 안보가 다룰 수 있는 영역을 넘어서고" 있으며 이로 인해 오늘날 사이버공간 혹은 사이버안보는 "국가안보의 범주에 포함하여 사이버공간의 수호를 국가의 핵심 이익으로 인식"하는 경향이 강화되는 추세이다(홍건식 2021, 195). 기업 활동이나 국가 기간 산업 분야에서 정보유출이나 시스템 오류, 네트워크 마비 등이 발생할 경우, 이로 인한 피해는 개인적 피해를 넘어 국가 경제 전반을 직접적으로 위협할 수도 있기 때문이다. 따라서 오늘날 사이버공간은 국가 혹은 개인 간의 경제적 이익과 상호 협력관계를 창출하는 공간인 동시에 시공을 초월하여 상대방을 위협하고 공격할 수 있는 공간이라는 양면적 성격이 함축된 공간으로 거듭나고 있다고 볼 수 있다(홍석훈·정영애 2020, 57).

사이버안보에 대한 개념도 명확하게 정의하는 것이 쉽지는 않을 것으로 판단된다. 이러한 점을 고려할 때, 앞서 살펴보았던 사이버공간에 대한 인식과 다양한 정의들, 그리고 전통적으로 국제정치학 분야에서 안보 개념에 대해 합의된 내용을 바탕으로 접근하는 것이 바람직할 것으로 보인다. 기본적으로 안보란 "위협의 부재"를 의미한다(Barry Buzan 1993, 363; 채재병 2021, 21). 사이버공간과 마찬가지로 안보라는 개념을 어원에서부터 접근한다면 라틴어 securitas가 기원이며 여기에서 'se'는 ~으로부터 자유롭다를, 'curitas'는 불안, 근심, 걱정을 의미한다. 따라서 안보(security)를 어원 그대로 해석하자면 "근심으로부터의 자유" 정도로 이해할 수 있다(이성만 외 2013, 18). 그러나 대부분의 개념이 그러하듯이, 안보란 개념 또한 학자들에 따라 다양하게 이해되고 정리되어 왔다. 이러한 상황에도 불구하고 20세기 국제정치학에서 안보라는 개념은 대체로 군사적 위협으로부터 국가의 영토와 주권, 국민의 생명과 재산을 지키는 것으로 이해되었다고 볼 수 있다. 여기에서 안보의 대상은 국가, 주권, 영토, 국민 등이 해당된다는 점을 알 수 있고, 그러한 측면에서 20세기 그리고 냉전 시기 안보란 대내외의 군사적 위협으로부터 국가, 주권, 국민, 영토 등을 수호하는 것을 의미했다고 볼 수 있다. 사이버안보를 이러한 관점에서 접근한다면 사이버공간에서의 위협의 부재, 즉 "사이버공간을 해킹을 비롯한 다양한 공격 수단으로부터 보호"

함으로써 개인과 사회 나아가 국가 이익을 보호하는 것 정도로 정의할 수 있을 것으로 보인다. 그러나 중요한 것은 여전히 사이버안보에 대한 국제사회 혹은 학술적 차원에서 명확하게 합의된 개념이 존재하지 않는다는 점을 감안할 때 이와 관련된 보다 풍부한 논의가 계속되어야 한다는 점이다.

## 3. 디지털 기술과 사이버안보

### 1) 디지털 기술의 발전과 사이버안보 위협의 변화 양상

사이버안보는 전통적인 안보 영역과는 달리 발생할 수 있는 공격 및 위협 수단은 물론 공격 주체에 이르기까지 복합적이고 다양한 특성을 보이고 있다. 예컨대, 군사·국가안보 영역에서의 공격 주체는 통상 주권 국가 혹은 개별 국가인 경우가 대부분이다. 공격의 주체가 한정적인 동시에 그 실체 또한 비교적 명확하다고 볼 수 있다. 공격 수단인 경우에도 재래식 군사력에 국한되는 경우가 많다. 그러나 사이버안보 영역에서의 공격 주체는 국가뿐만 아니라 해커, 테러리스트에 이르기까지 다양하며 공격 수단 또한 디도스 공격에서부터 악성코드의 침투, 랜섬웨어 등 복합적인 형태로 확대되는 추세이다. 심지어 사이버공격을 감행하는 목표 또한 단순 개인정보 탈취나 금전적 이득을 취하기 위한 해킹 공격에서부터 상대국의 국가 기간시설 및 주요 시스템 파괴를 통한 정치·사회적 혼란에 이르기까지 다변화되고 있는 모습이다.

이와 같은 사이버안보 영역에서의 특성이 디지털 기술의 발전과 함께 보다 강화되고 있는 것은 사이버공간을 통해 시간, 그리고 국경과 같은 공간의 제약을 벗어나 개인과 개인 혹은 개인과 집단 간의 소통과 상호 작용이 확대되고 있기 때문이다. 이러한 행위자들 간의 접촉 및 상호 작용이 확대되는 과정에서 이전과는 다른 새로운 안보 이슈 등이 발생하고 있는 것이다. 물론, 사이버안보에 대한 관심과 중요성이 본격적으로 제기되기 시작한 것은 1990년대 세계화에 이어, 인터넷 기술의 급속한 확산이 시작되는 2000년대 이후부터였다. 그러나 이 시기 인터넷 기술의 확산과 함께 형성되기 시작한 사이버공간에서 정치, 경제, 사회적 활동에 적극적으로 참여할 수 있는 개인 혹은 비국가행위자들은 상대적으로 소수에 불과했다고 볼 수 있다. 상대적으로 초기 사이버공간에서의 주도권은 국가와 일부 컴퓨터 및 정보통신기술을 주도할 수 있었던 소수의 개인 혹은 일부 집단 정도였다고 볼 수 있다.

제4차 산업혁명 시대라는 담론이 국제사회의 주요 이슈로 부상하기 시작한 2016년 이후 컴퓨터 및 인터넷의 보급률은 괄목할 만한 성장세를 기록하고 있다. 또한 새로운 기술의 등장 혹은 기존 기술의 진전 및 발전의 속도

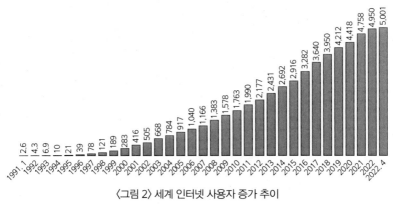

〈그림 2〉 세계 인터넷 사용자 증가 추이

출처: wearesocial.com/hk/blog/2022/04/more-than-5-billion-people-now-use-the-internet (검색일: 2022.11.30.)

또한 2000년대 초반과는 비교할 수 없을 정도로 빠르게 전개되고 있다.

이러한 상황에서 오늘날 디지털 기술의 급속한 발전은 과거에는 상상에 그쳤던 일을 현실로 구현시키고 있다. 제4차 산업혁명 시대 급격한 기술의 변화로 인해 새롭게 등장하고 발전하고 있는 디지털 기술을 얼마나 이해하고 활용하느냐에 따라 개인의 역량은 물론 국가들 간 산업경쟁력의 격차도 발생하고 있는 모습이다.

〈표 2〉과 같이 새로운 디지털 기술의 개발과 확산은 산업 패러다임의 변화를 추동하고 있기도 하다. 그러나 문제는 새롭게 등장하고 있는 디지털 기술은 대부분 민군 겸용으로 발전할 수 있는 영역이라는 점이다. 다시 말하자면, 디지털 기술의 등장이 산업 패러다임의 변화를 촉진하여 이를 통해 경제를 주도하는 신산업으로 기능할 수 있지만, 동시에 이러한 디지털 기술들을 군사적·정치적으로 이용할 경우 심각한 안보 위협의 수단이 될 수도 있다는 사실이다.

〈표 2〉 디지털 기술 도입에 따른 산업 패러다임의 변화

| 분류 | 내용 |
|---|---|
| 신기술 중심의 혁신·융합 | • PC중심에서 모바일, 스마트 TV 등으로 플랫폼 다양화<br>• 데이터 저장, 처리 능력의 향상 및 빅데이터 분석기능 고도화<br>• 클라우딩 컴퓨터 도입 → 공공·민간부문의 디지털 자원 구축/관리 가능 |
| 초연결접속을 통한 상호 작용 | • 유·무선 네트워크 고도화/모바일기기 확산 → 모든 사물/사람 연결 가능<br>• 자동차, 의료, 전력, 에너지 등 초연결 환경 기반으로 산업 간 융합 및 신부가가치 양산 가능 |
| 인간중심의 지능화된 디지털 서비스 진화 | • 상황인식센서, AI 등 기술발달로 상황에 따른 맞춤형 서비스 제공 가능<br>• 라이프 케어 로봇, 스마트 홈시티, 최첨단 상황인프라 등 디지털 사회 구현 |

출처: 박순영. 2018. "디지털산업 패러다임 변화 분석." 『Weekly TIP』 122. 2.

4차 산업혁명 시대 가장 주목받는 기술 중 하나인 인공지능이 대표적이

다. 인공지능이란 "컴퓨터가 경험을 통해 학습하고 새로운 입력 내용에 따라 기존 지식을 조정하며 사람과 같은 방식으로 문제를 해결하거나 과제를 스스로 수행할 수 있도록 지원하는 기술"을 의미한다(심세현·엄정호 2021, 16). 이러한 기술적 특징으로 인해 인공지능 기술은 방대한 데이터에 대한 반복적인 분석과 학습을 바탕으로 사이버공간에서 스스로 공격 대상을 인식하고 취약지점을 파악하여 공격을 감행하는 등 사이버공격의 형태를 더욱 고도화·지능화시킬 것으로 예상되고 있다.

이처럼 디지털 기술의 보급 및 확산으로 인해 사이버안보 위협의 양상도 달라지고 있다. 특히 사이버공간에서 활동하는 행위자들은 2000년대 초반과는 비교할 수 없을 정도로 질적·양적 측면에서의 변화를 거듭하고 있다. 전통적으로 사이버공간에서의 공격 주체는 상대적으로 비국가행위자들이 주도하는 경향이 강했다고 볼 수 있다. 이러한 상황에서 디지털 기술의 개발 및 활용 능력의 차이가 개인뿐 아니라 국력의 격차를 발생시키는 중요한 요인으로 부상하면서 선진국을 중심으로 디지털 기술 역량을 확보하기 위해 전력하고 있다. 문제는 이렇게 축적된 역량을 바탕으로 이제 주권 국가들도 사이버공간에서 공격 주체로서의 역할을 보다 적극적으로 수행하고 있다는 점이다.

일반적으로 특정 국가를 배후에 둔다거나 체계적인 지원을 받지 않는 개인이나 일개 사이버범죄 조직의 능력으로 타국의 국가 기반 시설을 침투·공격하여 국가안보를 위협하는 수준의 공격을 감행할 가능성은 그리 크지 않다. 그러나 최근 사이버공격, 특히 사이버전의 사례를 살펴보면 주권 국가들이 사이버공격에 있어 중요한 역할을 하고 있다는 사실이 밝혀지고 있다는 사실은 공격 주체 혹은 행위자의 측면에서 사이버안보 위협의 변화 양상을 보여 주고 있는 것이라고 할 수 있다(윤정현 2022, 51; 김상배 2018,

118).

사이버안보 위협의 범주가 보다 확대되고 있다는 사실에도 주목할 필요가 있다. 다시 말하자면 주권 국가, 전문 사이버범죄 조직, 글로벌 테러리스트 이외에도 사이버공간에서 활동하는 개인, 특히 디지털 및 인터넷 기술에 능숙한 이들이 사이버안보 위협의 주체로 등장하게 되면서 사이버공간에서의 위협과 피해의 범주가 훨씬 다양해지고 있다는 것이다. 예를 들어 한국 경찰청에 따르면 사이버범죄 유형을 크게 정보통신망 침해범죄, 정보통신망 이용범죄, 불법컨텐츠범죄로 구분하고 세부적으로는 해킹/서비스거부공격/악성프로그램, 사이버사기/사이버금융범죄/개인위치정보침해/사이버저작권 침해, 사이버음란물/사이버도박/사이버명예훼손·모욕/사이버스토킹 등으로 구분하고 있다.[2] 이 밖에도 사이버안보 위협을 사이버공격, 사이버첩보, 사이버테러리즘, 사이버사고, 사이버범죄 등으로 구분하고 있기도 하다(박은주 2020, 12). 다른 예로는 사이버위협을 "정보의 감청, 변조, 손상, 파괴나 정보시스템의 손상, 파괴 등의 의도적 행위"로 여기에는 "사이버첩보, 사이버테러리즘, 사이버범죄, 사이버무력공격" 등이 포함된다고 정의하기도 했다(채재병 2019, 43). 개인이나 범죄조직이 경제적 이익을 탈취하기 위한 사이버범죄(침해), 정치·사회적 혼란을 유도하여 특정 정치적 목표를 달성하기 위해 국가 혹은 사회기반체계를 무력화시키고자 하는 사이버테러, 국가안보와 군사적 측면에서의 피해를 유도하기 위한 목적으로 물리적 전투와 병행하여 시행하는 사이버전 등으로 구분하기도 한다(송재익 2022, 13). 이러한 기준들은 사이버공간에서의 공격주체, 공격수단, 공격대상, 피해 규모 등을 종합적으로 고려한 구분인 것으로 보이나 사실

---

2  cyberbureau.police.go.kr/share/sub3_2.jsp?mid=030301(검색일: 2022.12.26.)

이에 대한 명확한 합의는 아직 존재하지 않는 것으로 보이며 개인, 기관, 국가별로 상이하게 정의하고 있는 것으로 판단된다.

분명한 것은 사이버공간에서의 공격 주체가 다양해지면서 사이버공격 혹은 위협의 수단, 공격 대상, 그리고 사이버공격으로 인한 피해 규모까지도 다양해지고 있다는 사실이다. 이로 인해 사이버공간에서 발생하는 공격이나 위협 사례들이 상황에 따라서는 안보의 영역에서 다뤄지는 것도 있으며, 일부는 단순 범죄행위로 취급하는 사례도 많아지고 있다(장노순·한인택 2013, 559-600).

사이버공간에서 발생하는 사이버안보 위협은 앞으로 더욱 증가할 것으로 예상된다. 위협 분야도 군사, 정치, 사회 등 공공영역과 민간영역을 가리지 않고 확대되고 있는 추세다. 단순 범죄뿐만 아니라 국가안보를 직접적으로 위협할 수 있는 국가 핵심 시설을 대상으로 한 공격도 지속적으로 증가할 것이다. 시공을 초월한 사이버공간의 특성을 감안한다면 사이버안보 위협은 특정 국가 혹은 지역을 넘어 전 세계를 대상으로 나타날 것이며 이미 현실에서 실제 사례들이 확인되고 있다. 디지털 기술의 발전과 함께 사이버안보는 과거 군사안보 영역만큼이나 국가안보와 직결된 안보 영역으로 자리매김하고 있는 것이다.

### 2) 사이버안보 위협 사례: 사이버범죄, 사이버테러, 사이버전

이 절에서는 사이버안보 위협 사례를 사이버범죄, 사이버테러, 사이버전으로 구분하여 살펴보고자 한다. 일반적으로 사이버범죄는 개인정보나 기업 및 기관의 기밀이나 데이터를 불법적 방식으로 탈취하는 사례를 의미한다. 최근에는 금전적인 이득을 목표로 감행되는 경우가 많이 목격된다. 한국에서도 사이버범죄가 급속히 증가하면서 2021년 기준 약 21만 7,000건이 발생했다. 이 수치는 2020년 약 23만 4,000건에 비해서는 줄어든 수치이지만 2014년 약 11만 건이라는 수치와 비교하면 10년 만에 사이버범죄가 2배 이상 증가했다는 것을 알 수 있다.[3] 사이버범죄에 따른 글로벌 피해 규모도 2021년 약 6조 9,390억 달러에서 2025년에는 10조 5,000억 달러에 육박할 것으로 전망되고 있다(서울경제 2021. 4. 25.).

사이버범죄가 급속히 증가하고 있는 것은 인터넷과 컴퓨터의 급속한 보급과 확산에 따른 결과이다. 가정, 학교, 기업, 민간 및 국가 기관 등 컴퓨터와 인터넷을 사용하지 않고는 정상적인 생활을 영위하기 어려운 시대에 접어들게 되었고, 공사를 막론하고 대부분의 업무가 사이버공간을 통해 진행되면서 보안상 취약점을 노린 사이버공격이 급증하는 것으로 볼 수 있다. 특히 기업이나 기관에 비해 상대적으로 보안수칙, 방어시스템 등에 대한 지식 및 활용이 부족할 수밖에 없는 일반 개인을 겨냥한 범죄가 많이 발생하고 있다. 이러한 경향은 향후 온라인을 통한 비대면 업무 환경이 증가하면 할수록 더욱 악화할 것으로 예상된다.

두 번째 유형은 사이버테러이다. 최근 ISIS 등 주요 글로벌 테러조직은 전통적인 무기체계뿐만 아니라 사이버공격을 중요한 위협수단으로 활용하고 있다. 글로벌 테러리스트의 사이버공격은 대부분 국가 기능 마비나 사회 혼란 초래 등의 다양한 정치적 이유를 목적으로 전개되는 경우가 일반적이다. 2014년 한국수력원자력에 대한 악성코드 공격으로 내부자료가 탈취당한 사건이나, 2016년 청와대와 국가안보실에 대한 해킹 공격 등이 발생한바 있다. 물론 이 사건들은 북한의 소행인 것으로 추정되지만, 다른 글로벌

---

3  www.police.go.kr/www/open/publice/publice0204.jsp(검색일: 2022. 12. 26.)

테러조직에 의해 자행될 가능성도 충분하다. 이 지점에서 2019년 9월 15일 발생한 사우디아라비아 정유시설에 대한 드론 공격 사건을 살펴보자.

2019년 9월 15일 새벽 사우디아라비아의 국가 기간 시설인 아브콰이크(Abqaiq)의 정유 시설과 쿠라이스(Khurais)의 원유생산 기지가 드론 공격을 받은 사건이 발생했다. 당시 공격 대상이었던 정유시설과 원유생산 기지는 사우디아라비아의 국영기업인 '사우디 아람코'가 보유하고 있던 시설이었다. 공격 직후 예멘의 후티 반군은 자신들의 단독 소행이라고 밝혔지만, 당시 미국과 사우디아라비아 정부는 후티 반군이 이란의 지원을 받고 공격을 감행한 것으로 추정했다. 대당 1만 5천 달러 이상의 드론 10여 대가 약 1,000km 이상을 비행하여 정확하게 목표물을 탐지하여 공격을 성공시킨 사건이었다. 이 공격으로 사우디아라비아의 석유생산능력 50%가 감소할 수밖에 없었고, 석유 공급 부족 사태가 우려되어 국제유가가 19% 이상 폭등하기도 했다(중앙일보 2019. 9. 16). 정확히 밝혀지지는 않았지만 만약 이 공격에 인공지능 기술이 탑재되었다면 이는 디지털 기술을 활용한 공격이 사이버공간뿐만 아니라 물리적 공간을 대상으로도 실현될 수 있다는 사실을 보여 준 사건이기도 했다.[4]

사우디아라비아의 정유시설, 원유생산 기지에 대한 드론 공격, 그리고 이로 인한 물리적 피해와 함께 주목해야 할 사실은 2019년 9월 15일 드론을 이용한 공격이 발생하기 훨씬 전인 2012년부터 사이버공간에서 아람코를 대상으로 한 공격이 발생하고 있었다는 점이다(박동휘 2022, 231). 2012년 8월 15일부터 시작된 아람코에 대한 악성코드 공격에는 '샤문(Shamoon)'이

---

[4] 최근 사이버안보 분야에서는 사이버공간에서 발생한 사건은 아니지만, 디지털 혹은 사이버분야의 기술이 활용된 공격으로 물리적 대상에 대한 공격과 피해가 발생할 경우 이를 사이버안보 영역의 범주에 포함시켜야 한다는 인식이 확대되고 있다.

라는 "엄청난 전파 속도와 파괴력을 가진 악성코드"가 마치 "시한폭탄처럼 악성코드 제작자가 정해 놓은 특정 시간에 활성화되어 컴퓨터를 파괴"하기 시작했다. 아람코 본사 약 3만 5,000대 이상의 컴퓨터가 공격받고 저장된 주요 데이터가 파괴되었다. 이후에도 샤문을 이용한 사이버공격이 지속되고 있는 상황에서 2019년 9월 15일 실제 물리적 공격까지 이루어진 것이다.

북한에 의한 사이버테러 사례도 국내외에서 확인되고 있다. 현재 북한의 사이버전력은 세계 최고 수준으로 평가받고 있다. 2018년 미국 국가정보국이 북한을 러시아, 중국, 이런 등과 함께 주요 사이버위협 행위자로 규정한 사실에서도 북한의 사이버전력 수준을 가늠할 수 있을 것으로 판단된다(박은주 2020, 10). 이러한 막강한 사이버전력을 바탕으로 북한은 전 세계는 물론 한국을 직접적으로 겨냥한 사이버테러를 감행하고 있다. 2013년 3월 20일 KBS, MBC, YTN 등 한국의 주요 방송사, 그리고 농협을 포함한 주요 금융기관의 서버와 컴퓨터 등 총 6개 기관의 전산망이 마비되는 사건이 발생했다. 이 사건으로 인해 약 3만 대 이상의 컴퓨터와 전산망이 일제히 마비되는 사상 초유의 사건이 발생했다(신충근·이상진 2013, 210). 같은 해 6월에는 소위 '6·25 사이버테러'로 지칭되는 북한의 디도스 공격이 발생했다. 언론사 전산망이 파괴되고 청와대 등 정부 기관 홈페이지가 변조되기도 했다(윤오준 외 2015, 67).

이상의 사례에서 볼 수 있듯이 한국을 향한 북한의 사이버테러는 주로 정부, 언론사 및 금융기관, 원자력 발전소나 지하철과 같은 국가 기간 시설이나 인프라 등을 주요 공격 대상으로 삼고 있다는 것을 알 수 있다. 피해가 발생할 경우 정치, 사회, 경제적으로 심각한 혼란이 발생할 수 있고 동시에 국민의 생명과 안전이 직접적으로 위협받을 수 있는 곳을 핵심 목표로 상정하는 것이다.

북한의 사이버테러는 한국뿐 아니라 국제사회를 대상으로도 증가하고 있는 추세다. 북한의 핵 및 미사일 도발에 대한 국제사회의 제재가 장기화됨으로써 부족한 외화를 충족시키기 위한 금전적 목적 혹은 정치적인 이유로 사이버테러를 감행하는 경우가 많다. 북한 사회에서 절대적인 존재로 인식되고 있는 김정은 국무위원장에 대한 암살을 소재로 한 영화의 상영을 막기 위해 미국의 소니픽처스 영화사를 해킹한 사례가 대표적이다. 이러한 북한의 사이버테러는 전문 해커 집단이 핵심 역할을 담당하고 있다.

북한은 이미 1980년대 중반부터 사이버역량의 중요성을 인식하고 집중적으로 사이버부대를 육성시켜 왔다. 이러한 과정을 거치면서 북한에서는 2021년 기준 약 7,000명 이상의 사이버인력이 활동하고 있는 것으로 알려져 있으며, 이들이 한국 및 국제사회의 위협이 되고 있는 전문 해킹 조직운영의 근간이 되고 있는 것으로 판단된다. 북한의 전문 해킹조직으로는 대표적으로는 라자루스, APT38, 스카크러프트(APT 37)& 수키, 그리고 안다리엘 등을 들 수 있다.

〈표 3〉 북한의 전문 해킹조직

| 해킹조직 | 공격대상 | 목적 |
|---|---|---|
| 라자루스 | • 정부, 금융, 방송 | • 사회적 혼란<br>• 정보 탈취<br>• 금전 이득 등 |
| APT38 | • 전 세계 금융 산업, 암호화폐거래소, 스위프트(SWIFT) | |
| 스카크러프트<br>(APT37)&<br>김수키 | • 탈북자, 정치인, 통일 관련 연구원 및 정부기관<br>• 금융사 특정 업무 담당자 | |
| 안다리엘 | • 국내 금융, 방산, 민간 기업<br>• 보안 솔루션 업체, 정부기관 | |

출처: www.etnews.com/20210705000207(검색일: 2022. 11. 30.)

마지막으로 사이버전에 대해 살펴보자. 사이버전은 오늘날 물리적 충돌 및 전쟁의 주된 특징이라고 할 수 있는 하이브리드전 전개과정과 함께 주로 목격된다. 사실 하이브리드 전쟁이라는 개념이 등장한 것은 최근의 일은 아니다. 2007년 프랭크 호프만(Frank Hoffaman) 박사는 하이브리드 전쟁 (hybrid warfare)을 "국가뿐만 아니라 그에 준하는 정치 집단, 즉 비국가 행위 자까지도 행위자로 참여하는 것을 하이브리드 전쟁이라 하며, 이를 재래식 전쟁 능력과 비정규적 전술과 편제, 무차별적인 폭력과 강압을 일으키는 테러 행위, 범죄와 무질서 등이 포함된 무질서 등이 포함된 서로 다른 전쟁 양식들의 혼합"으로 정의했다(박동휘 2022, 104).

이미 독자들이 예상하고 있겠지만 하이브리드 전쟁에서 사이버공격은 본격적인 물리적 공격에 앞서 상대국의 군사 정보 탈취나 정부 및 주요 웹 사이트를 마비시킴으로써 정치·경제 전반으로 혼란을 야기하는 것을 주된 목적으로 감행된다. 이를 통해 전략 및 전술적 측면에서는 상대국의 눈과 귀를 막고 신속한 군사적 대응을 지체시키는 것을 목적으로 진행되며 동시에 시민들의 공포심을 극대화함으로써 개전 초기 상대의 사기를 꺾을 수 있다는 측면에서 중요한 역할을 담당하고 있다. 이러한 사례는 2008년 러시아·조지아 전쟁, 2014년 러시아의 크림반도 합병에 이어 2022년 러시아의 우크라이나 침공에서도 공통적으로 확인된다. 선제적으로 사이버공격을 감행하여 사회적 혼란을 유발한 후 본격적인 물리적 전쟁을 개시하는 것이 하이브리드 전쟁의 공식이 된 모습이다.

사이버전 및 하이브리드 전쟁 공식을 가장 적극적으로 활용하는 국가는 단연 러시아다. 러시아는 2008년 조지아 침공과 2014년 크림반도 합병 당시에도 사이버공격을 선제적으로 감행한 바 있다. 작년 우크라이나를 침공할 때도 마찬가지였다. 2022년 2월 23일 러시아는 우크라이나 침공에 앞서 사이버공격을 감행하여 우크라이나의 정치·경제적 혼란을 심화하고자 했다. 당시 러시아는 디도스 공격과 멀웨어 공격을 통해 우크라이나 정부와 군 그리고 주요 기관의 웹사이트 마비 및 시스템 파괴를 시도하였다. 이와 함께 소셜미디어(SNS)를 활용한 페이크 뉴스를 전파하고 항복을 유도하는 여론전과 심리전 그리고 외교전을 병행하기도 했다(송재익 2022, 8). 이를 통해 개전 초기 러시아는 우크라이나가 심각한 혼란에 빠진 틈을 전술적으로 활용하며 전장에서의 우위를 점할 수 있었던 것이다.

지금까지 본 절에서는 제4차 산업혁명 시대 주로 발생할 수 있는 사이버공격 유형 혹은 사례를 사이버범죄, 사이버테러리즘, 사이버전으로 분류하여 살펴보았다. 이제 사이버공간에서 발생하는 해킹과 같은 공격이 단순한 범죄에 그치지 않고 국가안보에도 직접적인 위협이 될 수 있는 상황이 도래했다는 것을 알 수 있다. 현재 국제사회의 많은 국가가 각종 사이버공격에 능동적으로 대응할 수 있는 대응 정책 및 전략 수립을 국가안보의 핵심으로 인식하는 경향이 증가하고 있는 것도 이러한 상황을 반증한다. 제4차 산업혁명 시대의 각종 안보 위협 가운데 지능형 사이버공격의 위험성을 자각하고 이에 대한 국가 차원의 새로운 사이버 대응전략 마련에 전력하고 있는 것이다.

이러한 개별 국가 차원의 노력은 두 가지 목표를 상정하고 추진하고 있다. 첫째, 글로벌 테러조직과 같은 비국가 행위자에 의해 자행될 수 있는 사이버테러에 대한 대응, 둘째, 전통적인 시각에서 잠재적 경쟁국이나 위협국에서부터 제기될 수 있는 사이버공격에 대한 대응이다. 육·해·공 그리고 우주에 이어 제5의 전장으로 부상하고 있는 사이버 영역에서도 국제사회의 주도권을 둘러싼 경쟁에서 우위를 선점하기 위해 자국의 사이버역량을 강화해 나가고자 하는 것이다(윤민우 2018, 254). 즉 기존 군사력에 의존한 육·해·공 전력에 의한 안전보장뿐 아니라 사이버공간에서 사이버 무기 체계를 이용한 공격도 국가안보에 치명적일 수 있다는 사실을 인식하고 여기에서 발생할 수 있는 불특정 안보 위협에 대한 대응책 마련에 나서고 있는 모습이다.

그러나 주요 국가들의 사이버역량 강화 노력이 글로벌 테러리스트와 다른 주권국가들의 사이버공격에 대한 대응차원에서 전개되고 있는 것은 맞지만 이를 이분법적으로 명확하게 구분하는 것은 사실상 어렵다는 점을 인식할 필요가 있다. 실체가 드러나지 않는 사이버공간에서의 익명성을 감안할 때 시스템 침입자의 신원 혹은 정체가 테러조직인지 특정 국가인지를 명확하게 밝혀내는 것은 어려울 수밖에 없다. 또한 일부 국가들은 상대 국가에게 직접적인 테러공격을 감행하지 않는 대신 주요 테러조직을 지원하여 그들로 하여금 자신들의 정치적 목적을 실현시키고자 하는 경우도 있기 때문이다. 보다 중요한 것은 제4차 산업혁명이 도래하면서 전통적인 안보 영역을 포함하여 사이버공간이 국가안보의 중요한 영역으로 부상하고 있다는 사실에 지속적인 관심을 기울여야 한다는 점이다.


## 4. 국가 사이버안보 강화 전략

이상에서 살펴본 바와 같이 제4차 산업혁명 시대에는 각종 사이버범죄, 사이버테러, 심지어 국가 간 사이버전의 발생 가능성이 더욱 커지고 있는 상황이다. 이에 대한 철저한 대응책 구축이 중요한 상황이라고 볼 수 있다. 또한 개인과 기관 그리고 정부에 이르기까지 사이버공간에서의 연결성 및 의존성이 심화하고 있는 상황이라는 점에도 주목할 필요가 있다. 다시 말

디지털 기술과 정치

하자면 사이버공간에서 발생한 개인이나 특정 행위자의 피해가 사회 전반 심지어 국가안보에도 위협이 될 수 있다는 사실이다. 한국은 개인적 차원 에서의 사이버범죄, 사이버공격에 의한 피해 이외에도 북한발 사이버공격 에 의한 피해, 경우에 따라서는 북한의 사이버전 역량에도 지속적인 관심 을 기울이는 한편 이에 대한 대응 전력 구축에도 지속적인 관심을 기울여 야 하는 상황이기도 하다. 이러한 점을 고려한다면 한국 또한 국가 차원에 서 사이버안보의 중요성을 인식하고 이 분야에서 발생할 수 있는 다양한 위협에 대해 선제적으로 대응할 수 있는 정책 및 전략을 수립해 나갈 필요 가 있을 것으로 판단된다.

첫째, 1990년대 탈냉전 시기에 이르러 등장하기 시작한 새로운 안보 위 협들은 국경의 제약에서 벗어나 전 세계 곳곳에서 맹위를 떨치고 있다. 제4 차 산업혁명 시대의 신안보 위협들은 이러한 경향이 더욱 강화되는 추세이 다. 이미 국제사회는 이러한 신안보 영역에서 발생하는 위협들을 개별 국 가의 역량만으로는 대응이 어렵다는 점을 인식하고 있다. 개별 국가를 넘 어 국제사회 전반의 위협이 되고 있는 신안보 위협에 대한 국제사회의 협 력이 절실하다. 최근 안보 영역에서의 글로벌 거버넌스의 중요성이 강조되 는 것도 이 때문이다. 사이버안보도 이와 다르지 않다. 전술한 바와 같이 사 이버안보 위협은 시공을 초월한 사이버공간에서 전·평시를 막론하고 발생 할 수 있으며, 위협 혹은 공격 주체 또한 국가, 비국가행위자, 개별 시민에 이르기까지 다양하다. 또한 개별 국가, 정부, 국가 주요 자산, IT 기반 주요 자산, 민간 기업, 개인에 이르기까지 공적·사적 영역을 가리지 않고 위협 이 발생할 가능성 크다. 더구나 개인이나 기업과 같은 민간 영역에서 발생 한 피해는 정부와 국가라는 공적 영역으로까지 확대될 수 있으며, 그 반대 의 상황도 충분히 가능하다는 점을 지적하기도 했다. 이러한 점을 고려한다면 사이버안보 위협에 대한 대응은 내적 역량 강화와 함께 국제사회와의 협력 또한 불가피하다는 점을 직시할 필요가 있다. 대내적으로도 정부와 기업, 기관, 시민단체, 전문가 그룹을 포괄하는 사이버보안 거버넌스의 구축이 중요하며, 이와 더불어 주요 동맹국 및 우방국들과의 사이버안보 협력체계 강화, UN과 같은 국제기구, ITU·WSIS·IGF와 같은 글로벌 인터넷 거버넌스 공조체제와 같은 네트워크 등과의 협력체계 구축 및 적극적인 참여가 중요할 것으로 보인다(송재익 2022, 12).

둘째, 사이버공간에서 발생할 수 있는 공격이나 위협에 대한 대응을 위해서는 국가 차원의 단일화된 컨트롤타워의 구축 및 전문성 강화가 시급하다. 현재 한국 정부는 고도화·지능화되고 있는 사이버공격에 선제적으로 대응하기 위해 사이버안보 분야를 총괄·관리하는 사이버안보비서관실을 국가안보실에 신설했으며, 국가안보실을 중심으로 체계적인 사이버위기 대응체계, 관련 법제도를 수립해 나갈 것을 천명한 상태이다(송태은 2022). 지금까지 한국은 우수한 사이버보안 체계를 갖추고 있는 것으로 평가받고 있음에도 불구하고 사이버 위기 대응체계가 국방, 공공, 민간 등 각각의 영역을 별개로 인식하여 대응하는 분절된 대응체계였다. 이런 식의 개별적인 대응방식 및 체계로는 최근 목격되고 있는 사이버공격이나 위협에 대한 포괄적이고 선제적인 대응이 곤란하다. 더구나 사이버공간은 인터넷 기술을 통해 개인, 사회, 기관, 정부 등 민간과 공공 영역이 포괄적으로 연결되어 있기 때문에 실제 공격이 발생할 경우 이에 대한 신속한 대응이 중요할 수밖에 없다. 군사안보와 같은 전통적 안보 영역에 비해 훨씬 다양한 공격 주체와 공격 수단이 존재할 수 있다는 점도 국가 차원의 일원화된 혹은 통합된 대응 시스템을 요구한다고 볼 수 있다. 이를 바탕으로 사이버범죄, 사이버테러, 사이버전쟁 등 다양한 사이버안보 위협에 포괄적으로 대응할 수 있는 국가 차원의 전략과 방안을 수립·강화해 나가야 한다(홍석훈 2019, 43).

셋째, 아울러 사이버전을 대비한 국방 분야의 역량 강화에도 보다 많은 관심을 기울여야 할 것으로 보인다. 전술한 바와 같이 사이버전은 현대 전쟁의 양상에서 거의 필수적인 수단으로 사용되고 있다. 물리적 공격에 앞서 사이버공격을 통한 적대국의 사회적 혼란, 국민의 공포심 확대 등으로 인해 사전에 기선을 제압하기 위한 목적에서 이루어지고 있는 것이다. 러시아와 함께 세계 최고 수준의 사이버전 역량을 갖춘 것으로 평가받고 있는 북한과 대치하고 있는 한반도의 특수성을 감안한다면 사이버전 역량 강화에 대한 적극적인 지원이 수반되어야 할 것이다. 북한의 사이버전 위협뿐만 아니라 최근 사이버공격 주체로 개인, 테러리스트, 전문 해킹조직, 국가 등에 이르기까지 더욱 다양화되고 있는 점을 고려하여 국가안보 차원에서 사이버안보를 수호할 수 있는 공격 수단 구축, 동시에 사이버안보 위협에 대응할 수 있는 기술력 확보, 방어체계 구축이 필요하다. 특히 인공지능이라는 디지털 기술이 사이버공격에 활용될 가능성이 커지고 있다는 사실을 감안하여, 인공지능을 활용한 사이버공격·방어 기술의 고도화 및 실용화에 초점을 맞추어야 할 것으로 보인다. 첨단 ICT 및 디지털 기술의 발전과 응용 방식의 확대 추세 등에 대한 추적을 통해 사물인터넷, 드론 등을 활용한 맞춤형 기술개발 연구를 위한 조직과 재정적 지원이 병행되어야 할 것으로 판단된다(홍석훈·정영애 2020, 67).

넷째, 전통적인 군사적 위협에 바탕을 둔 군사안보 측면의 중요성뿐만 아니라 우리 사회 전반에 사이버안보의 중요성에 대한 공감대를 형성하기 위한 노력이 병행되어야 한다. 실제 사이버공격에 대한 기술력을 집약시키는 노력, 사이버안보를 총괄하는 컨트롤타워 구축 및 전문 인력 양성과 같은 정책적·제도적 노력만큼이나 사이버안보 의식에 대한 국민의 인식의 제고가 중요한 시점이라고 볼 수 있다. 사이버공간에서의 행위자는 일반 개별 시민들로까지 확대되고 있으며 개인들의 정보, 금융 및 재산 등 일생생활 전반에서 사이버공간에서의 의존성이 심화하고 있는 상황이다. 국가 및 공공기관의 사이버안보 의식 강화와 함께 대국민 홍보와 교육을 통해 국민 대다수가 사이버안보의 중요성과 위험성을 인식할 수 있도록 해야 한다. 국민 누구라도 사이버공격의 주체자도 피해자가 될 수 있다는 의식을 고취하고 다양한 교육 및 홍보 프로그램 개발함으로써 사이버안보 저변 확대를 위한 실천 활동을 강화해 나가야 한다. 민·관·군 합동 훈련의 체계화 및 정례화를 통한 협력시스템 강화, 이를 통해 실제 사이버공격 발생 시 각 기관이 유기적으로 협업할 수 있고 동시에 정보를 공유할 수 있는 합동대응체계를 구축하는 것도 고려할 필요가 있다. 또한 국가 수준 이외에도 개인적 차원에서 사이버보안 인재 양성 프로그램을 개발하여 이른바 화이트 해커라는 사이버안보 관련 인재를 민간 차원에서도 육성할 수 있도록 해야 한다(채재병 2019, 100).

## 5. 결론

지금까지 살펴본 바와 같이 비약적인 발전을 거듭하고 있는 디지털 기술은 안보 패러다임의 변화에도 직접적인 영향을 미치고 있다. 특히 사이버 안보에 대한 관심과 중요성이 더욱 커지고 있는 상황이다. 디지털 기술의 발전은 육·해·공, 그리고 우주에 이어 사이버공간을 새로운 전장으로 창조하고 있으며 이로 인해 사이버안보 분야가 국가안보의 중요한 영역으로 자리매김하고 있는 것이다.

20세기 냉전체제하에서는 경쟁국이나 적대국의 군사적 위협으로부터 국민의 생명과 재산, 국가 주권 등 국가의 사활적 이익을 보호하는 것이 국가안보의 전부였다. 그러나 냉전의 종식과 20세기 후반 교통기술 및 정보통신기술의 급속한 발전은 안보 영역에서의 중대한 변화를 촉진하였다. 인간안보, 포괄적 안보 개념이 등장하며 안보 영역도 보다 다양하게 변화되어갔다. 신종감염병이 지구적으로 확산되면서 보건안보의 중요성이 제기되기 시작했고, 테러리즘의 양상이 변화하며 사회안보 개념이 등장하기도 했다. 기후변화로 인한 자연재해의 문제가 심각해지면서 환경안보가 등장한 것도 이러한 상황과 무관하지 않다. 마찬가지로 지금과 비교하면 초보적인 수준이지만, 그럼에도 불구하고 이 시기 인터넷과 컴퓨터 기술의 발전은 사이버공간과 사이버안보 개념의 등장으로 이어지게 되었다. 그리고 20세기를 지나면서 그 어떤 기술보다 빠르게 발전하고 있는 디지털 기술의 발전이 사이버공간의 진화를 이끌게 되면서 이제 사이버공간은 제5의 전장으로, 그리고 사이버안보는 국가안보 차원에서 논의되고 있다. 이러한 상황으로 인해 사이버안보 분야의 역량 강화를 위한 기술적·제도적·군사적 측면에서의 대응 전략 구축과 함께 외교적 상황을 연계한 사이버안보 정책 수립이 중요한 과제로 부상하고 있다.

사이버안보에 대한 중요성이 확산됨에 따라 강대국을 중심으로 한 국제사회도 사이버안보 역량 강화에 매진하고 있는 추세다. 미국, 중국, 러시아와 같은 주요 군사 강국들은 일찍부터 사이버안보 강화전략을 국가 차원에서 주도적으로 수립해 나가고 있다. 특히 패권국의 지위와 위상을 보다 공고히 하기를 원하는 미국과 '중화민족의 위대한 부흥'이라는 기치를 앞세워 사회주의 현대화 초강대국으로 부상하고자 하는 양국 사이에서도 사이버공간을 둘러싼 경쟁도 연일 계속되고 있다. 2017년 트럼프 행정부 출범 이후 본격적으로 시작된 양국의 갈등이 무역을 넘어 이제는 사이버공간으로 확장되고 있는 것이다. 조지프 나이(Joseph Nye)와 같은 일부 전문가들은 미중 패권경쟁이 전개된다고 하더라도 중국이 미국의 군사력을 따라잡는 것은 실현 가능성이 희박하다고 주장한다. 그러나 인류의 역사, 나아가 전쟁의 역사에서도 확인할 수 있듯이 기술혁명에 바탕을 둔 군사혁신을 통해 새로운 전력을 확보한다면 중국의 '군사굴기' 혹은 군사적 패권을 장악할 기회도 충분하다고 볼 수 있다. 중국 제조 2025(made in china 2025) 등 중국이 기존의 제조업 기반에서 탈피하여 첨단 산업 영역에서의 발전에 매진하는 이유, 그리고 AI 기술의 발전 및 사이버전 역량 강화에 사활을 걸고 있는 것도 이러한 상황과 무관하지 않다. 물론 중국의 사이버역량 강화에 대한 미국의 대응도 만만치 않은 것이 사실이다. 이미 트럼프 행정부에서는 미중 전략적 경쟁 구도에서 특히 사이버안보 이슈를 부각하며 중국의 사이버역량 강화에 대해 노골적으로 불만을 드러내기도 했다. 실제로 트럼프 대통령은 2016년 11월 중국의 「네트워크안전법」에 따라 중국 기업들이 제공하는 네트워크, 통신장비, SNS 서비스 등을 통해 각종 데이터를 수집, 저장, 공유하는 행태가 미국과 미국의 동맹국 및 우방국들의 안보에 위협이 될 수 있다는 점을 강조하며 각종 제재조치를 시행한 바 있다(김상배 2022). 미국, 대만, 인도, 영국, 프랑스 등이 안보 위협을 이유로 중국 기업 화웨이(Huawei)의 5G 네트워크 사용의 중단 및 금지 조치가 대표적이다. 이와 같이 미국과 중국, 중국과 미국이 사이버공간에서의 경쟁에 전력하고 있는 것은 향후 국제정치에서의 패권의 향방이 기술 패권의 장악에 달려 있기 때문이다.

　미국은 꾸준히 자국이 추진 중인 사실상의 대중 봉쇄정책에 한국의 적극적인 참여를 요구하고 있다. 경제, 무역, 에너지를 넘어 체제경쟁 그리고 최근 기술 및 사이버 패권경쟁으로 이어지고 있는 미중 양국의 전략적 경쟁의 구도 속에서 한국이 외교적 방향에 대한 고민이 그 어느 때보다 중요한 시점이다. 앞서 언급한 기술적·제도적·군사적 측면에서의 대응전략 구축과 함께 이러한 외교적 상황을 고려한 사이버안보 정책 방향 수립이 병행되어야 하는 이유이기도 하다. 한미동맹의 중요성과 효용성에 대한 논쟁이 한국 사회에서 여전히 목격되는 상황에서 바이든 행정부는 기술과 민주주의라는 가치를 공유하는 자유 연대를 건설하고자 모습을 보여 주고 있다. 또한 기술과 이념 그리고 안보를 연계하는 동맹 정책을 추진하며 한국의 참여를 요청하고 있는 것이다. 미국의 이러한 행태가 계속되는 한, 미중 전략적 경쟁의 전개과정에 대한 면밀한 분석과 함께 한국의 국가적 이익에 부합하는 외교전략적 방향에 대한 고민이 중요할 것으로 보인다.

끝으로 미중 양국의 전략적 경쟁을 기반으로 향후 동북아의 안보 상황과 한국의 안보 정책을 긴밀히 연계하여 추진해 나가야 하는 부담 이외에도 여전히 한반도에서 해결되지 못하고 있는 북한 핵문제 또한 한국의 안보 부담을 가중하고 있다. 더구나 세계 최고 수준의 사이버전력을 바탕으로 점증하는 북한의 사이버공격 또한 국가안보에 심각한 위협이 되고 있는 상황이다. 여기에 시공을 초월한 사이버공간의 진화와 발전, 그리고 새로운 디지털 기술의 등장 및 확산으로 인해 글로벌 테러조직이나 전문 해커 집단 등에 의한 사이버안보 위협 또한 간과할 수 없는 상황이 되고 있다. 한국이 직면한 국가안보적 과제, 특히 사이버안보 분야에서의 과제들이 점증하고 있는 시점이라고 볼 수 있다.

## 참고문헌

고봉준. 2021. "미래전과 자율무기체계의 미중경쟁과 한국." 『정치정보연구』 24(2). 1-30.

김상배. 2022. 『미중 디지털 패권경쟁: 기술·안보·권력의 복합지정학』. 한울아카데미.

_____. 2018. 『사이버안보의 세계정치와 한국: 버추얼 창과 그물망 방패』. 한울아카데미.

맥스부트·송대성. 2007. 『전쟁이 만든 신세계: 전쟁, 테크놀로지 그리고 역사의 진로』. 플래닛미디어.

박동휘. 2022. 『사이버전의 모든 것』. 플래닛미디어.

박순영. 2018. "디지털산업 패러다임 변화 분석." 『Weekly TIP』 vol. 122. 1-8.

박영숙·제롬 글랜. 2022. 『세계 미래 보고서 2023』. 비즈니스북스.

박은주. 2020. "북한 사이버안보 위협의 증가와 한국의 대응." 『한국보훈논총』 19(4). 9-29.

송재익. 2022. "사이버 안보와 하이브리드 위협에 대비한 국가진략: 글로벌 인터넷 거버넌스 시각으로." 『글로벌 거버넌스와 문화』 2(1). 7-25.

송태은. 2022. "북한의 사이버 공격과 우리의 대응." 『IFANS FOCUS』 Oct. 31. 1-4.

_____. 2022. "현대 전면전에서의 사이버전의 역할과 전개양상: 2022년 러시아-우크라이나 전쟁 사례." 『국방연구』 65(3). 215-236.

신충근·이상진. 2013. "북한의 대남 사이버테러 전략 분석 및 대응 방안에 관한 고찰." 『경찰학연구』 13(4). 201-226.

심세현·엄정호. 2021 "제4차 산업혁명시대의 테러에 악용되는 첨단 정보통신기술." 『디지털산업정보학회 논문지』 17(1). 15-23.

양정학. 2021. "중국의 인공지능(AI) 정책과 군사현대화에 관한 연구: AI 기술의 군사적 활용을 중심으로." 31. 113-146.

유지영. 2020. "사이버안보 이슈의 글로벌 쟁점과 전략적 시사점." 『STEPI Insight』 262. 5-32.

윤민우. 2018. "사이버 공간의 특성과 사이버 테러리즘, 그리고 사이버 안보전략의 변화." 『가천법학』 11(4). 251-284.

윤오준·배광용·김재홍·서형준·신용태. 2015. "사이버공격 대응 분석을 통한 사이버안보 강화 방안 연구." 『융합보안논문지』 15(4). 65-72.

윤정현. 2019. "인공지능과 블록체인의 도입이 사이버 안보의 공·수 비대칭 구도에 갖는 의미." 『국제정치논총』 59(4). 45-80.

이동규. 2020. "코로나 19 팬데믹 이후의 미중 갈등과 향후 전망." 『이슈브리프』 Jun 12.

이성만·김용재·이정석. 2013. 『국가안보의 이론과 실제』. 오름.

이승주. 2022. "기술과 국제정치: 기술 패권경쟁시대의 한국의 전략."『한국과 국제정치』 38(1). 227-256.

장노순·한인택. 2013. "사이버안보의 쟁점과 연구 경향."『국제정치논총』 53(3). 579-618.

정구연. 2022. "제4차 산업혁명과 미국의 미래전 구상: 인공지능과 자율무기체계를 중심으로."『국제관계연구』 27(1). 5-36.

채재병. 2013. "안보환경의 변화와 사이버안보."『정치·정보연구』 16(2). 171-193.

_____. 2019.『국제 사이버공격 전개 양상 및 주요국 대응전략』. 국가안보전략연구원.

_____. 2021.『사이버안보의 국제정치적 추세와 한국의 전략 구상』. 국가안보전략연구원.

홍건식. 2021. "미국의 사이버안보 거버넌스 구축과 대응: '워너크라이(WannaCry)'를 중심으로."『동서연구』 33(2). 191-217.

홍규덕. 2020. "비전통 안보의 재조명: 코로나 19 시대 이후의 새로운 방향 모색."『국방정책연구』 36(3). 9-57.

홍석훈. 2019. "국제정치학적 관점에서의 사이버안보 논의와 국가차원의 대응전략."『국가안보와 전략』 19(2). 37-75.

홍석훈·정영애. 2020. "4차 산업혁명 시대 사이버안보 위협의 특성과 평화적 대응방안."『평화학연구』 21(2). 53-76.

Barry Buzan. 1991. *People, States, and Fear: An Agenda for International Security in the Post-Cold War era*. Colorado: Lynne Rienner Publisher.

Richard N. Haas. 1995. "Paradigm Lost." *Foreign Affairs*, 74(1): 43-58.

wearesocial.com/hk/blog/2022/04/more-than-5-billion-people-now-use-the-internet/ (검색일: 2022.11.30.)

cyberbureau.police.go.kr/share/sub3_2.jsp?mid=030301(검색일: 2022.12.26.)

www.police.go.kr/www/open/publice/publice0204.jsp(검색일: 2022.12.26.)

www.etnews.com/20210705000207(검색일: 2022.11.30.)

서울경제. 2021. 4. 25. "디지털화·코로나 먹고 자란 사이버테러…2025년 글로벌 피해액 1경 넘는다."

중앙일보. 2019. 9. 16. "사우디 석유시설 테러공포 현실로…국제유가 19% 폭등했다."

# 제5장

# 미국과 중국의 디지털 패권경쟁: 반도체, 디지털 화폐, 플랫폼을 중심으로

유나영(성신여대)

## 1. 서론

국제정치에서 기술의 발전이 패권장악에 미친 영향은 지대하다. 1, 2차 산업혁명 시기 영국은 증기기관이나 방적기 등의 새로운 기술을 기반으로 패권의 토대를 마련할 수 있었고, 뒤이어 미국은 전기나 화학 분야의 기술 혁신을 통해 세계패권을 장악할 수 있었다. 미국은 이어 컴퓨터와 인터넷을 토대로 한 지식정보 혁명에도 앞장서 패권의 지위를 유지할 수 있었다. 패권경쟁의 이면에는 이러한 기술의 변화, 그리고 그 기술의 선점과 우위권이 존재하는 것이다. 인공지능과 빅데이터, 클라우드, 양자컴퓨팅, 사물인터넷, 블록체인 기술로 특징지어지는 4차 산업혁명 시기에 있어서 미국과 중국의 새로운 패권경쟁이 진행 중이고, 그 핵심에는 디지털 기술과 그 전환, 그리고 융합이 있다.

손가락을 나타내는 라틴어 'digitus'[1]에서 유래된 디지털(Digital)의 뜻을 좀 더 정확하게 알기 위해서는 먼저 아날로그의 개념을 알 필요가 있다. 그리스어로 유사 혹은 닮음을 뜻하는 아날로기아(Analogia)에서 나온, 연속적으로 이어진 '아날로그' 신호에 의해서 정보를 전달하면 그 아날로그 데이터는 연속적 값을 가진다(하영호 2000, 1-3). 그러나 디지털(digital)은 숫자 혹은 문자 형식으로 된 데이터를 0 혹은 1과 같은 수치로 표현하는 것이다. 즉 불연속적이고 이산적(離散的)인, 다시 말해 단절된 수의 부호를 신호를 사용하여 정보로 표시하는 것을 의미한다.[2] 이러한 디지털은 정보를 왜곡 없이 압축할 수 있어 한꺼번에 대용량의 정보를 빠르게 전송할 수 있으며, 전송 시 발생하는 오차도 자동으로 교정할 수 있다는 장점을 가지고 있다. 따라서 디지털로 변환된 데이터는 컴퓨터 프로그램을 사용하여 과거 아날로그 방식에서는 상상하기 힘든 복잡한 처리가 가능하게 된 것이다.

이러한 디지털 기술의 응용 분야는 무궁무진하다. 컴퓨터, 오디오, 카메라, 각종 정보통신 분야의 급격한 발달은 이미 2000년대 초에 예견된 바 있고, 그 기술은 상기한 더 다양한 기술의 확대로 발전했다. 또한 그 발전으로 인한 각종 부가가치의 창출은 우리사회에 엄청난 여파를 미쳤고, 국제정치의 역학관계에도 지대한 영향을 미치게 되었다. 4차 산업혁명시기의 가장 핵심적인 디지털 기술을 누가 장악하느냐가 현재 진행 중인 미국과 중국의 패권경쟁 승자를 가려내는 것이다.

이 연구는 이와 같은 인식을 기반으로 미국과 중국의 패권경쟁을 다음의

---

1    숫자를 셀 때 손가락으로 하나하나 구분하며 세는 것에서 유래된 것이다. 본문과 각주 2에서 설명되었듯이, 디지털은 정보를 명확하게 구분하여 표시하고, 아날로그는 연속적으로 표시한다.

2    아날로그식 온도계와 디지털식 온도계를 생각하면 이해에 도움이 된다. 아날로그식 온도계는 24도와 25도 사이의 수많은 온도를 어림잡아 알 수 있지만, 디지털식 온도계는 24.5도와 24.6도 사이의 많은 수를 나타낼 수 없다. 즉 그 사이의 수많은 정보를 생략, 축소하는 방식을 따른다.

두 가지 요소를 중심으로 고찰하려고 한다. 첫째, 패권경쟁을 패권전략의 주요 3요소라고 할 수 있는 안보, 경제, 정치체제 영역을 원용한, 안보와 경제, 그리고 사회 영역으로 나누어 분석할 것이다(이혜정 2017). 각 장을 통해 세 영역에서 미국과 중국의 패권경쟁의 배경, 그리고 상황을 살핀다. 둘째, 이 연구가 주목한 점은 두 국가의 체제문제이다. 현재 미국과 중국의 체제 이질성은 더욱 심화되고 있다.[3] 이에 따라 이 연구는 미중 패권경쟁 속에서 이들의 체제적 특성이 어떻게 드러나고 있는지 고찰할 것이다. 궁극적으로 이 연구는 디지털 기술의 발달과 그 영향력 확대로 인해 미국과 중국의 패권경쟁이 심화되었고, 이로 인해 한국 역시 지대한 영향을 받음을 염두에 두어야 한다는 것을 말하고자 한다.


## 2. 반도체와 미중 디지털 패권경쟁

### 1) 반도체 가치의 확대와 미중의 반도체 육성

먼저 안보 영역의 핵심이자 산업계의 쌀이라고 불리는 반도체 영역에서의 미중 패권경쟁을 살펴보자. 반도체란 용어는 독일어 'halbleiter'이고 1911년 처음 사용되었다(이종호 2008, 67). 도체와 부도체의 중간적 성질을 나타내는 물질로서 영어로는 semi(반)과 conductor(도체)를 합성하여 만든 개념이고, 앞서 언급한 독일어로도 halb(반)과 leiter(도체)라는 뜻이다. 실

---

3  미소 패권경쟁에서 미국과 소련이 정치, 경제체제에서 이질성을 보였던 것과 달리, 미중 패권경쟁의 미국과 중국은 정치체제 면에서 이질성을 띠고 있지만 경제 분야에 있어서는 어느 정도 동질성을 보이고 있었다(김영호 2012, 20). 그러나 현재 이들의 패권경쟁의 심화로 그 동질성은 점차 사라지고 있다.

리콘을 주 소재로 하는 반도체는 크게 메모리 반도체와 비메모리 반도체로 분류할 수 있다. 메모리 반도체의 경우 디램(dynamic random access memory, DRAM)이나 낸드(negative AND, NAND) 등의 하드웨어에서 만들어진 데이터 저장을 위해 사용되고, 또한 흔히 시스템 반도체 혹은 로직 칩(logic chip)이라고 불리는 비메모리 반도체는 어플리케이션 프로세서(Application Processor, AP), 중앙처리장치(Central Processing Unit, CPU), 마이크로 프로세서(Micro Processor Unit, MPU) 등 주로 연산, 제어, 추론 등 기계의 뇌에 해당하는 기능들이 주목적이다.

반도체는 미래 전략산업에 필수적이며, 전자기기에서 연산과 제어, 전송, 변환과 저장 등 첨단 서비스 수행의 핵심부품이다(김양팽, 2022, 19). 또한 반도체는 자율주행차, 인공지능, 클라우드, 5G, 사물인터넷, 바이오헬스 등 디지털 전환을 위한 매우 핵심적 기술이기 때문에 반도체를 안정적으로 확보한다는 것은 그 무엇보다 더 중요하다고 할 수 있다. 특히 반도체는 첨단 무기의 성능을 결정짓는 주요 부품으로서 민군겸용(dual use)이기에 그 중요성이 더욱 큰 것이다(조은교 외 2021, 72).[4]

이렇게 큰 가치를 가지게 된 반도체에 대해 미국과 중국은 양보할 수 없는 경쟁을 하고 있는데 이들의 반도체 육성 상황을 간단히 살펴보자. 우선 제 2차 세계대전 이후 패권국이 된 미국은 컴퓨터나 전자, 항공, 우주산업

---

[4] 반도체 시장은 1980년대 초, 개인 컴퓨터의 대중화로 인해 급속하게 성장하게 된다. 반도체의 생산은 칩설계와 디자인, 웨이퍼 공정, 조립, 시험 등의 과정을 거친다(배영자 2011, 64). 시스템 반도체 부분에서는 칩 설계와 규격설정, IP 개발을 특화해 라이선스로 고수익을 올리는 IP 제공 및 용역전문기업(Cipless), 특정 용도의 칩을 설계하고 마케팅에 특화한 설계전문기업(Fabless), 생산기술과 생산비용 우위를 바탕으로 타 기업이 의뢰한 칩 생산만을 전문적으로 하는 공정전문기업(Pure Play Foundry), 조립시험전문기업(Packaging & Testing) 등으로 기능이 분리되는 분업구조가 형성되어 있고, 반도체 장비 소재 제공기업들이 함께 글로벌 반도체 밸류체인을 만들고 있다(배영자 2022, 3).

에서 세계 최고의 경쟁력을 유지하였다. 반도체 역시 이 시기 개발되었는데 1947년 AT&T 벨(Bell) 연구소에서 트랜지스터를 개발하였고, 1958년 미국 텍사스 인스트루먼트(TI)는 최초의 집적 회로 IC(Integrated Circuit)를 개발했다(이창현 2022, 93-94).[5] 미국은 1970년대 초반까지 반도체 시장을 석권하다 이후 일본의 도전을 받았지만 반도체 산업분쟁 끝에 다시 우위를 지켰고, 현재까지 반도체 분야에서 압도적 주도권을 유지하고 있는 상태이다.[6]

〈표 1〉 미국과 중국의 반도체 매출액 및 세계시장 점유율

|  | 2017 | 2018 | 2019 | 2020 | 2021 |
|---|---|---|---|---|---|
| 전체 | 431,994 | 485,046 | 428,569 | 472,659 | 587,446 |
| 미국<br>(점유율%) | 215,221<br>(49.8) | 235,709<br>(48.6) | 217,057<br>(50.6) | 240,472<br>(50.9) | 292,443<br>(49.8) |
| 중국<br>(점유율%) | 16,558<br>(3.8) | 18,755<br>(3.9) | 20,250<br>(4.7) | 21,680<br>(4.6) | 21,600<br>(3.7) |

자료: (김양팽 2022, 22)의 〈표 2〉에서 발췌한 내용임.[7]

　미국은 특히 반도체 설계 툴이나 칩 설계 및 회로배치 설계 모두에서 압도적 우위를 점유하고 있다. 세계 대부분의 설계(팹리스) 업계는 미국의 설계툴(Electronic Design Automation, EDA)을 도입하고 있다(정형곤 외 2021, 44). 반도체 무역은 제조공정 수준에 따라서 국경을 넘어 자유롭게 이동하는 특성을 가지고 있는데, 그동안 미국은 이러한 특성에 따라 설계와 개발

---

5　다수의 트랜지스터가 한 개의 공간에 집적되어 있는 회로를 말한다.
6　이러한 미-일 반도체 산업분쟁에서 일본이 주춤한 사이, 한국이 반도체 강국으로 부상하게 된 것이다.
7　〈표 2〉는 산업통상자원부·산업연구원(2021)의 「밸류체인 기반 산업경쟁력 진단시스템 구축 사업-반도체산업편」에서 인용한 한국반도체산업협회(2021), OMDIA(2021) 재인용 및 2021년 자료를 추가한 것임(김양팽 2022, 22).

을 미국에서 수행하고, 제조와 패키징은 해외 거점에서 수행하거나 위탁을 통해 완제품을 생산하였다. 미국의 주요 설계(팹리스) 전문기업인 퀄컴이나 엔비디아, 애플, 브로드컴, 마이크론 같은 업체는 대만의 TSMC, UMC 등에 파운드리 생산을 맡기고, 이후 중국의 후공정업계에 패키징(Assembly, Packaging & Test, APT)공정을 거치는 무역구조였던 것이다(정형곤 외 2021, 50-51). 반도체를 둘러싸고 글로벌 가치사슬(Global Value Chain, GVC)이 진행되며, 공급망 역시 국경의 구분 없이 다양화·글로벌화되는 추세였다.

한편, 중국은 1950년대 국방현대화 맥락에서 전자산업, 반도체에 주목하기 시작하였다. 그러나 문화대혁명, 경제침체로 인해 반도체 산업의 지속은 이어지지 못했고, 개혁개방 이후 1990년대 '908 프로젝트', '909 프로젝트'의 국가중점 반도체 기술진흥 프로그램이 시도되었다(배영자 2022, 4). 그리고 2000년 중국은 '소프트웨어 산업과 집적회로 산업발전을 장려하는 약간의 정책(鼓励软件业和集成电路产业发展若干政策)'을 발표, 중국 반도체 산업 자주화의 서막을 열게 된다. 그 후 20여 년간 다양한 산업규획과 정책을 통해 SMIC(中芯国际), JCET(长电科技), 퉁푸마이크로일렉트로닉스(通富微电) 등의 반도체 기업들이 육성되었고, 이에 중국 반도체 공업은 기본틀 구축, 집적회로 제조, 패키징 및 테스트 생산공정, 중저가 제품 생산에서 일정한 실력을 확보했다(류루이 2021, 107).

중국은 완전 자체 반도체 제도 생태계구축을 목표로 2014년 제1기 빅펀드(National Integrated Circuit Industry Investment Fund)를 통해 반도체 개발에 200억 달러를 투자했다. 그렇지만 중앙정부와 지방정부, 그리고 기업 투자까지 합하면 2014년 이후 중국은 약 1,500억 달러를 국내 반도체 산업에 투자한 것으로 분석된다. 이는 글로벌 반도체 산업이 매년 R&D에 지출하는 금액의 두 배에 해당하는 금액이다(정현곤 외 2021, 109 재인용). 이에 더해 중국은 2015년 '중국제조 2025'라는 야심찬 계획을 통해 세계 최고 수준의 제조 강국지위 확보를 목표로 내세웠고, 반도체 자급률을 15%에서 2020년까지 40%, 2025년까지는 70%까지 끌어올린다는 계획을 세웠다(배영자 2022, 5).

## 2) 미국과 중국의 반도체 패권경쟁

### (1) 미국의 대중 반도체 강경전략

점차 심화된 미중 패권경쟁으로 인해 미국은 이전까지의 중국과의 무역관계를 재설정하게 된다. 특히 트럼프 취임 이후 미국은 반도체 분야에 있어 중국에 대한 대응을 선제적으로 하기 시작했다. 트럼프는 중국의 불공정 무역관행과 첨단기술 지원을 공공연히 비판했다. 2018년 8월 트럼프 행정부는 중국산 수입품에 25%의 고율관세를 부과하기로 확정했는데, 이 품목들 가운데 반도체와 관련된 장비가 대거 포함되었다. 또한 미 상무부는 중국 메모리 반도체 업체 푸젠진화의 메모리 칩 제조 능력을 미국의 군사 시스템용 칩 공급업체의 생존에 '심대한 위협'이라고 판단, 푸젠진화를 수출제한 리스트(Entity List)에 올렸던 것이고, 결국 푸젠진화는 DRAM칩의 생산을 중단하게 된다(배영자 2022, 8).

미국은 바이든 행정부의 등장 이후에 더 강한 대중 반도체 제재를 실행하고 있는 상황이다. 이른바 화웨이식 제재라고 볼 수 있는 이 제재는 미국 상무부가 '해외직접생산품 규칙(Foreign Direct Product Rules, FDPR)'을 적용, 미국산 소프트웨어나 기술을 이용하여 생산한 제품의 대중국 수출을 전면적으로 차단하는 것이 핵심 내용이다. 바이든 행정부는 데이터 센터에 사용되는 AI용 고성능 컴퓨팅 그래픽처리장치(GPU)의 대중 수출제한 조치를 GPU제조사의 양대 축인 NVIDIA와 AMD에 전격 통보한 바 있다(윤홍우 2022).[8] 특히 중국의 빅테크 기업들은 그동안 엔비디아 등의 반도체를 중국 국가전략기술 AI개발에 사용해 왔기에 이러한 미국의 조치는 중국 반도체 산업 뿐 아니라, 중국의 AI산업 전반에도 큰 타격이 될 가능성이 높다(구정모 2022). 또한 2022년 12월에는 중국 국영 반도체 선두 기업이자 중국 통신장비 기업 화웨이 등에 별도 허가 없이 반도체를 공급하여 조사해 온 YMTC(양쯔메모리)를 수출통제명단에 추가했다(이민석 2022). 미국은 중국이 반도체 산업 분야에서 단기간동안 기술 격차를 줄이는 데 크게 일조한 요인으로 인수합병(M&A)과 관련 분야의 해외 핵심인력 영입이 있다고 보고, 이 역시 적극적으로 방지하고 있다(박정준·강혜인 2020, 20-21; 이은영 2018, 6-7).

다음으로 미국은 미중 반도체 패권경쟁에서 승리하기 위해 공급망 재편에 힘을 모으고 있다. 미국의 경우 반도체 기술이나 설계, 부가가치에서 우수 역량을 보유하고 있으나 제조에 있어서는 해외 의존도가 매우 큰 단점이 있었다(조은교 외 2021, 74). 또한 최근 데이터 자체의 효용가치가 증대됨으로써 자국 반도체 기술과 제조 역량 확보가 크게 중요해지고 있다(정형곤 외 2021, 49). 따라서 바이든 행정부는 트럼프 행정부에 이어 반도체 관련 공

---

8 NVIDIA와 AMD가 생산하는 GPU는 시스템 반도체 가운데에서도 인공지능 가속기 용도로 활용되는 대표적 핵심 반도체 칩으로 자리를 잡고 있고, 딥러닝 중심의 인공지능 산업의 필수재이다. GPU는 수천 개의 코어에 데이터를 분산, 병렬계산에 효율적으로 할 수 있기에 거대한 크기의 행렬연산의 반복으로 학습 및 추론이 이루어지는 신경망 기반 학습에 매우 효과적이다. NVIDIA가 개발한 CUDA라는 전용 API(프로그래밍 인터페이스)가 있는데, CUDA 전용 GPU는 사용자의 데이터 처리목적에 최적화되는 라이브러리를 제공하고, 다양한 목적의 대용량 처리가 가능하다. 미국은 NVIDIA의 GPU 하드웨어와 소프트웨어인 CUDA에 대한 중국의 접근 경로를 동시에 차단하려 하고 있다. 이 인공지능반도체는 드론, 자율경계로봇 등의 자율무기체제 개발에 매우 중요하기에 이러한 수출제재는 중국의 군사-안보 차원에서도 큰 위협이 될 가능성이 크다(권석준 2022, 101-106).

급망 조사를 시행하며 자국 내 공급망을 강화하기 위한 전략을 추진 중이다. 미국은 대통령, 의회가 공조하여 자국 반도체 산업을 육성하고, 대만의 TSMC, 한국의 삼성 등 외국 업계를 끌어들이고 있는 것이다. 그뿐 아니라 미국의 대형 IT기업 들이 반도체 자체 개발을 추진하며, 국방부에서도 적극적으로 반도체 개발에 나서고 있다.

특히 미국이 이렇게 반도체 공급망 재조정을 통해 중국을 압박하려는 움직임을 강화한 이유는 반도체 가치사슬 부가가치의 변화도 한 요인이 되었다. 기존 반도체 부가가치의 경우 미국이 강점인 R&D 부문이 매우 컸기에 미국은 지적재산 보호제를 활용, 자국에서 R&D를 수행하였고, 파운드리 부분은 상대적으로 부가가치가 낮았기 때문에 제조를 해외에 의존하는 방식으로 반도체 산업을 이끌었다. 그러나 최근 반도체 설계 분야의 난이도는 빅데이터 분석이나 시뮬레이션과 VR·AR을 이용, 연구개발 기간의 대폭 단축과 AI기술 적용으로 인한 최적의 설계가 단기간에 가능하게 되었다. 그러나 제조공정 기술 분야의 난이도가 상당히 높아졌고, 거대자본이 요구되는 패러다임으로 변하고 있다(정형곤 외 2021, 64–65). 이렇게 반도체를 둘러싼 상황변화는 미국의 공급망 재편 속도에 큰 영향을 미치고 있는 것이다.

### (2) 중국의 대응

미국의 반도체 제재에 대해 중국은 이것은 자유무역에 대한 야만적 공격이라고 비난하며, 이러한 미국의 기술패권주의가 결국 중국의 기술자립능력을 강화할 것이라고 주장했다(조영빈 2022). 중국은 미국에 대한 대응의 일환으로 반도체 전체 공급망을 해부, 미국에 의존적 부품을 대체할 중국기업 육성전략을 펴고 있다. 일종의 반도체 섀도 혹은 미러(Shadow or Mirror) 전략을 통해 전 세계에 걸쳐 대체 공급자를 찾거나, 중국 내에서 육성

디지털 기술과 정치

하고 있는 것이다. 이와 함께 이전에는 미국에 밀렸던 중국 기업들도 적극적으로 중국 내의 반도체 공급망에 참여하기 시작했다(배영자 2022, 15).

이뿐만 아니라 중국은 미국의 제재에 효과적으로 대응하기 위해 반도체 국산화 전략을 좀 더 적극적으로 구사하고 있다. 그리고 그 방안은 국가전략과 국가반도체 대기금, 커촹반, 세제지원을 통해 이루어지고 있다(정형곤 외 2021, 114-123). 2021년 3월 중국은 '14차 5개년 계획 및 2035 중장기목표'를 통해 반도체 분야를 전략 육성 분야의 하나로 선정했다. 이러한 국가전략을 통해 중국은 설계틀이나 제조장비, 소재 등 미국의 대중제재분야를 자체 역량으로 개발 강화할 예정이다.[9]

중국은 또한 반도체 산업이 전통적 제조업과 달리 자본·기술 측면에서 진입장벽이 높고 전반적 운영 리스크가 상존한다고 보았다. 이에 따라 중국정부는 2014년에 이어 2019년에 제2기 빅펀드, 국가반도체 대기금(National Guidance Fund)을 통해 290억 달러 규모의 대규모 자금을 투입했다. 이는 국가의 지원과 함께 정부의 정책의지에 주목한 민간에서도 큰 액수를 지원함으로써 반도체 산업 성장의 원동력이 되게 하려는 의도인 것이다. 또한 중국판 나스닥인 커촹반은 혁신형 신흥기업 위주의 시장으로 2019년 7월 개설되었는데, 이는 특히 반도체 기업을 위한 중요 자금조달의 장이 되고 있다. 또한 2020년 7월 SMIC(中芯国际集成电路制造有限公司)의 신속상장은 중국의 반도체 국산화에 대한 강한 의지를 보여 준다. 세제지원 역시 중국의 반도체 전략 중 하나이다. 2020년 8월 중국국무원이 28nm 이하 반도체 제조 기술을 가진 기업이면서 15년 이상 영업 중인 기업에게 10년간 법인세 25% 감면 정책을 도입한 것은 미국의 제재에 따른 어려움을 타개

---

9  구체적으로 반도체 설계를 위한 EDA툴, 전기차 관련 전력반도체(IGBT)와 사물인터넷(IoT), 인공지능(AI)관련 센서 반도체(MEMS) 등의 자체 역량 강화이다(정형곤 외 2021, 116).

하기 위한 방책이라고 볼 수 있다(조은교 2021, 57).

마지막으로 중국은 반도체 인재 육성에도 속도를 내고 있다. 2020년 10월, 장쑤성 난징에는 난징반도체 대학이 설립되었고, 2021년 4월에는 중국 최고 명문 중 하나인 칭화대가 기존의 마이크로 전자, 나노전자과, 전자공학과를 합쳐 반도체 단과대학을 설립했다. 또한 2021년 3월 중국 국무원 학위위원회가 반도체 학과를 기존 전자과학기술학과에서 독립시켜 별도과로 만드는 방안을 제안했고, 반도체학과를 2급학과에서 1급학과로 격상한 것 역시 반도체 자립을 위한 중국의 노력인 것이다(조은교 2021, 59-60).

### 3) 미중 반도체 패권경쟁의 의미와 그 미래

이상과 같이 미국과 중국은 반도체 영역에서 한 치의 양보도 없는 경쟁을 하고 있다. 트럼프 시기 이후 심화된 이들의 패권경쟁은 미국의 대중 반도체 수출제재와 공급망의 자국회귀라는 강경책으로 더욱 거세지고 있다. 이에 대해 중국은 반도체 국산화 전략과 반도체 대기금 조성 및 세제지원 등으로 미국에 맞서고 있는 상황이다. 현재까지 미국의 반도체 능력은 미국이 압도적이기에 반도체 자립을 선언한 중국 계획의 조기달성은 쉽지 않을 가능성이 높아 보인다.[10] 그러나 중국의 경우 세계반도체 수요의 절반에 달하는 중국 국내시장수요와, 중국 정부, 기업의 국산화 의지, 투자여력을 감안할 때 반도체 굴기는 지속적으로 계속될 것이다(배영자 2020, 8). 또한 이미 중국의 반도체 산업기술이 어느 정도는 올라와 있고, 반도체 관련한 인

---

10 2021년 기준으로 반도체 산업의 종합경쟁력은 미국이 가장 높고, 중국은 4위를 기록하였다. 미국은 시스템, 메모리 등 모든 분야에서 최고의 점수를 받았고, 중국은 아직 65점에 머무르는 실정이다(김양팽 2022, 27-28).

력풀, 그리고 정부의 강력한 의지와 지속적 투자가 이루어지고 있기 때문에 중국의 반도체 기술혁신의 가능성은 얼마든지 열려 있다.[11]

이러한 미국과 중국의 반도체 패권경쟁에서 보이는 특징은 이 분야에서만큼은 체제적 이질성이 일정부분 역으로 나타나고 있다는 것이다. 특히 경제체제 부분에서 자유무역을 주창하던 미국의 대중 반도체 수출제재는 지극히 자국 중심주의이며, 중국의 경우 반도체 부분에서는 더욱 확대된 자유무역을 주장하고 있다.[12]

그러나 이러한 대중 반도체 견제에 관한 다양한 제재는 문제점도 상당하다. 먼저 이러한 조치, 특히 미 정부의 반도체 제조 투자 지원이 자유시장 원리를 깨고 결국 전반적인 시장 왜곡으로 나아갈 수 있는 이유로 보수적 싱크탱크나 미 이동통신산업협회의 반발을 얻고 있다(배영자 2022, 13). 더 큰 해악은 미국의 기본적인 자유, 공정이나 도의 이미지에 큰 타격을 줄 수 있다는 것이다(류루이 2022, 111). 이뿐 아니라 미 정부의 대중 반도체 수출 규제가 미국에게 주는 현실적인 피해도 간과할 수 없다. 왜냐하면 미국 기업의 최대 반도체 수입국이 중국이기 때문이다. 이것은 퀄컴이나 인텔 등의 미 반도체 설계, 장비, 소프트웨어 기업들의 매출감소로 미국 기업들도 큰 피해를 감수하고 있다는 것을 의미한다(배영자 2022, 13).

지금까지 미국은 자유무역과 글로벌 반도체 체인으로 최대의 이익을 구사했다고 볼 수 있다. 그럼에도 불구하고 현재 미국의 모습은 미국이 반도체 경쟁을 패권경쟁의 차원에서 수행하고 있음을 나타낸다. 미국은 냉전시

---

11 미국 하버드대학교 벨퍼센터의 자료에 따르면 2020년대와 2030년에 중국은 반도체 생산이 15%에서 24%로 상승할 것이며, 그에 반해 미국은 12%에서 10%를 차지하게 될 것이라고 예상한다(Allison et al. 2021, 24).

12 물론 중국의 반도체 산업에 대한 막대한 자금투입이 자유무역질서에 반하는 것이라는 비난도 존재한다.

기에도 대소련 수출 통제를 통해 서유럽과 소련, 그리고 미국 내 기업과 소련의 경제관계를 대부분 차단한 바 있고, 냉전기 일본과의 관계에 있어서도 반도체 부분에서는 한 치의 양보를 하지 않았다. 미국의 이러한 강력한 대중 반도체 패권전략에 대해 중국이 어느 정도로 대처할 수 있느냐에 따라 미중 반도체 패권경쟁의 승패가 갈릴 것이다.

## 3. 디지털 화폐와 미중 디지털 패권경쟁

### 1) 미국의 달러패권과 디지털 화폐의 등장

앞선 논의에서 반도체 패권경쟁을 살펴보았다면, 이 절에서는 디지털 화폐를 둘러싼 미중 패권경쟁을 고찰한다. 인간의 상호 작용에서 교환매개체로 작동하는 화폐를 어느 국가가 장악하는가는 패권의 역사에서 매우 큰 의미를 가지고 있다. 2차 대전 이후 미국은 금 약 31.1G당 35달러로 고정이라는 기준으로 미국의 달러화를 기축통화로 하는 브레턴우즈 체제를 이끌었고, 특히 화폐주조권(시뇨리지: Seigniorage)을 독점함으로써 세계 경제 패권을 장악해 왔다.

달러의 신뢰성 문제에도 불구하고 아직까지 달러의 위상은 강력하다. 미국은 자국뿐 아니라 해외에서의 달러 거래를 12개의 연방준비제도(이하 연준)가 개발, 운영하는 결제시스템 Fedwire를 통해 시행한다(이규철 2021, 65-67). 미 전역의 1만여 개의 금융기관들은 이 Fedwire에 결제 전용계좌를 소유하고 있고, 외국 은행들은 미국의 지점, 혹은 미국 내의 협력은행인 환거래은행(correspondent bank)를 통해 간접적으로 접근할 수 있다.

디지털 기술과 정치

이러한 달러결제체제의 또 다른 중추는 바로 CHIPS(Clearing House Inter-bank Payments System)이다. 24개의 글로벌 상업은행들이 설립한 TCH(The Clearing House)가 운영하는 CHIPS는 국제 달러 거래의 95%를 처리할 정도로 그 비중이 크다. 거의 모든 세계의 송금은 이 Fedwire와 CHIPS를 거칠 수밖에 없는 체제인 것이다. 또한 송금보다 더욱 정교한 시스템을 필요로 하는 외환매매에 따른 자금결제는 시차에 따른 결제리스크가 상존하기에 이러한 리스크 예방을 위한 방안이 강구되었다. 바로 1999년 선진국의 중앙은행, 그리고 주요 글로벌 은행들이 17개 주요 통화를 전 세계에서 공통결제시간대에 거래할 수 있는 외환동시결제시스템을 CLS(Continuous Linked Settlement)은행을 통해 하게 된 것이다.

이와 같이 세계의 모든 달러 거래는 고도로 중앙화된 미 뉴욕의 지급결제 시스템을 통하게 되어 있다. 또한 연준을 정점으로 CHIPS, CLS 등의 청산기관과 이 기관에 직접접속 권한이 있는 미 소재 상업은행, 초국적 대형은행, 그 하부의 해외소재 간접 참여은행, 일반 고객들이 피라미드 계층을 형성하고 있는 것이다. 그리고 이렇게 현금거래 외의 모든 달러 거래가 미 사법권내 지급결제시스템을 통해 미국의 주권적 통제를 받기 때문에 달러 기반 국제 거래 네트워크는 바로 달러패권의 힘이라고 할 수 있다.

그러나 1970년대부터 점차적으로 확대된 컴퓨터, 인터넷 등의 정보통신 혁명은 화폐 분야에서의 디지털화를 촉진하였다. 이러한 언텍트 경제의 규모 확장은 국가의 고유 영역이라고 생각되었던 화폐발행과 관리 분야에 본질적 변화를 일으켰다. 주조권에 대한 본질적인 변화는 디지털 네트워크의 발전, 기존 달러체제의 한계노출, 그리고 코로나 사태와 맞물려 디지털 화폐 CBDC(Central Bank Digital Currency)의 도래를 더욱 가속화하게 되었다 (박미영·최공필 2022, 233).

## 2) 미중 디지털 화폐 패권경쟁: 디지털 위안화 vs 디지털 달러

상기했듯이 제2차 세계대전 후 구축된 달러 패권은 매우 막강했기에 중국의 디지털 화폐에 대한 관심은 더욱 증대되었다. 디지털 위안화의 기술적 가능성은 2010년대 중반 달러 지급결제시스템의 대안으로 부상하기 시작한 분산원장기술(Distributed Ledger Technology, DLT)를 기반으로 한다(이규철 2021, 74). DLT는 거래정보를 작성한 원장(Ledger)을 특정 중앙기관이 아니라 거래에 참여하는 모든 개인이 보유하고 관리하는 데이터 구조를 의미한다. 이 DLT는 일정시간마다 새로운 거래내역을 담은 데이터 즉, 블록(block)을 생성, 네트워크 구성원들에게 전송하고, 다수 구성원이 해당하는 데이터의 유효성을 검증·승인할 경우, 각각 분산관리하는 원장에 새로운 거래가 반영·갱신되는 구조로 설계되어 있다. 블록체인으로 잘 알려진 이 기술은 국가의 중앙결제시스템, 그리고 중개자 은행 등의 제3의 기관이 없어도 거래 참여자들이 직접 자금거래의 안전성과 효율성을 동시에 확보할 수 있다는 점에서 큰 의미가 있다(이규철 2021, 74; 이영환 2016, 1-2). 그러나 이러한 기술적 강점에도 불구하고, 이 DLT가 국가 지급결제시스템 통제권을 도전한다는 일종의 정치적 위협요인으로 인해 중국은 거래비용 절감은 유지하되 탈중앙화의 특성을 제거한 CBDC를 개발하였다(이규철 2021, 74).[13]

CBDC는 민간영역에서 나온 비트코인 같은 디지털 화폐와는 큰 차이가 있다. 우선 디지털 화폐는 사용자들이 직접 중앙은행에 청구할 수 있다는 점에서 기존 디지털 머니나 카드결제, 신용이체 등과 다르다(Boar and

---

13 중국은 CBDC와 DCEP(Digital Currency Electronic Payment)를 혼용하기도 한다(박미영·최공필 2022, 230).

Wehrli 2021, 4). 이론상으로는 중앙은행과 사용자 사이 예전 같은 상업은행이나 민간결제시스템을 거치지 않고 거래할 수 있는 것이다. 이것은 비트코인 같은 디지털 화폐가 민간 금융회사에 청구권을 제기하는 방식과는 다른 것이고 안정성면에서도 훨씬 뛰어나다고 볼 수 있다(이영주 2022, 78). 또한 통화 거래의 속도나 거래비용에 있어서도 이점을 누릴 수 있다(이대기 2017, 14).[14]

중국인민은행은 2014년부터 본격적으로 디지털 화폐를 중앙은행 차원에서 본격적으로 연구하였다. 중국은 2017년 7월 3일 중국인민은행 산하 인민은행 디지털 화폐연구소를 설립하고 같은 해 베이징, 상하이, 항저우, 심천, 주하이의 중국공산은행, 중국은행, 푸동개발은행, 항저우은행, 웨이중은행과 디지털 위안화 시범사업을 시행하였다(Yao 2018, 이왕휘 2020, 3에서 재인용). 또한 2020년 중국은 2022년 동계올림픽 개최도시에서 디지털 화폐시험 공식화를 선언했고 디지털위안화 시범지역을 점차 확대하였다.

중국은 다른 국가들과 달리 법정화폐의 완전한 디지털화를 시도하는 것이 아닌 오직 현금만을 부분적으로 대체할 계획이고, 은행예금에 대해서는 적용하지 않는다. 이로 인해 보통의 중앙은행디지털 화폐 기획에서 어느 정도 불가피한 은행의 탈중개화 가능성은 차단된다. 또한 공사파트너십에 기반한 기존 은행들의 자산, 지위는 보호되는 것이다. 그러나 국제결제 영역에서 중국 기업과의 수출입 예약 관련 송금은 디지털 위안화만으로 가능하게 한다. 외국인투자자들의 이탈을 방지하고 디지털 통화로 인한 국내 금융부문의 급격한 변동을 최소화하는 이중의 목적을 통해, 국제결제에서 위안화의 영향력 확대를 꾀하고 있는 것이다(Chorzempa 2018; Xie 2020, 곽

---

14 그러나 온라인상의 금융서비스는 완벽한 보완의 불가능성, 중앙집중의 금융서비스 구조는 해킹, 정보유출 문제를 야기하여 화폐 디지털화에 걸림돌로 작용한다(김의석 2018, 173-189).

수영 2022, 90에서 재인용).

　한편 기축통화국으로서 미국이 가진 많은 이권으로 말미암아 미국은 굳이 디지털 화폐의 개발에 큰 의미를 부여하지 않았다. 미 정부의 디지털 화폐에 대한 최초의 공식적 입장은 2013년 미 연준 벤 버냉키 의장이 상원 청문회에서 언급한 것이다(이영주 2022, 75-76). 버냉키는 비트코인은 중앙은행의 규제대상이 아니라고 밝혔다. 같은 해 미재무부 산하 금융정부분석기구(FinCen)는 디지털 화폐 거래 회사 전체를 지급결제 회사로 지정하는 방안을 검토했고, 또 상품선물거래위원회는 비트코인을 파생금융상품으로 간주하여 규제를 검토한다고 밝힌 바 있다. 또한 2015년 미 국세청의 비트코인에 대한 세금부과 방침 입장이나 2017년 미증권거래위원회에서 자산운용사의 디지털 통화 투자 관련 규제강화 예고는 미국정부가 디지털 화폐의 발행보다도 국내유통과정이나 법적 규제 등에만 관심을 기울인 증거라고 할 수 있다.

　이러한 미 연준의 디지털 화폐에 대한 제한적 견해가 변화된 것은 2021년에 들어서이다. 코로나19의 급격한 확산으로 인한 비대면 결제의 증가가 미 연준·미 정부가 CBDC 발행에 긍정적 반응을 하게 한 요인이 되었다. 미 연준은 같은 해 2월 명확한 정책 목표, 견고한 법적 프레임워크, 시장의 준비상태 등 디지털 화폐의 발행 전제조건을 밝힌 바 있다(이영주 2022, 76). 그러나 무엇보다도 미국의 태도변화는 과거와 크게 달라진 달러의 위상이 그 이유가 될 수 있다. 2022년 11월 기준 미국의 달러가 외환보유고에서 차지하는 비율은 59.5%로 84.9%로 최고치를 기록하던 때에 비하면 현저히 떨어졌기 때문이다.[15] 한편 2022년 1월 기준 국제결제 비중에서 달러

---

15　en.wikipedia.org/wiki/Reserve_currency#Global_currency_reserves(검색일: 2022. 12. 30.).

는 39.92%, 위안화는 3.20%를 기록하였다. 위안화로는 역대 최고치를 기록한 것인데 중국이 자국 주도의 위안화 결제·청산 시스템을 운영하여 국제 결제 비중을 더 높인 것으로 볼 수 있다(인교준 2022). 아직 위안화는 그 비중이 미비하지만, 중국이 디지털 위안화 도입과 그 확산을 준비하는 상황 속에서 이제 미국도 본격적으로 디지털 달러화의 도입을 서두르게 된 것이다.

### 3) 미중 디지털 화폐 패권경쟁의 의미와 그 미래

종이화폐 부분에서는 달러패권의 아성이 지배적이기에 중국은 디지털 위안화의 확산을 꾀하며 경제부문의 패권경쟁에 도전하고 있다. 만일 디지털위안화의 국제화가 성공한다면 어떤 일이 발생할까? 우선 이자율 부담의 가중을 예상할 수 있다. 미국으로 해외투자 유치가 점차 어려워질 것이기 때문에 미국이 재정적자, 무역적자의 충당을 위해 국채를 발행하면 그 이자가 상승하게 될 수 있다. 만일 10조 달러 규모의 기업패권시장에서 이자가 상승한다면 3,000억 달러의 추가 비용이 예상된다. 다음으로 화폐주조차익(seigniorage)의 축소가 예상된다. 달러화의 비중이 줄어든다면 화폐주조차익의 감소는 피하기 힘들다. 또한 환차손관리 비용의 추가 지불이라는 결과도 예상된다. 현재는 부담하지 않는 환차손 관리를 위한 비용이 지불될 것이다. 마지막으로 금융제재의 효과가 떨어질 것이다. 상기한 SWIFT를 우회하는 방식의 디지털 위안화 결제가 가능할 것이기 때문이다(이왕휘 2020, 7).

그러나 미중 디지털 화폐 패권경쟁에서 중국의 위안화 굴기가 쉽지 않은 것은 체제적 특징에서 찾을 수 있다. 비록 자유무역체제에 편입된 중국이지만, 중국은 아직 자본시장의 전면적 개방은 하지 않은 상태이다. 기축통화가 되기 위해서는 국내자본의 자유로운 유출과 해외자본의 유입이 필수적이다(이규철 2021, 70, 75–76). 그러나 중국이 달러의 덫에서 벗어나기 위한 일환으로 외환위기 대비 외환보유고 및 달러 자산을 줄이고 있는 상황에서 자본시장을 개방을 한다면, 시장불안정으로 인한 전면적인 외환·금융위기가 발생할 수 있을 것이다.

중국의 경우 디지털 화폐의 발급에 따른 또 다른 폐해도 발생할 수 있다. 상기한 DLT의 탈중앙화 성격과 달리 CBDC는 블록 생성의 주체가 중앙은행, 소수의 국가인증기관으로 국한된다는 측면에서 이것은 오히려 전통적 지급결제시스템보다 더 중앙화 성격이 강화된 것으로 평가된다. 왜냐하면 전체 은행 시스템 안에서 상업은행들을 완전히 배제하기 때문에 중앙은행은 자신의 독점력을 강화하고, 디지털 화폐를 보유한 개인의 정보를 독점적으로 보유·관리하고 통제할 수 있는 것이다. 따라서 디지털 위안화는 개인과 기업의 모든 거래를 실시간 감시·감독하기 위한 디지털 권위주의(digital authoritarianism)의 수단으로 여겨지고 있다(박선종 외 2018, 14; 이규철 2021, 75).[16] 따라서 이러한 디지털 위안화의 감시 능력이 디지털 위안을 사용한 국제자금거래에도 확대될 수 있기 때문에 위안화의 확산에 걸림돌이 될 가능성이 크다.

한편, 미국은 디지털 통화 관련 원천기술을 보유하고 있고, 디지털 통화 활용에 필수적인 핀테크 생태계를 보유하고 있는 강점이 있다. 세계 최대 금융시장을 가지고 있는 달러화는 또한 디지털 달러 국제화에 매우 유리할 조건을 가지고 있다(이왕휘 2020, 7). 물론 미국 역시 민간 금융기관의 반대

---

[16] 또한 중국 국내적으로도 중국은 빅테크 기업의 영향력 확대로 인한 공산당의 장악력 약화를 우려하기에 거대기업인 알리페이, 윗챗페이 등의 빅테크 기업의 디지털 페이를 디지털 위안화로 대체할 가능성이 충분하다(곽수영 2022, 89–90).

디지털 기술과 정치

라는 요인을 가지고 있다. 정부 주도의 디지털 달러가 민간 금융기관의 디지털 혁신을 방해할 수 있기에 민간 금융기관과의 반대를 피할 수 없는 상황이 나올 수 있기 때문이다(Allen 2020, 이왕휘 2020, 6 재인용). 또한 CBDC를 종이 화폐 대체의 법정화폐로 채택하여 기존 상업은행의 신용대출발생 기능이 상실된다면, 상업은행의 기능을 중앙은행이 대신하게 되어 미래에는 중앙은행이 상업은행이나 기업, 내외국인을 모두 상대해야 하는 가능성이 생길 수 있다(곽수영 2022, 93-94). 이와 같은 문제들을 미중 양국이 어떻게 타개해나가느냐에 따라 미중 디지털 패권경쟁의 향배가 결정될 것이다.

## 4. 플랫폼과 미중 디지털 패권경쟁

### 1) 플랫폼의 확대

마지막으로 플랫폼 분야에서의 미중 디지털 패권경쟁을 살펴보자. 인터넷의 발달은 디지털화를 촉진시켰다. 다양한 정보는 디지털화되었고 이것을 전달하고 저장·처리할 수 있는 정보처리기술의 발전은 양과 질적인 면에서 이전에는 볼 수 없었던 방식의 커뮤니케이션을 매개하는 플랫폼을 탄생시켰다. 플랫폼(platform)이란 평평한 단(壇)을 뜻하며, 그 위에 사람들이 모일 수 있는 장(場)을 의미한다(김상배 2022, 65). 또한 플랫폼이란 외부 생산자와 소비자들이 가치를 창출하는 상호 작용을 할 수 있도록 개방적이고 참여적인 인프라를 제공하는 것에 바탕을 둔 비즈니스라는 뜻도 가지고 있다(마셜 밴 앨스타인 외 2017, 466).[17]

플랫폼이 최종적으로 제공하는 서비스는 기존의 종이신문이나 오프라인 유통구조 등과 근본적인 차이가 있는 것은 아니다. 그러나 기존 매개체와는 비교할 수 없을 정도로 공간과 시간의 장벽을 뛰어넘는다는 측면과 서비스의 개별화가 더욱 특화된다는 점, 그리고 생산의 관점에서는 그 서비스 제공의 자원조달 결합방식이 다르다는 측면에서 플랫폼의 역할은 매우 지대하다고 할 수 있다(이희정 2017, 56-57). 이러한 플랫폼을 통해 기존 산업지형은 바뀌고 있다. 초창기의 단순한 커뮤니케이션의 매개체는 미디어 콘텐츠를 공유하고 유통하며, 소셜 네트워킹과 정보검색에 필요한 인공지능 알고리즘과 결합했고, 쇼핑이나 게임, 여가가 플랫폼을 중심으로 이루어지고 있다. 다양한 분야의 융합으로 전통산업의 구분은 희미해져 가고, 새로운 분야와의 연계·통합을 통해 창의적인 거대 플랫폼으로의 창발을 꾀하고 있다(양종민 2022, 84-85). 4차 산업혁명이 꾸준히 발전함에 따라 이제 공급자와 수요자는 직접 만나지 않고도, 플랫폼이 제공하는 규칙에 따르기만 하면 여러 가지 상호 작용을 할 수 있게 된 것이다. 그런데 중요한 것은 바로 여기에서 플랫폼 권력이 발휘된다는 것이다. 해당 플랫폼 사용자의 증가는 플랫폼의 가치를 상승시키는 이른바 네트워크 효과가 창출된다(김상배 2022, 66; 설진아·최은경 2018). 플랫폼의 부가가치는 국경을 뛰어넘는 것이기에 이러한 플랫폼 권력을 차지하는 일은 미중 패권경쟁의 매우 중요한 척도가 된 것이다.

---

17 기술적으로, 정보통신기술 플랫폼(ICT(information and communications technology)이란 하드웨어의 구성, 운영체제, 소프트웨어의 틀 혹은 많은 연계구성요소나 서비스 운영의 공통 개체를 뜻하기도 한다(Ballon and Heesvelde 2011, 703).

## 2) 미중의 플랫폼 패권경쟁

그렇다면 미국과 중국은 플랫폼 분야에서 어떻게 패권경쟁을 펼치고 있는지 볼 필요가 있다. 먼저, 이러한 플랫폼이 주로 운영되는 컴퓨터와 모바일 운영체제(Operating System, OS)에서의 미중 경쟁상황을 간단하게 살펴보자. 컴퓨팅 OS에서는 미 소프트웨어 기업 MS가 이 분야를 사실상 주도했다고 보면 된다. 중국은 1998년 중국과학원의 후원하여 '홍기리눅스' 기업을 설립하였지만 결과적으로 2000년대 중반 MS의 공세적 가격정책, 사용자 친화적 사업전략으로 인해 결국 MS의 저렴한 비용 수용전략으로 선회하였다(김상배 2022, 67-68).

이러한 결과 2022년 11월 기준 전 세계 OS의 점유율은 구글의 안드로이드가 약 43%, Windows가 29%, iOS가 약 17%를, OS X와 Linux까지 포함하면 거의 97%를 차지하는 상황이다.[18] 특히 이 중에서도 모바일 OS에서는 안드로이드와 iOS가 각각 약 72%와 약 27%를 차지하여 전 세계의 모바일 표준을 장악하고 있다고 볼 수 있다.[19] MS의 독점을 막지 못한 중국은 최근 다시 독자 OS개발을 시도하고 있다. 중국은 2019년 8월 화웨이가 자체 모바일 OS로 안드로이드 앱과 호환되는 '홍멍2.0'을 공개, 2020년부터 홍멍(鴻蒙, HarmonyOS)으로 구동하는 스마트폰을 내놓겠다는 발표를 했다(김상배 2022, 69). 2021년 9월 기준 중국의 홍멍 2는 이용자수 1억 명을 넘었는데, 이렇게 화웨이가 홍멍을 사용하기로 한 것은 단순히 OS교체의 의미가 아닌 자체 OS생태계 구축의 일환으로 보아야 한다(김기호 2021; 김상배

---

18 gs.statcounter.com/os-market-share(검색일: 2022. 12. 30.).

19 gs.statcounter.com/os-market-share/mobile/worldwide(검색일: 2022. 12. 30.). 삼성전자의 비중은 0.34%로 측정된다.

2022, 69).[20] 플랫폼 운영에 기반이 되는 OS체제의 장악은 향후 미중 플랫폼 패권경쟁 승패의 기초 척도가 될 것이다.

OS에서 미국이 압도적 우위를 차지하고 있다면, 이번에는 미국과 중국의 대표적 플랫폼 기업에서의 경쟁을 살펴보자. GAFA(Google, Amazon, Facebook, Apple)라고 불리는 이 네 거대 플랫폼 기업은 2021년 말 기준으로 매출액 1,452조 원, 대한민국 GDP의 73%, 전 세계 GDP의 1%를 넘을 정도의 비중을 차지하고 있다(나현준 2022).[21] 인터넷 검색분야는 구글이 1998년 출범한 이후 단기간 내 세계 최대 검색엔진으로 자리 잡았다. 검색하려고 하는 단어를 일부 입력하면 그에 이어지는 단어들이 연달아 표시되고, 하나의 검색어를 입력하면 추가 단어 후보들이 표시되는데 이 구조는 과거 유사 문자와 단어로 검색된 데이터나 사용자의 클릭 이력을 근거로 만들어진 데이터에 기반한 것이다. 이러한 데이터와 AI를 접목하여 현재 구글은 사용자의 필요에 부합한 검색과 광고를 노출하고 있다. 또한 클릭수로 광고료 지불이라는 새로운 광고 개념으로 인해 광고를 낼 수 있는 이용자의 턱을 낮춤으로서 광고의 민주화를 도입했다는 평가도 받는다. 검색서비스에서 파생된 광고 수익을 내고 있는 구글은 2015년 대규모 조직개편을 단행하여 지주회사인 알파벳을 설립했고, 현재 세계 시가총액 1위를 차지하며 전 세계에 영향력 확장을 꾀하고 있다(다나카 미치아키 2019, 213-217).

다음으로 온라인 서점에서 시작한 아마존 역시 거대 플랫폼 기업으로서 그 역할이 가전, 신선식품, 의류, 디지털 콘텐츠까지 다루는 '에브리싱 스토어'가 되었다. 또한 물류, 클라우드 컴퓨팅, 금융서비스까지 사업 영역을 확

---

20 2021년 9월 기준 중국의 훙멍2는 이용자수 1억 명을 넘었다(김기호 2021).

21 또한 마이크로소프트(Microsoft), 트위터(Twitter)도 포함하여, TGiF, FANG, MAGA라는 약자로 불리기도 한다(김상배 2022, 66).

대한 '에브리싱 컴퍼니'로 변화하고 있다(다나카 마치아키 2019, 27). 특히 아마존은 판매 플랫폼 서비스로도 유명하다. 어떤 판매자든지 아마존 사이트에 상품을 올려 판매할 수 있는 구조를 구축하였고, 드론을 사용한 상품 배달 기술도 진행하고 있다. 음성인식 AI보조 기능 '아마존 알렉사'나 결제 서비스 '아마존 페이' 등을 도입하여 플랫폼 구축도 성공하였다. 또한 클라우딩 컴퓨팅 서비스인 아마존 웹 서비스(Amazon Web Service, AWS)를 탄생시켰는데, 그들은 자신들의 IT인프라를 바탕으로 만든 이 서비스를 개방하여 외부에서 활용하게 했다. 아마존은 이러한 개방으로 또 다른 제품과 서비스를 탄생한다는 아마존의 '개방적 혁신'을 도입하여 플랫폼 구축에 성공하였다는 평가를 받는다(다나카 마치아키 2019, 28-37). 또 다른 플랫폼 기업인 페이스북은 '개인의 정체성을 대표하는 서비스'의 성격을 가진 플랫폼으로 나의 정체성을 온라인에서 만들어 가고 나의 지인들과 어떤 주제로든 다양한 커뮤니케이션이 가능하다는 점에서 좀 더 일반적 가치를 제공하였다. 또한 가상화폐도 도입하여 거대 수익을 내며 플랫폼계를 장악하고 있다(조용호 2011, 182-183). 이러한 대표적 미국의 플랫폼 기업들은 상기한 대로 혁신기술을 기반으로 그들의 상품가치를 확장함에 따라 플랫폼 권력을 전 세계에 확장하고 있는 것이다.

한편, 중국 플랫폼 기업들은 대부분 미국 플랫폼 기업을 모방해서 만들어졌다. 검색엔진 업체 바이두는 구글을, 대표적 전자상거래 업체 알리바바는 아마존을, 동영상 스트리밍 기업인 유쿠는 유튜브를, SNS업체인 텐센트와 웨이보는 페이스북과 트위터 모델을 사실상 복제하다시피 했다(윤재웅 2020, 75-81). 그러나 이후 중국은 한층 끌어올린 기술력으로 플랫폼 차별화를 꾀하고 있다. 우선 중국 플랫폼은 '소비자 지향형 플랫폼'이라는 특징을 가지고 있다. 전자상거래나 핀테크, 공유경제, SNS 등 소비자들의 필요에 최적화된 플랫폼이라고 볼수 있다. 특히 온라인 시장의 전자상거래, 핀테크 기술은 여타 국가들에 비해 월등히 높다.

매킨지글로벌 연구소는 중국의 방대하고 역동적인 소비시장이 중국에서 소비자 중심형 플랫폼이 더욱 발전하게 하는 요인이 되었다고 분석한다. 또한 이들은 무조건 소비자 지향형 플랫폼에만 머물러 있는 것이 아니라 그동안 쌓아 온 기술과 노하우를 기반으로 B2B(business-to-business) 중심의 산업 인터넷으로 진화하고 있다. 인공지능이나 5G 등의 첨단기술을 통해 제조업이나 물류 같은 전통산업의 패러다임을 변화시키고 경제 전반의 디지털 진환을 꾀하고 있는 것이다. 이로 인해 이들은 기존의 소비자 지향형 플랫폼이 중국경제에 미친 영향보다도 더 큰 파급효과를 가져오려 하고 있다. 예를 들어 알리바바가 추진하는 신제조 전략은 인공지능과 사물인터넷, 클라우드 등을 활용하여 기존의 대량 표준화 제조방식을 고객 맞춤형 방식으로 전환하는 것이다. 혼자 힘으로는 디지털 전환이 어려운 중국의 중소 제조업체들은 알리바바의 B2B플랫폼을 활용, 그들의 생산성 향상에도 큰 도움을 받을 것으로 예상된다.

다음으로 볼 수 있는 중국 플랫폼의 특징은 바로 온라인과 오프라인의 결합에 강점이 있다는 것이다(윤재웅 2020, 81-93). 온라인 플랫폼 업체들이 오프라인에 공격적 투자를 하고 있으며, 온라인 기업의 오프라인 기업 인수도 큰 뉴스거리가 되지 않는다. 온라인과 오프라인을 통합한 소매와 스마트 물류를 융합시킨 신유통은 차세대 유통모델로 온·오프라인 전 과정의 디지털화가 핵심이다. 마지막으로 중국 플랫폼은 플랫폼의 플랫폼이라고 불리는 알리바바, 텐센트의 영향력이 다른 플랫폼의 성장을 촉진하는 영향을 하고 있다. 중국의 양대 산맥의 역할을 하는 플랫폼의 등을 타고 신생 플랫폼 업체는 확장이 가능하며, 여기에 중국에서의 간편한 모바일 결제(알리페이 위챗페이)는 소비자들의 편익을 극대화할 수 있다.

　이러한 중국 플랫폼 기업의 발전은 단지 내수시장의 활성화뿐 아니라 미국 이상으로 전 세계에 영향력 확대를 가져올 가능성이 있다. 아래 표는 플랫폼 기업과 관련된, 전 세계에서 가장 인기 있는 소셜미디어 순위와 인터넷 기업 시가 총액수를 나타낸다. 미국과 중국은 수많은 소셜미디어 사용자를 확보하며 경쟁하고 있음을 알 수 있다.[22]

〈표 2〉 가장 인기 있는 소셜미디어와 인터넷 기업 시가총액 순위

| | 가장 인기 있는 소셜미디어 순위[23] | 인터넷 기업 시가총액 순위[24] |
|---|---|---|
| 1 | 페이스북(Facebook, 약 29억 명)-미국 | 알파벳(Alphabet (Google))-미국 |
| 2 | 유튜브(YouTube, 약 25억 명)-미국 | 아마존(Amazon)-미국 |
| 3 | 왓츠앱(WhatsApp, 약 20억 명)-중국 | 텐센트(Tencent)-중국 |
| 4 | 인스타그램(Instagram, 약 14억 명)-미국 | 메타 플랫폼(Meta Platforms (Facebook))-미국 |
| 5 | 위챗(WeChat, 약 13억 명)-중국 | 알리바바(Alibaba)-중국 |
| 6 | 틱톡(Tik Tok, 약 10억 명)-중국 | 메이투안(Meituan)-중국 |
| 7 | 페이스북 메신저(Facebook Messenger, 약 9억 9000명)-미국 | 넷플릭스(Netflix)-미국 |
| 8 | 더우인(Douyin*, 약 6억 명)-중국 | 징동닷컴(Jingdong Mall)-중국 |
| 9 | 큐큐(QQ, 약 5억 7400만 명)-중국 | 핀듀오듀오(Pinduoduo)-중국 |
| 10 | 시나 웨이보(Sina Weibo, 약 5억 7300만 명)-중국 | 페이팔(PayPal)-미국 |

---

22　플랫폼 기업들이 축적한 데이터는 AI기술에 기반이 되어 더 큰 부가가치를 창출하고 있다. 이른바 빅데이터 기술은 이러한 방대한 현상을 데이터라는 자원으로 재조직하여 인공지능에 공급하는 역할을 하고 있다(최필수 외 2021, 57).

23　www.statista.com/statistics/272014/global-social-networks-ranked-by-number-of-users/(검색일 2022. 12. 30.). 2022년 1월 기준, 월 활성사용자 기준. * 더우인의 경우 일일활성 사용자 기준으로 측정.

24　companiesmarketcap.com/internet/largest-internet-companies-by-market-cap/(검색일 2022. 12. 30.). 측정 방식에 따라 차이가 있을 수 있음.

### 3) 미중 플랫폼 패권경쟁의 의미와 그 미래

이상과 같이 양국의 플랫폼 경쟁을 살펴보았다. 컴퓨팅과 모바일 OS, 플랫폼 기업에서 미국과 중국은 한 치의 양보도 없는 경쟁을 하고 있다. 미국과 중국의 디지털 플랫폼 경쟁은 단순히 기업경쟁이 아닌 국가 간 패권경쟁이라고 볼 수 있다(김상배 2022, 67).

그렇다면 미국과 중국은 이런 플랫폼 경쟁에서 보이는 체제적 특징은 무엇인가? 우선 미국은 민간기업 중심의 플랫폼 전략을 구사하고 있다. 예를 들어 AI 플랫폼 분야에서 미국은 민간기업 중심의 개방형 인공지능 생태계를 조성하고 이곳에 누구나 참여할 수 있는 방식으로 접근한다. 미국은 개념 설계에서 상세 설계를 거쳐 실행에 이르는 전 단계에서 혁신창출을 지향한다. 주로 AI의 개념 설계는 선도적 투자를 하고 나머지 단계에 있어서는 공개형 전략을 취한다. 추격을 방어하고 글로벌 AI인재들과 협업 방식을 병행한다(김상배 2022, 74).[25] 또한 미국은 빅데이터 기업의 데이터 비즈니스에서는 자유로운 이동을 보장하는 입장을 보이고 있다. 국경 간의 자유로운 데이터 이동은 보장하되 개인정보 유출, 왜곡 남용 등의 문제는 해당 기업이 책임지도록 하는 것이다. 미국은 주로 의료나 금융·정보통신 분야의 특정 데이터를 중점적으로 보호하며, 국가적 차원의 정책보다 해당 주나 기업의 법 테두리 안에서 대응하고 있다. 이것은 초국적 유통을 통해 글로벌 차원에서 데이터 가치의 극대화를 꾀하는 미국의 다국적 기업의 이해관계를 대변하는 것이다(김상배 2022, 193).

---

25 미 정부는 2019년 대통령 행정명령 'AI 이니셔티브'를 통하여 AI관련 연구개발을 공개하는 방향으로 가닥을 잡았다. 정부기관 성과를 민간 기업이 확인하고 서로 기술을 공유하는 것이 골자이다(김준연, 2020, 317-321).

반면 중국에서는 플랫폼 발전을 정부가 주도하고 있다(Amy Webb 2019, 최필수 2020, 66 재인용). 미국의 기업이 단기성과의 압박을 받아야 한다면 그에 비해 중국 기업들은 그 압박을 덜 받는다는 면에서 추후 그 성과도 더 나아질 수 있다. 특히 중국은 큰 내수시장을 기반으로 하여 독자적 플랫폼 생태계 구축을 꾀하는 전략을 취하고 있기에 그 발전 가능성은 매우 클 수 있다. 그런데 문제는 중국정부가 방대한 데이터의 축적을 기반으로 활동을 하고 있는 거대기업을 장악할 수 있다는 것이다. 중국 공산당은 빅테크 기업들의 대국민 영향력을 경계하기에 이 거대 플랫폼 기업이 공산당의 통제에서 벗어나면 홍콩, 신장의 반정부 시위보다 더 정부에 위협이 되는 존재가 될 수 있다고 여긴다. 그렇기 때문에 중국 정부는 중국 플랫폼 기업 데이터를 정부의 통제하에 두며 기업들에 대한 영향력을 확대함과 동시에 정부 비판세력을 감시하려는 것이다(곽수영 2022, 88-89). 중국의 플랫폼 전략은 일당 독재에 유리한 방식으로 구사되고 있는 것이다.[26]

2022년 6월 기준으로 45억 9천만 명에 이르는 플랫폼 기업의 소셜미디어 사용자 수는 2027년까지 58억 5천만 명으로 증가할 예정이다.[27] 미국과 중국이 점점 증가하는 플랫폼 사용자를 어떻게 유인할 것인가와 각각의 플랫

---

[26] 이와 관련, 미국 플랫폼 기업 마이크로소프트사가 거대자본을 투자한 OpenAI사의 ChatGPT 열풍을 주목할 필요가 있다. 2022년 11월 출시된 ChatGPT는 출시 두 달 만에 사용자 1억 명을 돌파하는 기염을 토했고, 마이크로소프트사는 2023년 2월 이 ChatGPT를 그들의 검색엔진 Bing에 장착했다고 알렸다. 이에 중국의 플랫폼 기업 바이두 역시 유사서비스인 '어니봇(Emie Bot)'을 출시한다고 밝힌 상태이다. 문제는 이러한 인공지능 기반 서비스가 중국정부의 방침과 맞지 않은 답을 할 가능성을 배제할 수 없다는 것이다. 실제로 '중국판 챗GPT'라는 저장성 항저우의 AI 스타트업 위안위(元語)의 '챗위안'은 국제정치적 사건에 대한 중국정부의 입장과 반대되는 입장의 답을 낸 후 '관련규정 위반'을 이유로 서비스가 차단되었다(김은하 2023; 류지영 2023). 플랫폼 기업의 AI서비스 경쟁이 심화될수록 이 연구에서 논했던 체제적 특징이 더욱 부각될 가능성을 염두에 두어야 한다.

[27] www.statista.com/statistics/278414/number-of-worldwide-social-network-users/(검색일: 2023. 1. 3.).

폼 운영방식의 성공 여부에 따라 미국과 중국의 플랫폼 패권경쟁의 승자가 결정될 것이다.[28]

## 5. 결론

이 연구는 4차 혁명시기 패권경쟁의 핵심인 디지털 기술을 어떤 국가가 차지하느냐가 그 경쟁의 결과를 좌우할 것이라는 전제하에 진행되었다. 또한 이 연구는 미국과 중국의 패권경쟁을 패권의 3요소를 원용한 안보·경제·사회 영역으로 상정하였다. 그리고 각각의 주제를 디지털 기술의 결정체인 반도체, 디지털 화폐, 플랫폼으로 설정하여 연구를 진행하였다. 반도체의 경우 제2차 세계대전 이후 일본의 도전 등을 막아낸 미국이 여전히 중국보다 우위를 지키고 있다. 그러나 개혁개방을 비롯해 자국의 반도체 자체 생태계 구축을 시작한 중국의 상승세가 거셌다. 미국과 중국의 패권경쟁의 심화로 말미암아, 트럼프 행정부 시기부터 본격화된 미국의 대중 반도체 전략은 반도체 수출제재와 반도체 공급망의 미국 내 회귀로 나타났다. 이에 중국 역시 막대한 자금을 투여하며 반도체 경쟁에서 승리하기 위해 노력하고 있다.

다음으로 디지털 화폐 분야에서 미국과 중국은 역시 치열하게 경쟁하고 있다. 제2차 세계대전 이후 기축통화로서의 달러패권의 힘은 아직까지도 이어지고 있다. 그러나 중국은 이러한 달러패권에 맞서 CBDC라는 디지

---

28 김상배는 미국이 원하는 디지털 제국의 모습은 이른바 '실리콘밸리 모델'을 기반으로 한 클라우드 컴퓨팅, 사물인터넷의 네트워크를 배경으로 하고 인공지능을 기반으로 빅데이터를 활용하는 모습이고, 그에 반해 중국은 디지털 천하질서의 위계적 그리고 권위주의적 질서일 가능성이 매우 크다고 주장한다(김상배 2022, 212-213).

털 화폐를 어느 국가보다도 더 활발하게 사용하려 하고 있다. 기존의 가상 화폐와 차별되는 중앙은행이 발행권을 독점하는 방식은 사용의 편익을 극대화하여 사용자에게 편리함을 주기에 중국 내부적으로 많은 유통이 예상된다. 또한 기존 달러패권을 거부하는 다른 국가들의 사용도 증가할 가능성이 있다. 이에 미국 역시 과거와 달라진 달러의 위상을 방어하기 위해 디지털 화폐 발행을 본격적으로 추진하고 있는 형국이다. 마지막으로 플랫폼 분야에서도 미국과 중국은 경쟁을 이어 가고 있다. 컴퓨팅 OS영역에서 미국의 선점이 두드러졌다면, 플랫폼 기업에서는 각국의 상황에 따라 플랫폼 기업들의 확장이 이어지고 있다. 개별 맞춤형 서비스를 기반으로 한 미국의 구글이나, 아마존, 페이스북 등의 거대기업이 오늘날 전 세계 플랫폼 기업의 길잡이가 되었다면, 이를 모방한 중국의 거대 플랫폼 기업들이 더욱 거센 추격을 하면서 미국을 따라가고 있다.

다음으로 이 연구의 또 다른 주안점인 체제특성을 중심으로 본다면 미국과 중국의 체제적 특징은 우선 디지털 화폐 분야에서 도드라진다. 자유무역을 주창한 미국 디지털 화폐의 발전은 민간기업이 주도하였지만, 중국은 독점적 지위를 정부에게 주는 특징을 보이고 있다. 다음으로 플랫폼 분야에서도 유사한 현상이 일어나고 있는데, 민간의 기술창출로 인한 효과와 달리 중국은 권위주의형 모델로서 플랫폼의 확장을 도모하고 있다. 그러나 반도체 분야에서 만큼은 각 국가별 체제의 특징이 역으로 표출되고 있다. 즉 미국은 자유무역을 신봉했지만 반도체 분야에서 자국 이기주의를 여실히 보이고 있고, 자체 반도체 구축을 도모하는 중국은 자유무역주의를 강조하는 모습을 보이고 있는 것이다.

미중 양국은 정치와 경제에 있어서 이질성과 동질성을 동시에 지니고 있었지만 최근 들어 점차 이질성이 도드라지고 있는 형국이다. 이것은 미중 패권경쟁이 미국과 소련의 패권경쟁과의 모습과 유사해졌다는 것을 보여 준다. 하지만 시대의 변화 속에서 볼 수 있는 것은 패권의 3요소로 거론한 안보·경제·사회 분야의 경계가 희미해지고 있다는 것이다. 안보로 설정한 반도체의 가치는 사실상 경제·사회영역에서와 겹치는 부분이 상당히 많다. 디지털 화폐 역시 단지 경제 분야에만 속하는 것이 아니라 사회 분야로 설정한 플랫폼 분야와 밀접하게 연관되어 작동하고 있다. 플랫폼 분야 또한 그 영향력이 전 세계의 안보 및 경제에까지 미친다는 측면에서 패권의 3요소 모두에 깊이 발을 담그고 있다.

2023년에도 각 분야에서의 미국과 중국의 경쟁이 더욱 거세질 것이다. 한국은 이러한 미국과 중국의 패권경쟁에 지대한 영향을 받는 국가이다. 상기한 세 분야에서의 미중 경쟁이 심화되는 상황 속에서 구체적인 국가전략의 수립이 필요하다.

**참고문헌**

곽수영. 2022. "중국의 위안화는 기축통화가 될 수 있을까?–중국의 CBDC를 중심으로–." 『무역보험연구』 23(2). 83–100.

권석준. 2022. "미중 반도체 갈등의 군사안보적 함의." 『성균차이나브리프』 10(4). 101–106.

김경환·이정표. 2021. "중국 디지털위안화 유통을 위한 정책적 쟁점 고찰–광둥성 선전시 시범지역을 중심으로–." 『중국지역연구』 8(2). 1–24.

김상배. 2022. 『미중 디지털 패권경쟁』. 한울아카데미.

김양팽. 2022. "반도체산업의 가치사슬별 경쟁력 진단과 정책 방향." 『월간 KIET 산업경제』 289호. 18–29.

김영호. 2012. 『대한민국과 국제정치』. 성신여자대학교 출판부.

김의석. 2018. "블록체인 혁신성 연구." 『한국전자거래학회지』 23집 3호. 173–187.

김준연. 2020. "미중 AI 패권경쟁: 기술추격론에서 본 중국의 추격과 미국의 견제." 이승주

엮. 『미중 경쟁과 글로벌 디지털 거버넌스』. 사회평론아카데미. 307-343.

다나카 미치아키. 정승욱 역. 2019. 『미중 플랫폼 전쟁』. 세종.

류루이. 2021. "미중 반도체 전쟁의 힘 겨루기와 향후 전망." 『성균차이나브리프』 9(3). 106-113.

마셜 밴 앨스타인·상지트 폴 초더리·제프리 파커. 2017. 『플랫폼 레볼루션』. 부키.

박미영·최공필. 2022. "해외 주요국 중앙은행 디지털 화폐(CBDC) 전략 비교분석 및 정책적 시사점: 중국과 미국을 중심으로." 『지급결제학회지』 14(1). 229-248.

박선종·김용재·오석은. 2018. "중앙은행 디지털 화폐연구." 『한국은행 금융결제국』(공동연구 결과보고서)

박정준·강혜인. 2020. "미국의 對한중일 반도체 패권경쟁과 시사점." 『무역통상학회지』 20(2). 1-29.

배영자. 2011. "미국과 중국의 IT 협력과 갈등: 반도체 산업과 인터넷 규제 사례." 『사이버 커뮤니케이션 학보』 28(1). 53-88.

_____. 2022. "미중 반도체 갈등과 한국의 대응 전략." 『Jpi정책포럼』 2022(1). 1-22.

설진아·최은경. 2018. "GAFA의 플랫폼 전략과 네트워크 효과 유형 분석." 『방송통신연구』 102. 104-140.

양종민. 2022. "디지털미디어 콘텐츠 플랫폼의 정치경제: 자유시장의 관리 vs. 보호된 자유경쟁." 『國際政治論叢』 62(3). 83-120.

윤재웅. 2020. 『차이나 플랫폼이 온다』. 미래의창.

이규철. 2021. "미국 달러 패권의 메커니즘과 중국의 대응전략." 『한국동북아 논총』 26(4). 55-80.

이대기. 2017. "중앙은행의 디지털 화폐 발행에 대한 최근 논의와 시사점." 『주간금융브리프』 26(25). 13-15.

이영주. 2022. "중앙은행디지털 화폐(CBDC) 발행 논의의 전개와 디지털 유로화(Digital Euro)-유럽중앙은행(ECB)의 입장 및 디지털 유로화 발행의 의미를 중심으로-." 『EU연구』 62. 67-91.

이영환. 2016. "국내외 블록체인 기술 적용분야 및 사례연구." 『한국인터넷진흥원 연구보고서』.

이왕휘. 2020. "미중 디지털 통화 경쟁: 디지털 위안 대 디지털 달러." 『EAI Special Report』. 1-14.

이은영. 2018. "중국의 반도체 굴기 추진과 향후 전망." 『China Next』 3. 1-8.

이종호. 2008. "특집 한국 반도체산업의 현주소와 미래전망-(1) 반도체란 무엇인가." 『과학과 기술』 41(2). 66-69.

이창현. 2022. "미국 반도체 산업경쟁의 군사안보화에 관한 연구−일본·중국과의 반도체 산업분쟁 대응을 중심으로−." 경남대학교 대학원 박사학위논문.

이혜정. 2017. 『냉전 이후 미국 패권』. 한울아카데미.

이희정. 2017. "커뮤니케이션 기술의 발전과 디지털 플랫폼 규제." 『행정법연구』 49. 53-74.

정형곤·윤여준·연원호·김서희·주대영. 2021. "미중 반도체 패권 경쟁과 글로벌 공급망 재편." 『대외경제정책연구원』 1-230.

조용호. 2011. 『플랫폼 전쟁』. 21세기북스.

조은교. 2021. "미국의 반도체 공급망 제재에 대응하는 중국의 전략과 시사점." 『월간 KIET 산업경제』 272. 53-64.

조은교·서동혁·심우중·김바우·백서인. 2021. 『미·중 기술패권 경쟁과 우리의 대응 전략: 반도체·인공지능을 중심으로』. 산업연구원.

최필수·이희옥·이현태. 2020. "데이터 플랫폼에서의 중국의 경쟁력과 미중 갈등." 『중국과 중국학』 39. 55-87.

하영호. 2000. "특별기획: 디지털시대와 사회과학: 디지털이란?." 『社會科學』 12. 1-13.

Codruta Boar and Andreas Wehrli. 2021. "Ready, stedy, go?: Results of the third BIS Survey on central bank digital currency". *BIS Papers* (114): 1-23.

Pieter Ballon and Eric Vab Heesvelde, "ICT platforms and regulatory concerns in Europe." 2011. *Telecommunications policy* 35(8): 702-714.

구정모. 2022. "미국 반도체 중국 수출금지에 中 세계 AI 주도 야망 '흔들'. www.yna.co.kr/view/AKR20220902048700009(검색일: 2023. 1. 2.)

김기호. 2021. "화웨이 독자 OS '홍멍' 사용자 1억 명 넘어…4억 명 확장 계획." biz.sbs.co.kr/article/20000030965?division=NAVER (검색일: 2022. 12. 30.)

김은하. 2023. "중국 공산당 심기 거스른 첫 AI챗봇…돌연 서비스 중단." https://view.asiae.co.kr/article/2023021220580983243(검색일: 2023.02.14.)

나현준. 2022. "GAFA 매출액, 전세계 1% 돌파했다." www.mk.co.kr/premium/special-report/view/2022/02/31537/ (검색일:2023.01.03.)

류지영. 2023. "'홍위병 AI' 전략한 중국판 챗GPT." https://www.seoul.co.kr/news/newsView.php?id=20230214002001&wlog_tag3=naver (검색일: 2023.02.14.)

윤홍우. 2022. "2022, 美, 中 반도체 '화웨이식 제재'…AI 등 원천차단." www.sedaily.com/NewsView/26C7X8BOIM (검색일: 2023. 1. 2.)

이민석. 2022. "美, AI부품 제조 등 中기업 36곳 추가 제재… 규정 지킨 25곳은 빼줘." https://www.chosun.com/international/2022/12/16/IW6OJF37MZGHNISXDOO4

IWNLC4/?utm_source=naver&utm_medium=referral&utm_campaign=nav er-news (검색일: 2023.01.02.)

인교준. 2020. "상반기 위안화 국가간 송금 15.7% ↑…中, 국제화에 전력." www.yna.co.kr/ view/AKR20220926060700009 (검색일: 2022.12.31.)

조영빈, 2022. "중국, 미국 반도체 통제에 "자유무역 향한 야만적 공격" 맹비난." www. hankookilbo.com/News/Read/A2022100915090003878 (검색일: 2023. 1. 3.).

companiesmarketcap.com/ (검색일: 2023년 1월 3일)

companiesmarketcap.com/internet/largest-internet-companies-by-market-cap/ (검색일 2022. 12. 30.)

en.wikipedia.org/wiki/Reserve_currency#Global_currency_reserves (검색일: 2022. 12. 30.).

macropolo.org/ai-data-us-china/?rp=m (검색일: 2023. 1. 3.) Matt Sheehan, 2019. " Much Ado About Data: How America and China Stack Up." MarcoPolo, July 16 2019.

www.belfercenter.org/sites/default/files/GreatTechRivalry_ChinavsUS_211207.pdf (검색일: 2023. 1. 3.). Graham Allison, Kevin Klyman, Karina Barbesino and Hugo Yen. "The Great Tech Rivalry: China vs the U.S.." Paper, Belfer Center for Science and International Affairs, Harvard Kennedy School, December 7, 2021.

www.statista.com/statistics/272014/global-social-networks-ranked-by-number- of-users/ (검색일 2022. 12. 30.) (Statista. (June 15, 2022). Number of social media users worldwide from 2017 to 2027 (in billions) [Graph]. In Statista. Retrieved December 30, 2022)

# 제6장

# 디지털 기술 발전과<br>중국 정치체제의 안정성[1]

임진희(한신대)

## 1. 서론

　최근 중국의 인터넷 감독 당국이 '제로 코로나 정책(新冠疫情清零政策)'에 반대하는 시위 확산을 막기 위해 검열을 강화하고 있다는 언론의 보도가 나왔다.[2] 보도에 따르면 중국 국가사이버정보관공실(国家互联网信息办公室)은 2022년 11월 29일 국내 인터넷 기업들에게 검열팀을 확대하라는 지침을 내렸다는 것이다. 이러한 당국의 지시는 중국의 '코로나 19' 정책에 반발하는 '백지시위(白紙革命)'에 관한 콘텐츠 검열을 강화하고 인터넷 우회

---

[1]　이 글은 필자의 논문 "디지털 기술 발전이 중국의 체제 안정에 미치는 영향." 『국가와 정치』 제 29집 1호의 형식과 내용을 수정, 보완한 것이다.

[2]　2022년 11월 24일 신장위구르자치구(新疆维吾尔自治区) 우루무치(乌鲁木齐)의 한 아파트에서 화재가 발생해 19명의 사상자가 발생했는데, '제로 코로나 정책' 봉쇄로 인해 거주자 대피와 소방차 접근이 어려워 피해가 커졌다는 주장이 제기되었다. 이에 '제로 코로나 정책' 해제를 외치는 시위가 발발, 상하이(上海), 베이징(北京), 우한(武汉), 청두(成都) 등으로 확산되었으며 시위의 과정에서 시진핑 총서기나 공산당의 퇴진을 요구하는 목소리가 등장하기도 했다.

접속 수단인 가상사설망(VPN) 접근을 차단하는 것이 주요한 내용이라 전해진다. 백지시위라는 표현은 참여자들이 중국 정부의 정보 검열과 통제에 저항한다는 의미로 백지를 들고 시위하는 모습에서 나왔다. 아울러 당국은 인터넷 콘텐츠 플랫폼에 가상사설망 사용에 대한 정보와 판매 게시를 삭제하고 검색까지 금지하라는 요청을 전달한 것으로 알려졌다(강건택 2022).

이러한 일화는 기술의 발전과 관련한 중국의 딜레마를 보여 준다. 중국은 개발도상국이자 동시에 권위주의 국가이기 때문이다. 경제적인 성장이 절실하나 동시에 권위적인 체제를 유지해야 한다는 의미이다. 중국은 개혁개방 정책을 실시하며 경제성장에 매진해 왔다. 이후로 약 30년간 연평균 10% 이상의 경제 성장을 지속하였고, 지난 10년 세계 경제 성장에 30% 이상을 기여했으며, 현재 글로벌 규모 2위의 경제 대국으로 성장하였다. 어찌 보면 이처럼 놀라운 경제적 성과가 중국 정부의 강압적 통치나 통제에 대한 인민들의 불만을 완화하거나 무마시킬 수 있었던 것도 사실이다. 다만 이는 근래에 세계 경제 불황에 대내외적 문제가 더해지며 중국의 연평균 성장률 역시 내림세를 면하지 못하고 한계에 다다른 상황이다.

한편으로 중국은 경제발전의 핵심 동력인 기술발전에 노력해 왔다. 개혁개방 초기부터 국가적 차원에서 기술 선진국과의 격차를 줄이기 위해 전폭적인 투자와 지원을 아끼지 않았다. 자체적인 발전의 노력과 동시에 풍부한 자본을 무기로 일찍이 해외기술 도입에 적극적인, 심지어 공세적인 모습을 보여 왔다. 그러나 후발주자 중국이 일찍부터 1차, 2차, 3차 산업혁명을 주도하였던 선진국들을 따라잡는 것은 생각처럼 쉬운 일은 아니었다. 그럼에도 불구하고 꾸준한 노력과 막대한 투자로 인해 근래는 격차가 줄어들고 있다는 분석과 평가가 늘어났다. 그런데 이처럼 줄어든 격차는 일부 국가나 관련 인사가 이러한 중국의 성장과 일련의 노력을 위협으로 인식하는 수준까지 이르렀다.

특히 제2차 세계대전 이후 압도적인 국력으로 세계를 이끌던 미국은 이러한 중국의 추격을 위협으로 인식한다. 그리고 긴장한 패권국 미국이 중국의 부상을 견제하려 하면서 도전하는 중국과 전략적 경쟁을 치르는 양상이다. 이러한 상황에 있기에 양국의 기술력 경쟁은 기술에 한정된 사안이 아니다. 과거에도 기술의 패권은 중요한 문제였다. 그러나 현재 기술의 변동 속도가 매우 빨라져 어느 국가도 독보적 우위를 장담할 수 없게 되었고, 과학과 기술이 본래의 영역을 넘어서 다양한 이슈, 분야, 차원에 영향을 미치며 종합국력의 기본과 지표가 되었기 때문이다(이승주 2022, 227-229). 그러한 이유로 미국과 중국은 기술력 경쟁과 관련한 차세대 산업의 주도권 경쟁에 전력을 다하는 상황이다.

그러한 상황에 중국은 일종의 딜레마에 부딪힌다. 중국은 '당-국가 체제'[3]로 중국공산당이 인민을 대표하여 독재를 시행하는 독특한 권위주의 국가이다. 상술한 것처럼 중국은 여전히 경제적 성장이 목마른 개발도상국이지만 동시에 상당한 수준의 사회적 통제가 필요한 권위주의 국가라는 의미이다. 개혁개방 정책에도 이는 불변하는 진리이다. 위의 두 가지 모두 중국공산당이 이끄는 현 정치체제와 통치 정당성 유지에 필수 요소로 꼽힌다. 과학기술 발전과 관련하여 보자면 경제적 측면에서 국내적 안정과 대외적 부상에 필요한 과학기술 발전을 강력히 추진하고 있지만, 동시에 이러한 기술의 발전이 의도와 다르게 개방과 권력의 분산을 가져올 수도 있

---

3 '당-국가 체제'에서는 당이 곧 국가고, 국가가 곧 당이다. 당과 국가가 일치, 당은 국가와 사회에 대해 절대적 우위를 유지하는 체제로 중국은 당이 국가와 사회를 지배하는 체제를 건국 이후부터 지금까지 일관되게 견지하고 있다. 장기적 목표로 공산주의 실현을 말하고 있으나 온전한 의미의 전체주의는 많이 퇴색했다. 권위주의 체제 정치의 근간으로 현재 당은 중국의 정치, 경제, 사회, 문화 전 영역을 아우르는 조직이다.

기 때문이다.

본문은 이러한 중국의 대내외 상황과 관련한 문제의 인식에 기초해 디지털 기술의 발전이 현재 중국의 정치경제 체제와 안정에 미치는 영향을 고찰하는 것을 그 목적으로 한다. 따라서 다음과 같은 순서로 글을 진행하고자 한다. 1절에서는 본 연구의 배경과 목적을 밝힌다. 2절에서는 과학기술 발전과 국가 정치경제의 상관관계에 대한 이론 및 선행연구를 검토하고 정리한다. 3절에서는 현재 시진핑(习近平) 정부 중심으로 과학과 기술에 관한 중국의 각종 정책과 발전 현황을 살펴본다. 4절에서는 과학기술 발전이 중국의 사회안정과 정치경제에 미치는 영향과 그 함의를 고찰하고 제시한다. 5절에서는 상술한 내용을 요약하며 관련 시사점을 제시하려 한다.

## 2. 디지털 기술 발전과 국가 정치경제

### 1) '기술결정론'과 '사회구성론'

현재 인류는 기술 발달과 4차 산업혁명 도래로 새로운 시대를 맞이하고 있다. 1차 산업혁명은 1784년 이후의 증기기관과 기계화 혁명이었고, 2차 산업혁명은 1870년 이후의 전기를 활용한 대량생산 혁명이었다. 3차 산업혁명은 1969년 이후의 인터넷이 견인한 컴퓨터 정보화 및 자동화 시스템이 주도한 혁명이었고, 4차 산업혁명은 로봇이나 인공지능을 통해 실제와 가상이 통합돼 사물을 자동적·지능적으로 제어할 수 있는 가상 물리 시스템의 구축이 기대되는 혁명이다. 특히 20세기 후반의 정보통신기술 발전은 각국의 경제는 물론 정치, 군사, 외교, 사회, 문화 등 다양한 영역에 복잡하고 근본적인 변화를 가져오며 과학기술에 대한 새로운 인식과 대응의 필요성을 제고하였다.

사실 근대화 이후 과학기술 발전은 정치경제 변화의 주요 동인이었다. 그리고 이와 관련 기존에 과학기술이 각 국가에 미치는 영향의 연구는 대부분 '기술결정론'적 시각이나 '사회구성론'적 분석을 시도하였다. 우선 전자는 과학기술 발전이 사회의 변혁을 가져온다는 가정에서 출발한다. 그들은 과학기술이 한 국가의 정치, 경제, 사회, 문화 등에 막대한 영향을 미친다고 주장하였다. 다만 이는 낙관론과 비관론 두 가지로 나눌 수 있는데 낙관론의 경우는 과학기술이 국가와 사회의 발전에 긍정적 영향을 미친다고 주장하며 특히 이를 사회적 진보나 민주주의의 확산과 연계시킨다. 과학기술 발전이 개인과 사회의 정보 습득과 상호 소통을 쉽게 만들어 사회적 연대나 민주주의 확산에 이롭다는 설명이다(정종필·손붕 2013, 115-118).

반면 비관론의 경우는 과학기술이 사회를 변화시킨다는 것에는 동의하지만, 상대적으로 부정적 결과나 영향을 중심으로 조명한다. 흔히 언급되는 것은 과학기술로 만들어진 가상의 세상에도 현실과 비슷한 정치, 경제, 사회, 문화적 불평등이 존재한다는 불편한 현실이다. 새로운 시대에 핵심적 자원인 정보도 불평등과 격차가 있다는 것이다. 그로 인해 다가오는 미래에도 특권을 가진 소수가 기타 다수에 비해 더욱 편하게 잘 갖추어진 정보통신 플랫폼에 접근하고, 이를 통해 더욱 많은 정보자원을 확보할 수 있다는 주장이다. 그리고 소수인 기득권 집단은 이처럼 손쉽게 확보한 정보를 빠르고 효율적으로 활용하면서 더욱 많은 이익을 창출하고 혜택을 누릴 것이라는 주장이다. 결국에는 악순환의 연속이다.

한편 사회구성론의 경우 과학기술을 결정적 요소로 간주하지 않으며 국가 정치, 경제, 사회 등의 조직 안에 얽힌 하나의 구성 요소로 이해한다. 달리 말하면 과학기술의 중요한 역할과 의미는 그 자체보다는 그것을 개발하고 활용하는 개인과 사회이며 과학기술 역시 그들이 만드는 구조의 창조물인 것이다. 이에 과학기술은 누가 어떠한 생각과 목표를 가지고 개발하여 활용하느냐에 따라 사회 진보나 민주주의를 확산시키는 수단이 될 수도 있지만 동시에 권위주의 공고화의 수단이 될 수도 있다는 것이다. 간단하게 말하면 행위자에 따라서 과학기술 활용의 결과와 영향이 달라지는 것이다. 실제 권위주의 국가에서 과학기술이 정부의 선전·통제 수단인 동시에 정부에 대한 저항의 수단으로 활용되는 사례가 적지 않다.

앞서서 설명한 기술결정론 시각에서 과학기술은 국가의 정치, 경제, 사회, 문화 등의 다양한 영역에서 긍정적인 혹은 부정적인 원인이나 결과로 등장한다. 그러한 과정에서 그것을 창조하고 활용하는 개인, 사회, 국가, 세계라는 중요한 행위자를 간과하는 것이다. 그러나 상술한 것처럼 실제로 같은 과학과 같은 기술도 누가 어떻게 활용하느냐에 따라 그 결과와 영향은 완전히 달라질 수 있다. 구체적인 예를 들자면 원자력은 전기를 생산해 인류를 이롭게 할 수 있지만 동시에 핵무기 개발로 생존을 위협할 수 있다는 것이다. 다른 예로서 생명공학은 인간의 건강과 생명에 이로운 결과를 목표로 하지만, 동시에 악용할 경우는 사익을 위해서 인간의 건강과 생명을 해치는 악의적 결과를 초래할 수도 있다.

실제 벤저민 바버(Benjamin Barber)는 기술이 민주주의에 도움을 줄 수는 있지만, 이는 오직 민주주의에 도움을 줄 수 있도록 적절한 환경이 조성된 경우에만 가능한 것이라고 주장하였다. 관련하여 "… 기술은 아직도 의사소통의 한 수단일 뿐이다. 기술은 우리가 무엇을 말하고, 누구에게 말할 것인지를 결정해 주지는 못한다"라며 그 의미를 설명하였다. 실제 가장 많이 언급되는 예로 인터넷은 흔히 물리적인 제한을 넘어선 무한개방세계로 일

컬어지고 있지만, 사실상 권위주의 국가에서는 다양한 수단을 통해서 개인과 사회의 인터넷 접근과 내용을 제한해 통제하거나 오도하려고 시도한다. 물론 일정한 한계가 있지만 이러한 통제를 받는 이들은 확실히 다른 국가나 사회의 이들에 비해 제한된 정보를 접한다(정종필·손붕 2013, 115-118).

### 2) '독재자의 딜레마론'과 '사이버 체제론'

과학기술과 경제발전의 상관관계를 살펴보자면 과학기술 발전의 정치사회적 활용과 통제에 관련한 두 가지의 상반된 시각이 존재한다. 첫째는 '독재자의 딜레마론(Dictator's Dilemma)' 시각이다. 이러한 시각에 따르면 권위주의 국가들은 과학기술과 정보통신을 강력하게 통제하면 자국의 경제적 성장을 제약할 수 있다는 고충이 있으며, 반대로 자유롭게 개방하면 정치체제와 사회안정에 위협을 초래할 수 있다는 생각에 모종의 딜레마를 겪고 있다. 그러한 이유로 이들은 권위주의 국가들이 정보통신기술을 허용하고 사회적인 연대와 민주주의 개혁의 요구에 직면하거나 아니면 정보통신기술의 개발과 확산을 통제하고 경제적 정체나 쇠퇴를 감수하던가 둘 중 하나의 어려운 선택을 해야만 한다고 주장한다.

독재자의 딜레마론을 처음 제기한 크리스토퍼 케지(C. Kedzie)는 1980년대 말에 나타난 일련의 상황을 세계적으로 나타난 민주주의적 혁명과 정보통신기술 발전에 기초한 정보혁명으로 인식하였다. 그는 냉전의 종식과 공산주의 국가들의 민주화로 민주주의와 경제발전의 상호 작용을 설명하는 대안적 이론의 필요를 주장하면서 민주주의 확산과 경제성장 모두를 유인하는 요소인 정보 접근에 착안하여 분석하고 입증하고자 하였다. 그리고 구소련 내부의 정치적 변동에서 혁명적인 정보통신기술의 역할을 포착하여 권위적인 통제의 종말을 둘러싼 일련의 상황을 고찰하였다. 결과로 권위주의 정부가 직면한 체제 유지와 경제적 발전 사이의 모순을 '독재자의 딜레마'로 설명하였다.

반면 어떠한 이들은 다른 시각을 제공해 과학기술 발달로 민주주의 확산도 가능하지만 동시에 권위주의 강화도 가능하다고 주장한다. 그리고 정치적으로 과학기술 발전을 강력히 통제하지만 동시에 경제적으로 발전을 촉진할 수 있다는 주장을 전개하였다. 이러한 비판적 시각의 대표가 1992년 탄생한 '사이버 체제론(Cyberocracy)'이다. 자세히 보자면 과학기술의 발전이, 특히 정보통신기술과 인터넷의 발달이 반드시 민주주의 확산과 개혁의 요구로 이어지는 것은 아니며, 오히려 권위주의 체제에 활용되거나 현실 정치의 권위주의 체제와 가상세계의 민주주의 발전에 개별적으로 대응해 독립적으로 발전시킬 수 있다고 설명한다.

실제로 역사상 파시즘이나 공산주의의 경우에 과학기술은 독재자나 그에 부역하는 조직이 권력을 유지하며 확대하는 선전, 감시, 통제 도구로 전락하였다. 현실에서 과학기술이 정치로부터 독립적이기 어려웠다는 의미이다. 나아가 그러한 맥락에서 부정적 과거가 미래에 반복될 수 있다고 경고한다. 그 주체는 국가일 수 있지만 동시에 권위적인 국가와 과학기술 개발자, 관련한 기업들의 연합이 될 가능성도 존재한다. 이러한 두 가지의 이론은 제3차 산업혁명 시기에 인터넷의 정치적 영향력, 특히 그로 인한 민주화 개혁을 기대하는 낙관주의나 현실주의를 대표하는 시각이며 권위주의와 과학기술의 관계를 해석하는 데에 유효하다.

상술한 두 시각은 과학기술이 국가의 정치사회에 미치는 영향을 다르게 가정하고 있기에 과학기술의 다른 측면, 정책에 관심을 보인다. '독재자의 딜레마론' 시각에서 독재자 혹은 조직은 대중에 대한 접근을 최소화하며 그들을 통제하기 위해서 과학기술을 정치 선전이나 대외경제 협력 같은 체제 유지에 필요한 범위에 한정해 선별적으로 활용한다. 반면에 '사이버 체제론' 시각에서는 과학기술의 개발과 활용을 체제의 유지를 위한 수단으로 생각하기 때문에 접근 통제와 같은 선택을 하지 않는다. 오히려 대중적 접근과 활용을 허용하면서 자국의 경제적 성장을 위해서 적극적으로 활용하며 필요한 검열에만 집중할 것이라고 생각한다.

1990년대 정보통신 기술이 확산되며 '독재자의 딜레마론'이 대중적으로 인식되고 이러한 이론에 근거한 다수의 분석이 등장하였다. 그러나 권위주의 국가에서 과학기술이 위협으로 작용한다는 명백한 증거를 확인하기 어렵다는 비판이 등장했으며, 권위주의 국가들도 때로는 정보통신기술을 정치체제 선전의 수단이나 경제적 이익을 실현하는 효과적 수단으로 활용하고 있다는 반증도 적지 않다. 동시에 사이버 체제론 시각에서 권위주의 국가들을 분석하는 연구들도 적지 않다. 그러나 또한 특정 권위주의 국가에서 독재자의 딜레마론 시각과 유사하게 정보통신기술의 이용에다 접근까지 강력하게 통제하는 사례도 분명히 존재한다.

종합적으로 이론적 전개와 현실의 상황을 고려한다면 과학기술은 기본적으로 중립적이며 개인, 사회, 국가, 국제사회 등의 다양한 행위자가 어떠한 목적으로 어떠한 상황에서 과학기술을 개발하고 이용하느냐에 따라 그 결과와 영향이 달라진다고 보는 것이 합리적이다. 과학기술 자체는 선악이 없으며 결정적 요소와 문제는 행위자다. 어떻게 활용하는가에 따라서 긍정적인 또는 부정적인 결과를 가져오기 때문이다. 과학기술을 불변하는 긍정 또는 부정적으로 단순하게 판단하는 것은 인간과 사회, 그 복잡함과 다면적 특성을 간과하는 심각한 오류이다. 실제 현실에서는 선한 의도로 개발한 기술이 악한 이들에 의해서 악용되기도 하고 또는 의도치 않게 나쁜 결

디지털 기술과 정치

과나 영향을 초래하기도 한다. 정반대의 상황도 가능하다.

그런데 정치체제와 과학기술의 상관관계를 해석한 독재자의 딜레마론, 사이버 체제론 사이에 어떠한 이론이 더 유효한지 합리적인지 판단하기는 보다 어려운 문제이다. 상술한 것처럼 상당한 숫자의 국가가 권위주의 체제와 과학기술 발전을 동시에 추구한다. 그 어느 것도 포기를 원하지 않기에 두 가지를 병행하는 상황이다. 다만 진행 중인 터라 현재 시점에서 성공하였나 아니면 실패하였나, 결과를 말하기는 어려운 상황이다. 성공한 사례도 있지만 실패한 사례도 있기에 명확한 하나의 결론을 내리기 어렵다. 혹은 현재 둘을 성공적으로 병행하는 것처럼 보이지만 어느 순간 병행이 불가능해져 둘 중 하나를 선택해야만 할 수도 있다. 상술한 중국의 혼란은 이처럼 기로에 선 국가의 모습을 잘 보여 주는 상황이다.

중국은 권위주의 체제와 과학기술 발전을 병행하고 있는데 정치적인, 내지는 경제적인 위기가 발생하는 시기에 사회적인 통제가 강화되며 관련한 과학기술 자체가 위협받는 상황이 발생한다. 권위적인 정치와 개방적인 경제를 병행하는 실험을 진행하는 과정에 불가피한 모순이 발생하며 경제적 개방성이 위협받는 시기가 존재했다. 현재 이러한 실험이 기로에 섰다는 주장도 있다. 중국이 권위주의 정체와 과학기술 발전을 계속 병행할 수 있을지, 아니면 유사시 불가능한 상황에 이르러 과학기술 발전을 포기하게 될는지 그 결과와 영향은 한국을 포함한 전 세계로 막대한 영향을 미치게 될 것이다. 이러한 인식에 근거해 아래에서는 중국의 디지털 기술과 관련한 현황과 정책을 고찰하고 이해와 분석을 시도하였다.

# 3. 디지털 기술에 관한 중국의 정책과 발전

## 1) 중국의 과학기술 정책과 발전

대부분의 국가와 유사하게 중국의 과학기술 정책도 정부가 주도하는 것이다. 중국의 과학기술 육성의 노력에는 정치적, 경제적, 사회문화적 목표가 복합적으로 존재한다. 정치적으로 정당성을 제고하면서, 경제적으로 이익을 창출해 내고, 사회문화적 위상을 제고하려는 것이다. 종합적인 목표이자 전략이다. 관련하여 미국의 경제, 국가 안보를 목적으로 주요국 과학기술 전략과 글로벌 혁신 환경을 분석하고 정책을 제안하는 글로벌 과학기술전략위원회(Committee on Global Science & Technology Strategies and Their Effect on U.S. National Security)는 중국의 과학기술 전략은 아래와 같은 특성을 지니고 있다고 분석한다.

첫째, 과학기술 발전을 통해서 경제발전, 군사력 강화, 국제적 지위 제고를 도모한다. 둘째, 상의하달의 집중적 정부투자는 성장의 원동력이다. 셋째, 다른 국가에 대한 중국의 영향력을 확대하기 위하여 군사현대화 프로그램에 적극적으로 투자한다. 넷째, 적극적으로 선진기술 도입을 추진한다. 다섯째, 과학기술 인프라 구축을 우선순위로 한다. 특히 정보통신, 에너지, 생명공학 분야에 주력한다. 실제로 중국의 관련한 정책은 상당한 성과를 거둔다. 국가가 주도했던 정책의 결과이다. 물론 여전히 특정 분야에 대한 편중과 핵심 기술의 높은 해외 의존도 같은 문제가 다수 있지만, 한계의 극복을 위해서 꾸준히 노력하는 과정이다(정병걸 2017, 50-51).

특히 5세대 지도자인 시진핑 시기, 중국의 과학기술 정책은 역사적 변화를 맞이한다. '혁신주도형' 발전을 기조로 선언하며 혁신을 발전의 원동력으로 규정한다. 역대 정부 모두 혁신을 강조하긴 했지만, 이번 경우는 특히 3차 산업으로의 조정, 4차 산업시대의 대비 등 급변한 글로벌 환경을 반영한 선택으로 분석된다. 이에 근거하여 서비스업 강화, '중국제조 2025(中国制造2025)', '인터넷 플러스(互联网+)' 같은 구체적 정책을 발표하였고 '혁신'에 근거한 연구개발 역량을 제고하기 위하여 노력하였다.[4] 특히 근래의 국력 신장과 기술 발달에 대한 자신에 근거, 과학기술 역량의 축적과 선진국가 추격을 넘어서 미래기술 선점이나 과학기술 강국에의 도약에 초점을 맞추었다.

구체적인 방향을 살펴보면, 우선 국내외의 다양한 변화에 직면하여 과학기술 정책의 방향을 전환하는 것이다. 중국경제 중저속 성장의 뉴노멀, 종합국력 신장, 과학기술 발전, 선진기술 확보 난이도 증가, 제4차 산업혁명 도래와 같은 변화를 의미한다. 다음으로 그간 과학기술 정책에 대한 점검과 핵심분야 개혁시범 사업을 통한 문제인식, 개선안 도출을 시도하는 것이다. 과거처럼 단순하게 선진국의 기술력을 추격하는 목표에서 벗어나고 새로운 환경과 중국의 필요를 반영한 문제지향, 효율향상 정책을 추진하는 것이다. 그리고 이로써 중국은 후발국의 입장에서 벗어나 선도국 파트너, 선도국 수준의 과학기술 강국을 도모하는 것이다.

구체적인 정책을 살펴보면, 우선 과학기술 정책과 체제의 최상위 설계와 중장기 비전 및 전략 제시 등에 노력하였다. 관련하여 과학기술 자문제도 수립, 국가과학기술 자문위원회 설립, 국가과학기술혁신 싱크탱크 구축, 기술예측메커니즘 보완 등을 추진하였다. 그리고 과학기술 선도국을 목표

---

[4] '중국제조 2025'는 중국 국무원이 양적 성장에서 질적 성장으로 거듭나기 위해 추진하는 5대 프로젝트 10대 전략산업 육성 계획이다. 2025년까지 글로벌 제조업 강국으로 도약하고 핵심기술 자급자족 달성을 위해서 관련한 분야에 국가의 막대한 인적·물적 자원을 지원하는 것이다.

<표 1> 중국의 선두주자 우위 육성을 위한 중점지원

| 중대 프로젝트 | 선진산업 시스템 | 민생 개선과 지속 가능한 발전 | 국가안보 및 전략이익 |
|---|---|---|---|
| • 국가과학기술중대전문프로젝트(2006-2020)<br>• 과학기술혁신중대전문프로젝트(2030-) | • 농업<br>• 차세대 정보기술<br>• 지능, 녹색 제조기술<br>• 신소재<br>• 청정, 고효율 에너지 기술<br>• 교통기술 및 장비<br>• 바이오기술<br>• 식품 가공, 제조 기술<br>• 상업모델 혁신 지원하는 선진 서비스기술<br>• 산업혁명 이끄는 파괴적 기술 | • 생태, 환경 보호 기술<br>• 에너지 고효율, 순환 활용 기술<br>• 인구 보건 관련 기술<br>• 신형도시화 기술<br>• 공공안보 및 사회 거버넌스 기술 | • 해양자원의 효율적 개발, 활용, 보호 기술<br>• 우주탐사, 개발, 활용 기술<br>• 심부지하, 극지 개발 핵심기술<br>• 국가안보, 반테러 기술 |

출처: 윤대상. 2017. "중국의 과학기술정책." 『중국산업경제브리프』 2017년 6월호, 05.

로 전략적 과학기술, 원천기술 분야 역량 확충을 통한 우위 확보에 집중하였다. 이에 따라 다양한 국가 정책과 관련 협력을 통해 전략, 기초 및 프런티어 분야 등에 대한 지원, 연구개발 등을 확대했으며 기업, 연구소, 대학 같은 주체의 혁신역량 강화를 지원하였다. 나아가 혁신생태계의 조성이라는 형태의 정책지원책을 마련하였다.

　대표적 사례가 상술한 '중국제조 2025'와 '인터넷 플러스'로 막대한 주목을 받았다. 자세하게 살펴보면 전자는 중국 국무원이 양적 성장에서 질적 성장으로 거듭나기 위해 추진하는 5대 프로젝트, 10대 전략산업 육성 계획이다. 주요한 내용은 글로벌 제조업 강국으로의 도약과 핵심기술 자급자족 달성을 위해서 2025년까지 관련한 분야에 국가의 막대한 인적·물적 자원을 지원하는 것이다. 후자는 기존 산업과 인터넷의 통합과 연계를 의미한다. 이러한 연계를 통해서 기존 산업의 부가가치를 극대화하고 국가의 GDP 성장에 기여한다는 것이다. 이는 국가의 주요 산업을 포함하고 있는데 크게 보면 금융, 농업, 제조업, 무역과 연계된다. '독일의 인더스트리 4.0', '미국의 스마트매뉴팩처링' 정책을 벤치마킹했다고 전해진다(신동원 2022).

### 2) 새로이 직면한 도전과 변화

한편, 근래에 중국은 미국과 글로벌 주도권, 지위를 다투고 있다. 초기에는 정치외교, 국방, 경제금융 등의 전통적 분야에서 경쟁이 두드러져 보였지만 점차 그 영역과 범위가 확장되면서 기술패권 경쟁이 중요한 이슈로 자리 잡았다. 과학기술 발전이 빨라지고 일국의 독보적인 우위가 사라지는 중이기 때문이다. 나아가 과학기술 우위가 정치경제, 군사안보, 에너지와 기후변화 대응 같은 다양한 영역으로 이어지며 생존과 국가경쟁력, 미래의 주도권까지 좌우할 것이라는 인식이 광범위하게 퍼졌기 때문이다. 특히 첨단기술 부문 경우에는 선발과 선점의 이점이 두드러지는 분야이면서 다양한 이슈, 분야, 차원에의 영향도 막대하여 미국과 중국의 경쟁이 상당히 치열한 상황이다.

유달리 중국과 미국의 기술패권 경쟁이 치열한 이유는 상술한 중국의 노력이 상당한 성공을 거두면서 양국의 격차가 줄었기 때문이다. 5G 기술 선점에서 시작된 경쟁은 의약품, 반도체, 배터리, 인공지능, 청정에너지, 우주항공 등의 차세대 분야를 전방위로 아우른다. 20세기에는 과학기술 변방에 머무르던 중국이 정보통신 분야는 추격에 성공하였고 배터리, 드론, 태양광 등의 분야는 이미 선두를 차지하였다. 그뿐만 아니라 디지털 경제 핵심인 플랫폼 경쟁과 인공지능 분야도 미국과 중국의 양강 구도가 형성된 상황이다. 그러다 보니 미국 트럼프 행정부는 중국의 과학기술 부상을 경제적 침공으로, 미국의 중앙정보국(CIA) 경우는 과학기술을 주요한 전장(戰場)으로 꼽았던 것이다.

미국의 위협인식, 견제가 증가하는 동시에 중국의 전략적인 대응도 강화되는 추세이다. 이제는 도광양회(韜光養晦)5 방식의 과학기술 발전이 불가능한 것이다. 시진핑 주석은 자신감 넘치는 적극적 태도로 기술의 혁신이 글로벌 경쟁의 전장이 되었다 밝히며, 앞으로 과학기술 우위를 목표하는 경쟁이 치열해질 것으로 전망하였다. 사실상 과학기술 경쟁을 미중패권 경쟁에 연계하여 국가적 목표로서 규정한 상황이다. 특히 인공지능, 안면인식, 빅데이터 같은 첨단기술 경우에는 미국과의 전략적 경쟁에서 우위를 차지하는 데에도 중요하긴 하지만, 동시에 국내적인 필요로 정치, 경제, 사회 등의 전반적인 관리와 통제에 활용하며 권위주의 국가로서 중국공산당 통치에 활용해 왔다.

과학기술 패권과 관련하여 미국 바이든 정부는 독자적으로 중국과 경쟁하였던 트럼트 정부와 다르게 가치 동맹을 결성하였고 다른 국가들과 함께 중국을 견제하고 압박하는 방식을 선택하였다. 미국은 인도-태평양 전략을 통하여 핵심기술, 신흥 및 첨단기술 분야를 포함하는 협력을 추진하려 한다고 선언하였다. 과학기술 경쟁이 영역과 분야를 넘나들며 보다 복합적인 다차원적 경쟁으로 진화하며 미국의 독자적인 견제나 경쟁이 사실상 어려웠고 글로벌 연합이나 최소한 동맹과의 연대가 필요했기 때문일 것이다. 때문에 중국견제 진영이 형성되며 중국의 과학기술 발전과 선도국가 도약

---

5   도광양회(韜光養晦)란 자신의 능력이나 명성을 드러내지 않으며 힘을 기르고 때를 기다린다는 뜻으로 1980년대 덩샤오핑 시기에 시작된 중국의 신중한 대외정책 기조를 일컫는 용어다. 현재 중국은 전략적 판단에 근거, 그보다 적극적인 '유소작위(有所作爲)' 또는 '분발유위(奮發有爲)' 같은 기조로 대외정책의 방향을 전환했다.

이 어려워졌다고 주장하는 분석들도 증가하였다.

　그러나 미국의 견제와 이어진 '코로나 19'도 중국에 부정적인 영향만 미치지는 않았다. 오히려 디지털 경제로 나아가는 중요한 계기가 되었다는 평가이다. 중국은 미국과의 기술패권 경쟁으로 견제와 고립을 겪으며 디지털 기술의 발전과 사회로의 전환이 지체되던 상황이었다. 그러나 돌발변수 '코로나 19'를 겪으며 비접촉, 비대면 중심의 거대한 사회적 요구에 직면하였고 다양한 분야에 디지털 기술의 혁신과 적용이 강제되었다. 특히 소매업, 서비스 업계에 수요가 폭발해 디지털 기술을 활용한 비대면 서비스 제공이 가속화되었다. 다소 보수적이거나 회의적이었던 분야와 기업도 생존이 위협받는 상황에서 원격근무, 생산의 무인화 및 자동화, 무인 운송, 비대면 및 비접촉 마케팅 등으로 나아가는 수밖에 없었다.

　'코로나 19' 시대에 디지털 기술은 중국 정부의 대응, 행보도 영향을 미쳤다. 초유의 사태에 대응이 늦었던 중국은 늦게나마 정보통신기술을 활용하면서 상황을 통제하기 시작하였다. 이어서 사회의 강력한 통제와 관리를 목표로 개인의 위치정보, 안면인식, 인공지능, 빅데이터, 영상분석, 소셜미디어 분석, 결제 및 소비 분석, 로봇 및 드론 같은 첨단기술과 4차 산업혁명 분야 기술들을 총동원한다. 특히 이동제한과 확진자격리 등의 통제가 엄격한 상황에서 디지털 헬스케어, 무인 자동차, 드론, 무인 로봇과 같은 과학기술은 환자를 위한 의료서비스를 제공하거나 격리자, 환자를 위한 물품 배송을 담당하였다. 그리고 위치추적, 안면인식, 영상분석 등의 기술은 더욱 넓은 범위에서 감시와 통제에 다양하게 활용되었다.

　시진핑 주석은 일찍이 '코로나 19' 확산 상황은 산업 발전에 대한 도전이자 기회라고 언급하면서 '코로나 19' 대응에 인공지능과 5G 기술을 확대해야만 한다고 강조하였다. 또한 리커창(李克强) 총리는 2020 정보업무보고

〈표 2〉 코로나 19 확산 이후 중국정부의 디지털 기술 활용지원 정책

| 정책 | 주요 내용 |
|---|---|
| 공업정보화부, 「차세대기술을 적용한 전염병 방역 및 조업 재개 관련 통지(关于运用新一代信息技术支撑服务疫情防控和复工复产工作的通知)」(2020.2) | - 차세대 정보기술을 활용한 코로나 19 방역 작업 확대<br>- 원격진료, 원격근무, 원격교육, 디지털 물류 등의 새로운 비즈니스 모델 발굴 촉구 |
| 위생위원회, 「정보통신기술 강화를 통한 코로나 19의 감염예방 및 통제업무에 관한 통지(关于加强信息化支撑新型冠状病毒感染的肺炎疫情防控工作的通知)」(2020.2) | - 의료기관의 온라인 서비스 확대, 24시간 오프라인 의료상담, 온라인 처방 및 약물 배송 |
| 국가의료보장국·위생위원회, 「코로나19 방역 기간 동안 인터넷+ 의료보험 서비스 추진에 대한 의견(关于推进新冠肺炎疫情防控期间开展"互联网+"医保服务的指导意见)」(2020.3) | - 온라인 의료서비스의 보험결제 통로 마련<br>- 일반질환, 만성질환 온라인 진료 및 처방된 약품비를 의료보험기금 지급 범위에 포함<br>- 비대면 진료와 약품 구매서비스 제공 확대 |
| 공업정보화부, 「5G 발전 가속화 추진에 관한 통지(关于推动5G加快发展的通知)」(2020.3) | - 5G 네트워크 건설 가속화, 5G 기술 응용 및 보급 활성화, 연구개발 확대, 5G 안전보장 시스템 구축 |

출처: 조은교. 2020. "코로나19 이후, 가속화되는 중국 디지털경제의 발전과 시사점." 『월간 KIET 산업경제』 2020년 06월호, 09.

중에 '디지털 경제'라는 단어를 17차례나 언급하며, 그 발전과 중요성을 여러 차례 강조하였다. 실제로도 중국은 권위주의 국가로서 막대한 동원력과 실천력을 가지고 '코로나 19'라는 위기에 맞서서 다른 나라들은 쉽게 이행하기 어려운 과감한 행보를 보여 왔다. 대표적인 사례가 자율주행차 상용화 허가이다. 자율주행차 운행을 시험용으로 허가한 사례는 있었지만, 상용을 허가한 경우는 세계에서 중국이 최초였다(윤경우 2020, 38-42). 중국이기에 상용화 허가가 가능하였다. 덕분에 '코로나 19'가 한창일 시기에 중국의 자율주행차 기업과 전자상거래 업체는 전무후무한 호황을 맞이하였다. 새로운 기회를 맞이한 것이다.

중국은 이번 위기를 디지털 기술 발전을 위한 전략적 기회로 삼을 것이

다. 정부는 더욱 적극적으로 정책 지원을, 기업은 더욱 공격적으로 관련 투자를 감행할 것이다. '코로나 19' 발생과 확산의 직전인 2016년~2018년 중국의 디지털 경제성장은 연 20% 이상이었다. '코로나 19' 때문에 원격의료, 원격교육, 원격근무 같은 새로운 비접촉·비대면 시장이 열리면서 중국의 디지털 생태계는 더욱 확대될 것으로 보인다. 나아가 '코로나 19' 정국이 정리되면 정부와 기업이 경기를 부양하고 새로운 기회를 포착하기 위해서 첨단기술 분야의 투자를 더욱 확대할 것이 분명하다. 특히 미국과의 전략적 경쟁이나 과학기술 패권과 관련하여 디지털 기술이나 4차 산업혁명 관련 기술의 개발을 위해서 공격적인 투자를 감행하고 이로써 디지털 생태계에 우위를 누구보다 앞서 선점하기 위한 공세를 가속화할 것으로 전망된다.

## 4. 디지털 기술 발전이 중국의 정치경제에 미치는 영향과 함의

### 1) 중국의 정치체제 안정과 경제성장

중국은 '당–국가 체제' 국가이며, '사회주의 시장경제' 시스템을 채택한 국가이다. 당–국가 체제란 상술한 것처럼 인민들이 독재하는 공산주의 국가에서 현실적 이유로 주권자를 대신하여 엘리트 집단인 중국공산당이 국정을 운영하는 것이다. 이러한 체제에서 중국공산당은 곧 중국이고, 중국은 곧 중국공산당이다. 중국은 공산당 창당이 건국에 앞선다. 중국공산당이 혁명과 전쟁을 통하여 수립한 공산국가이다. 그러므로 공산당은 대체가 불가능한 존재이다. 기타 정당으로 민주당과[5]라 불리는 8개의 야당이 존재하기는 하지만 그들은 어디까지 보조적 역할을 담당할 뿐이며 집권은 불가능하다. 정치적으로 매우 보수적이고 권위적일 수밖에 없는 구조이다.

동시에 중국은 '사회주의 시장경제' 시스템을 채택한 국가이다. 흔히 사회주의 국가는 계획경제 제도와 연계되고, 시장경제 제도는 자유주의 국가와 연계되는 것으로 알려졌다. 그러나 중국은 시장경제는 자유주의의 전유물이 아니라 주장하고 사회주의 체제를 유지하며 시장경제 제도를 도입한다. 그리고 중국은 현재 중국은 사회주의 '초급' 단계라서 우선 시장경제 제도를 도입하여 부를 축적하고, 소기 성과를 거두면 다음 단계로 나아갈 것이라는 '사회주의 초급단계론'을 제시하며 이를 이론적으로 뒷받침한다. 덕분에 중국은 사회주의 체제의 국가이자 동시에 시장경제 제도의 국가로서 정치적 권위주의와 경제적 개방노선을 병행할 수 있었다.

상술한 논리와 체제로 중국은 약 40년간 상당한 경제적 성과를 거둔다. 세계 2위 규모 경제 강대국으로 성장하였고, 다방면에서 글로벌 패권국인 미국을 위협하는 국가로 성장하였다. 그런데 겉으로 드러나는 중국의 모습이 자유주의 국가와 비슷해 보이기에 중국이 진정한 공산주의 국가가 맞는지 의심하는 이들도 있었다. 그러나 최소한 중국공산당이 제시한 논리로 설명해 본다면 이러한 상황은 과정일 뿐이다. 경제적 성과와 축적이 일정한 수준에 달하면 중국은 임시로 채택해 활용한 시장경제 제도를 폐기하고 진정한 사회주의, 공산주의 국가인 다음 혹은 최종 단계로 나아갈 것이며,

---

6  민주당파(民主党派)란 중국다당협력제에서 중국공산당을 제외한 다른 8개의 정당을 의미한다. 이들은 중국공산당이 영도하는 중국특색사회주의 참여당이라는 지위를 받아들였다. 이는 중국국민당혁명위원회(中国国民党革命委员会), 중국민주동맹(中国民主同盟), 중국민주건국회(中国民主建国会), 중국민주촉진회(中国民主促进会), 중국농공민주당(中国农工民主党), 중국치공당(中国致公党), 구삼학사(九三学社), 대만민주자치동맹(台湾民主自治同盟)을 포함한다.

이러한 단계에는 현재의 개방성을 더는 보장하지 못할 가능성이 크다.

현재의 중국은 상당한 부를 축적한 상태로 보인다. 그러나 동시에 이는 규모의 성과로 질적인 측면은 아직 부족한 편이다. 다수의 경제사회 지표와 국내외 기관들의 판단에 근거해 보자면 중국은 여전히 성장이 필요한 개발도상국이다. 중국공산당 판단도 마찬가지다. 그들은 현재의 경제적 성공을 충분하다고 여기지 않으며 사회주의 초급단계[7]를 벗어나서 다음 단계로 가기에는 아직 이르다고 보았다. 그러나 이러한 과정에 중국은 보수적 정치와 개방적 경제의 사이에 생겨난 모순과 갈등에 시달리는 상황이다. 일부의 구성원은 중국이 경제적으로 개방적인 만큼 정치에도 상응하는 개방이나 개혁이 필요하다고 주장하였다. 실제로 이러한 요구가 반정부 시위라는 극단적인 형태로 나타난 경우도 있었다.

대표적인 사례가 1989년 '천안문 사건'이다.[8] 이는 후야오방(胡耀邦)의 추모와 복권의 요구로 시작된 시위이지만, 중국 정부가 강경 진압을 하자 시위대는 정치적 개혁과 자유를 요구하기 시작하였다. 그러나 중국공산당 중

---

7 1987년 10월 25일 중국공산당 제13기 전국대표대회에서 당주석 자오즈양(趙紫陽)은 중국이 사회주의 '초급단계'에 있음을 천명하였다. 이에 의하면 중국이 사회주의 사회로 진입했다고 하여도 자본주의 성숙단계를 거치지 않았기에 생산력이 충분히 발전하지 못했다. 이러한 상황에서 자본주의가 발달하지 않고도 사회주의로 나아갈 수 있다고 믿는 것은 '우경적' 착오이며, 생산력이 발전하지 않고도 사회주의 초급단계를 넘을 수 있다고 믿는 것은 '좌경적' 착오이다. 결국은 중국에서 빈곤이 사라지고 산업적 생산력이 선진에 도달하여 인민의 물질적 수요를 만족시킬 때까지 사회주의 초급단계(공업화, 상품경제 등의 특징)가 지속되어야 한다고 주장한다.

8 1989년 4월 급진 개혁주의자로 학생들로부터 추앙을 받던 후야오방(胡耀邦) 전 총서기가 사망하였다. 후야오방 장례식을 계기로 그의 명예 회복과 함께 보수파 비판, 정치개혁을 요구하는 대학생들이 모이기 시작했고 여기에 일반 시민이 가세하며 민주화운동으로 확산되었다. 이후 시위는 전국으로 확대되고 톈안먼에서 지식인, 노동자, 일반인 등 100만 명이 연일 대대적인 집회를 개최하였다. 그런데 당내 보수파는 이를 체제에 대한 도전으로 간주하여 베이징 일대에 계엄령을 선포했다. 6월 4일 톈안먼 광장에서 무기 농성을 벌이던 학생, 시민들에 대한 무력진압을 전개되었고 이 과정에서 1만 5,000명 이상의 사상자가 발생하는 등 최악의 유혈 사태가 발생하였다.

앙은 최종적으로 안정을 선택하였다. 그들은 군대의 투입이라는 과감한 정책 결정을 내려 시위대를 무력으로 진압하였다. 당시 고르바초프의 방중으로 세계의 이목이 베이징에 집중되어 있었기에 이러한 모습은 유수 언론을 통해서 세계로 송출되었다. 세계는 중국공산당 결정과 무자비한 진압을 비판하였고, 중국에 경제적 제재를 가하며 경제 교류, 투자 등을 취소·보류하였다. 해외의 자본과 기술이 절실했던 중국의 처지에서는 곤혹스런 결과였으며 실제 몇 년간 중국의 경제는 눈에 띄는 부진을 겪었다.

중국에 있어서 경제적 번영과 성과는 중요한 것이다. 그러나 경제적 번영과 정치적 안정이 충돌할 경우에 그들은 확실히 정치적 안정을 선택할 것이다. 상술한 것처럼 중국은 당-국가체제로 당과 국가가 매우 긴밀히 엮인 국가이다. 이러한 정치체제 아래에 중국공산당이 독점한 권력을 나누는 것은 중국공산당이 세우고 이끄는 현 중국과 정치체제의 안정을 포기하는 것과 같다. 달리 말하면 정치체제는 현재 중국을 지배하는 이들이 절대 포기할 수 없는 마지노선과 같다. 실제로 중국은 개혁개방과 동시에 수차례에 걸쳐 '4개항 견지'라는 원칙[9]을 강조하였다. 현재의 정치체제를 끝까지 유지한다는 것이다. 그리고 실제로 그간 체제의 안정에 위협이 되는 소요가 일어난 경우 매우 과감하고 결단력 있게 대처해 왔다.

그러나 현재 정치체제 안정과 경제 개혁개방이 더는 공존하기 어려워졌다. 일반적으로 기본적 생존과 경제적 요구가 만족되면 이후 사람들은 보다 고차원적 욕구, 즉 개인의 권리나 정치적 자유와 같은 욕구를 느끼며 이를 쟁취하려고 한다. 1842년 이후로 장기간 중국은 정치적으로 혼란하였고

---

9  생산력 발전을 위해서 경제적으로는 개혁개방 정책을 선택하지만, 이는 정치적으로 사회주의 노선 견지, 무산계급독재 견지, 공산당 영도 견지, 마르크스·레닌주의와 마오쩌둥 사상 견지 (이상 4개항 견지)라는 전제 아래 추진해야 한다는 것이다.

경제적으로 어려웠기에 1949년 대륙의 통일과 신중국 수립이, 1978년 이래의 경제적 성공이 중국인들로 하여금 현 정부, 즉 중국공산당이 이끄는 다소 권위적이고 폐쇄적인 중국을 수용하도록 만들었다. 국가의 안정과 경제적 번영이 불만을 잠재운 것이다. 그러나 최근 몇 년간 개혁개방의 부작용이 참기 힘들 정도로 악화하였고, 중국의 성장이 둔화하면서 경제적 불만이 증가하였다. 그리고 이는 정부에 대한 불만으로 변화하였다.

## 2) 정치체제 안정과 과학기술 발전의 딜레마

최근 몇 년간 '코로나19', 시진핑 국가 주석의 연임 문제로 중국에서는 각종 강압과 사회 통제가 증가하였다. 중국공산당 정부는 국내경제 성장률 둔화와 미국과의 경쟁에 더하여 국가주석 시진핑 연임을 앞두고, 중국이 세계 그 어느 국가보다도 '코로나19' 통제에 성공적이라는 성과를 원했으며, 이로써 현 중국공산당 주도 정치체제의 우월함을 증명하고자 하였다. 때문에 '코로나 19'를 비롯한 그 이상의 영역에 대한 관여와 통제가 엄격해졌다. 하지만 해외에서는 '코로나 19' 통제가 완화되었고 일상을 회복했다는 소식이 전해지면서 지난 3년간의 강압적 통제와 폐쇄에 지쳤던 중국인들이 정부의 정책에 반감과 불만을 표하기 시작하였다. 전국적으로 조직된 행보는 아니었지만 소규모 시위가 빈발하였다.

이러한 소식은 해외 언론과 개인 SNS 등을 통해서 국내와 전 세계로 퍼져 나갔다. 중국 정부의 초기 대응은 공권력의 동원, 검문검색 강화, 시위대의 체포, 언론통제 강화 등이었다. 그러나 전통적인 통제가 불가능한 상황에 시위 장면을 찍은 영상과 관련 소식이 국내외로 퍼져 갔다. 이러한 소식은 세계를 놀라게 하였고 일부는 제2의 천안문 사태로 번지는 것이 아니냐는

섣부른 전망도 내놓았다. 그러자 2023년 3월 양회[10]라는 중대한 정치 행사를 앞둔 중국 정부는 급하게 지난 3년간 굳건히 지켜 왔던 '제로 코로나 정책'을 사실상 포기하는 '방역 최적화 조치 10개항'을 발표하였다. 이로써 성난 민심을 달래려 하는 것이다. 시간이 지나며 백지시위 열기가 가라앉은 것처럼 보인다. 그러나 대중이 정부의 사회적 통제와 검열에 반발한 시도와 이로써 정책을 바꿨던 역사적 경험은 사라지지 않을 것이다.

중국과 같이 위계적 정치 구조를 가진 국가에 있어 사실상 일반 여론에 밀려 정책이 바뀐 사례는 극히 드물다. 그만큼 현재 중국이 이번 시위를 크게 인식해 급히 대응한 것으로 볼 수 있다. 그러나 절반의 성공은 향후 중국의 중요한 정치 행사가 끝나고 국내외 이목이 옮겨간 다음에 중국 정부와 일반 대중이 이번 경험을 통해 어떠한 교훈을 얻었을 것인지, 앞으로 어떻게 나아갈 것인지 지켜볼 필요가 있다. '현재 중국의 정치체제와 경제제도가 공존이 가능할 것인지'의 문제가 다시 올라올 것이다. 또한 '정부가 과학기술 분야에 어떠한 태도를 가지고 어떠한 행보를 보일지' 여부도 주목이 필요하다. 중국은 1978년 개혁개방 이래로 중국식 정치체제와 과학기술 발전의 공존을 도모하였다. 중국은 개혁개방 정책을 시작하며 농업, 공업, 국방, 과학기술의 '4개 현대화'를 특별히 강조하였다.

중국은 실제로 과학기술의 발전에 꾸준히 노력해 왔다. 초기에는 부족한 기술로 가치사슬 하단의 단순한 제조업이 중심이 됐지만, 이제는 첨단기술 개발과 활용에도 나서며 선두적인 위치로 올라섰다. 달리 말하면 일부 국가나 관련 조직이 이를 자신들에 대한 위협이라 인식할 정도로 중국의 과

---

10  양회(兩會)는 중국에서 3월에 거행되는 전국인민대표대회(全國人民代表大會)와 전국인민정치협상회의(全國人民政治協商會議)를 통칭하는 용어다. 이를 통하여 중국 정부의 운영 방침이 통과되기 때문에 중국 최대의 정치 행사로 주목받는다.

디지털 기술과 정치

학기술 발전은 놀라운 성과를 거두었다. 또한 중국의 최종 목표는 사회주의 강대국이며, 현재 이러한 목표를 위해 미래의 핵심 '디지털 경제' 발전에 대규모 자원을 투입하고 있다. 국가적 목표의 달성을 위해서는 과학기술 분야의 주도적·선도적인 역량을 가지고 있어야만 한다는 사실을 중국 정부는 잘 인식하고 이를 위해 분투하는 것이다.

이는 중국정부가 경제발전과 개혁개방에 과학기술이 가지는 중요성과 의미를 잘 이해하고 있다는 사실을 방증한다. 이러한 중국의 인식과 정책은 사이버 체제론 시각에 가깝다. 그들은 과학기술의 개발과 활용을 경제발전과 체제의 유지에 유용한 수단으로 생각했기 때문에 접근 통제와 같은 선택을 하지 않았다. 오히려 대중적인 접근과 광범위한 활용을 허용하였고, 때로는 경제적 성장과 우호적 여론의 조성을 위해서 적극적으로 활용하며 주제와 사안에 따라서 필요한 검열에 집중해 왔던 것이 사실이다. 그러나 현재는 중국의 국내외 환경이 바뀌며 중국의 개방적 시각과 정책적 행보도 일종의 한계에 다다른 것처럼 보인다.

실제로 근래에 사회적 통제가 강화되며 과학기술 분야도 여파를 피하지 못했다. 일례로 정부 정책을 비판한 빅테크 기업 최고위 인사가 구설에 휘말리며 압력에 물러났다. 이외에 '공동부유' 정책이 시행되며, 흔히 알려진 시장 내부의 자율에 근거한 분배(1차), 정부 주도의 강제 분배(2차)에 더해 민간이나 자선사업 등이 스스로 나서 약자를 구제하는 분배(3차)가 강조되었다. 이에 따라서 중국의 6대 기술기업 텐센트(腾讯), 알리바바(阿里巴巴), 바이트댄스(字节跳动), 핀듀오듀오(拼多多), 메이투안(美团), 샤오미(小米) 등이 약 30조에 달하는 기부를 약속하였다. 나아가 국영기업 자본이 투입되며 경영에 관여하려 한다고 알려졌다. 베이징시 산하의 국영기업은 바이트댄스의 1% 지분과 이사 자리를 차지하였고, 알리바바 산하의 앤트그룹(蚂

蟻集团)에 국영기업 자본이 투입되었다. 웨이보도 지분 1%를 국영기업에 넘겼다.

중국정부에 과학기술은 양면적이다. 최근 안면인식, 인공지능, 빅데이터 등의 디지털 기술 발달은 중국정부의 사회감시, 여론통제 효율성을 제고하였다. 이제 중국의 개인과 사회는 고도의 기능을 가진 정부에 의해서 더욱 촘촘한 감시와 관리를 받게 되었다. 그러나 동시에 정부에 불만과 반감을 표하는 개인과 조직도 과학기술, 특히 정보통신 기술을 활용해 더욱 효율적으로 뜻을 같이하려는 이들과 소통, 연대할 수 있게 되었다. 최근에 일련의 시위와 영향을 지켜본 정부는 이의 중요성, 위험을 매우 잘 인식하고 있을 것이다. 때문에 두 마리 토끼를 모두 잡으려 하는 중국정부는 과학기술이 그들에 유리한 방향으로만 개발되고 활용되도록 최대한 통제하려고 한다. 상술한 과학기술, 기술기업 통제가 강화되는 흐름은 나빠진 대내외 환경과 악조건 속에서 나름대로 분투하는 중국정부의 인식과 의도를 드러내 준다.

국내적으로 이제는 중국인을 만족시킬 성장은 힘들어졌다. 나아가 개혁개방 이후로 사회가 복잡해지며 개개인의 삶과 이익이 다양해지고 더는 중국공산당 이익과 정책에 공감하거나 함께하기 어려운 이들이 증가하였다. 나아가 정보통신 발전에 대외적인 요소와 돌발적인 요소가 더해지며 정부는 한층 체제의 안정에 민감해질 수밖에 없다. 중국이 고수한 공존의 정책과 행보가 이제는 한계에 부딪혀 '독재자의 딜레마론', 즉 강제적 선택의 순간에 직면했다는 일각의 주장도 제기되었다. 확실히 과거와 비교하면 과학기술 발전으로 효과적 검열과 통제가 어려워졌다. 과학기술 개발과 활용의 과정에도 정부의 통제가 어려워졌다. 아직은 중국 정부가 어느 하나를 포기할 마지막 순간은 아닐지라도 점차로 안정과 성장의 공존이 어려워지고

디지털 기술과 정치

일종의 돌파가 필요한 순간에 가까워지는 기로의 상황은 분명해 보인다.


## 5. 결론

중국은 거대한 개발도상국이자 동시에 권위주의 국가이다. 경제적인 성장이 절실하나 동시에 권위적인 체제를 유지해야 한다는 의미이다. 중국은 개혁개방 정책을 실시하며 경제성장에 매진해 왔다. 이후로 약 30년간 연평균 10% 이상의 고속 성장을 지속하였고, 지난 10년 세계 경제 성장에 30% 이상을 기여했으며, 현재 글로벌 규모 2위의 경제 대국으로 성장하였다. 어찌 보면 이처럼 놀라운 경제적 성과가 중국 정부의 강압적 통치나 통제에 대한 인민들의 불만을 완화하거나 무마시킬 수 있었던 것도 사실이다. 다만 이는 근래에 세계 경제 불황에 대내외적 문제가 더해지며 중국의 연평균 성장률 역시 내림세를 면하지 못하고 한계에 다다른 상황이다.

한편으로 중국은 경제발전의 핵심 동력인 기술발전에 노력해 왔다. 개혁개방 초기부터 국가적 차원에서 기술 선진국과의 격차를 줄이기 위해 전폭적인 투자와 지원을 아끼지 않았다. 자체적인 발전의 노력과 동시에 풍부한 자본을 무기로 일찍이 해외기술 도입에 적극적인, 심지어 공세적인 모습을 보여 왔다. 그러나 후발주자 중국이 일찍부터 1차, 2차, 3차 산업혁명을 주도하였던 선진국들을 따라잡는 것은 생각처럼 쉬운 일은 아니었다. 그럼에도 불구하고 꾸준한 노력과 막대한 투자로 인해서 근래는 격차가 줄어들고 있다는 분석과 평가가 늘어났다. 그런데 이처럼 줄어든 격차는 일부의 국가나 관련한 인사가 이러한 중국의 성장과 일련의 노력을 위협으로 인식하는 수준까지 이르렀다.

그러한 상황에 중국은 일종의 딜레마에 부딪힌다. 중국은 '당-국가 체제'로 중국공산당이 인민을 대표하여 독재를 시행하는 독특한 권위주의 국가이다. 상술한 것처럼 중국은 여전히 경제적 성장이 목마른 개발도상국이지만 동시에 상당한 수준의 사회적 통제가 필요한 권위주의 국가라는 의미이다. 개혁개방 정책에도 이는 불변하는 진리이다. 위의 두 가지 모두 중국공산당이 이끄는 현 정치체제와 통치 정당성 유지에 필수 요소로 꼽힌다. 과학기술 발전과 관련하여 보자면 경제적 측면에서 국내적 안정과 대외적 부상에 필요한 과학기술 발전을 강력히 추진하고 있지만, 동시에 이러한 기술의 발전이 의도와 다르게 개방과 권력의 분산을 가져올 수도 있기 때문이다.

국가의 정치경제 체제와 과학기술 관계를 바라보는 '기술결정론' 시각은 과학기술이 사회의 변화를 가져온다고 보는데, 이에는 긍정적 결과를 가져온다는 주장과 부정적 결과를 가져온다는 상반된 주장이 존재한다. 반면에 과학기술 자체는 선악과 무관하며, 이를 개발하고 활용하는 행위자에 주목하여 그의 목표와 행보에 따라 결과가 달라진다는 '사회구성론' 시각이 존재한다. 한편으로 경제발전과 과학기술을 바라보는 '독재자의 딜레마론' 경우는 권위주의 국가에서 경제적인 성장에 필수적인 기술은 체제의 불안정을 초래하기 때문에 둘 중 하나를 선택해야만 한다고 이야기한다. 반면에 '사이버 체제론' 경우는 과학기술 발전이 반드시 체제의 불안정을 초래하지 않는다고 지적하면서 둘의 병행이 가능하다고 주장한다.

중국의 경우에는 '사이버 체제론' 시각에 가까웠다. 중국은 권위주의 국가지만 경제적 성장이나 관련한 과학기술 발전을 강조하며 두 마리의 토끼를 잡으려고 노력해 왔다. 현재 상황을 보면 중국은 지난 40년 고유의 체제를 지키며 놀라운 경제적 성과를 성취하였다. 상술한 이론적 시각과 실천

디지털 기술과 정치

의 노력이 성공한 것처럼 보인다. 그런데 근래에 변화가 생겼다. 중국의 경제는 상당히 커졌고 대내외 환경이 변화를 보이며 초고속 성장을 지속하기는 어려워졌다. 나아가 사회가 복잡해지고 초연결 시대가 도래하면서 전통적 수단에 의존해서는 정당한 요구를 간과하거나 여론의 불만을 잠재우기가 어려운 것이다. 때문에 이제 중국이 '독재자의 딜레마론' 시각처럼 어느 하나를 선택해야 하는 것이 아니냐는 우려와 전망이 등장하였다.

  과거에 중국 정부는 정치체제와 경제성장의 모순, 선택의 기로에 섰던 역사적 경험이 있다. 그러나 어느 하나를 선택해야 한다는 지배적인 여론, 상황에 직면했을 때 그들은 새로운 노선, 즉 '사회주의 초급단계', '사회주의 시장경제'라는 새로운 시각과 행보로 양자택일의 어려움을 슬기롭게 극복하였다. 현재 중국은 정치체제 안정과 과학기술 발전, 다시 선택의 기로에 선 것으로 보인다. 비슷한 상황이나 어려움은 커졌다. 과거에는 지도부가 양자를 오가며 유연하게 움직이고 새로운 노선을 개척하며 나갔지만, 이번에도 그처럼 탁월한 능력과 성과를 보일 수 있을지는 알 수 없는 문제이다. 불가능은 아니나 어려운 임무이다. 나아가 대내외 환경은 그만큼 우호적이지 못하다. 관련한 중국 정부의 고민이 깊을 것이다.

**참고문헌**

고경민. 2011. "중동의 반정부 시위와 정보기술, 그리고 북한: 북한체제에 대한 정보기술의 정치적 영향 전망." 『政策硏究』 2011 여름호.
신동원. 2022. "중국의 인터넷플러스 한국을 넘어서다. 이제는 제조혁명이다." 『관행 중국』 2016년 12월호.
윤경우. 2020. "코로나 19로 촉진된 글로벌 대변혁과 중국의 디지털 전환 가속화." 『중국지식네트워크』 특집호.
윤대상. 2017. "중국의 과학기술정책." 『중국산업경제브리프』 2017년 6월호.

이승주. 2022. "기술과 국제정치: 기술 패권경쟁시대의 한국의 전략." 『한국과 국제정치』 38(1).

정병걸. 2017. "중국의 과학기술정책과 행정체제 변화." 『과학기술정책』 27(3).

정종필·손붕. 2013. "전자정부와 정부개혁 – 미국과 중국의 사례 비교분석." 『세계정치』 18.

조은교. 2020. "코로나19 이후, 가속화되는 중국 디지털경제의 발전과 시사점." 『월간 KIET 산업경제』 2020년 6월호.

강건택. 2022. "WSJ "中 사이버 당국, '백지 시위' 막으려 인터넷 검열 강화."" 『연합뉴스』 (12월 2일). https://www.yna.co.kr/view/AKR20221202003600072?input=1195 m (검색일: 2022.12.02.).

신동원. 2022. "중국의 인터넷플러스 한국을 넘어서다. 이제는 제조혁명이다." 『관행 중 국』 2016년 12월호. https://aocs.inu.ac.kr/webzine/app/view.php?wp=112 (검 색일: 2022.11.14.).

디지털 기술과 정치

# 제7장

# 디지털 시대의 민주주의: 가짜뉴스와 동남아 정치

고우정(성신여대)

## 1. 서론

정치는 인간이 할 수 있는 고도의 사고력이 필요한 행위이다. 정치적 의사결정은 객관적 사실과 주관적 판단, 환경적 특징 등 복합적 요인이 결합된 산물이다. 이러한 측면에서 디지털 기술의 정치적 활용은 결코 쉬운 것은 아니다. 하지만 디지털 기술이 발전하면서 정치 영역에서도 디지털 기술이 접목되고 있다. 정치에서의 디지털 기술 활용은 1980년대부터 시작되었다. 정치에서 디지털 기술이 접목되었던 이유는 대의민주주의가 가지고 있는 취약성 때문이다.

민주주의는 고대 아테네에서 시작하였다. 민주주의(democracy)라는 용어는 그리스어인 'demoskratia'에서 유래되었는데, 인민을 의미하는 'demos'와 지배를 의미하는 'kratos'의 합성어이다. 민주주의를 어원대로 해석하자면, '인민이 지배하는 통치 형태'를 의미한다. 아테네인들은 노예를 제외한 모든 성인 남성을 시민으로 간주하였고, 정치적 결정을 자신들이 스스로 내리거나 적절한 토의에 회부하였다(Thucydides 1972, 145-147). 이는 "통치자가 곧 피치자"가 되는 직접민주주의 형태를 의미한다.

하지만 근대 이후 국가의 규모가 커지고, 인구가 많아지면서 직접민주주의를 실행하기 어려워졌다. 직접민주주의는 모든 시민의 정치참여를 전제로 하기 때문에 정치적 협상과 타협에 너무 많은 시간과 비용이 소요된다. 따라서 현대의 민주주의는 대의제의 형태로 이루어질 수밖에 없다. 대의민주주의는 시민들이 자신의 의사결정을 대신해 주는 대표자를 선출하는 정치체제로써 현대의 민주주의 국가들은 대부분 대의민주주의를 선택하고 있다. 대의민주주의는 효율성 측면에서 강점을 가진다. 그러나 대의민주주의는 선출된 대표의 민주적 대표성과 책임성에서 한계점을 가진다. 전체 시민을 대표하지 못할 수밖에 없는 제도적 한계를 비롯하여 선택된 대표들의 책임성(부패) 문제가 종종 발생되었다. 이러한 측면에서 많은 국가에서 대의민주주의의 한계를 극복하려는 시도가 이어졌고, 아테네의 직접민주주의처럼 시민이 직접 정치에 참여하는 직접·참여민주주의를 대안으로 제시되었다. 이러한 참여민주주의가 가능하게 된 요인 중 하나가 바로 디지털 기술의 발전으로 인한 전자민주주의의 실현이다.

참여민주주의가 확산되면서 시민 참여가 확대되고 다양한 정치적 토론을 지향하고 있다. 민주주의를 시행하는 많은 국가는 대의민주주의의 한계를 극복하고 참여민주주의를 강화하기 위해 디지털 기술을 정치에 활용하고 있다. 코로나 19(COVID-19)의 팬데믹(pandemic) 상황에서도 정치활동이 가능했던 것은 디지털 기술이 적극 도입되어 활용되었기 때문이다. 디지털 미디어의 발달은 정치의 지형을 바꿔 놓았다. 인터넷의 보급과 소셜미디어의 등장은 기존의 소통 방식에 변화를 주었다. 라디오, 신문, TV, 유

디지털 기술과 정치

선전화로 대표되는 전통적인 매스미디어는 일정부분 쌍방향적 소통도 가능하였지만, 주로 수직적이고 일방적인 소통방식을 활용하였다. 하지만 인터넷과 소셜미디어 등의 온라인 플랫폼은 수평적이고 쌍방향적인 소통을 가능하게 하였고, 이를 통해 대중들은 다른 사람들과 정보를 공유하면서 자신의 의견을 적극적으로 게시하고 있다. 디지털 미디어의 확대는 대중이 적극적으로 정치에 참여할 수 있는 긍정적인 효과를 낳게 하였다.

하지만 양날의 검처럼 디지털 미디어의 발전이 긍정적인 영향만을 미친 것은 아니다. 디지털 기술의 발전 속에서 인터넷상의 공간에서 '익명성'을 무기로 폭력적인 행동이 나타나고 있으며, 인터넷과 소셜미디어를 중심으로 무분별하게 파생되는 가짜뉴스(fake news)는 사회적 혼란을 가중시키고 있다. 특히 선거과정에서 확산된 가짜뉴스는 선거결과에 영향을 미치며 사회적 쟁점이 되고 있다. 이러한 가짜뉴스는 동남아시아의 많은 나라에서도 정치적 쟁점이 되고 있다. 최근에 동남아의 개별 국가에서 나타난 가짜뉴스는 국내 정치적으로 많은 영향을 미쳤다. 이 글에서는 디지털 시대 동남아 정치의 특징을 살펴보고, 동남아 개별 국가에서 나타난 다양한 가짜뉴스의 사례를 통해 민주주의와의 관련성을 살펴보고자 한다.

## 2. 디지털 시대 정치의 특징

20세기 후반 시작된 디지털 혁명으로 디지털 컴퓨팅과 통신 테크놀로지가 도입되면서 디지털 시대가 도래되었다. 디지털 혁명은 전통적인 생산과 비즈니스 기술들을 변모하였으며, 대량생산을 통해 컴퓨터, 마이크로프로세서, 디지털 휴대전화, 인터넷을 포함한 파생 기술을 폭넓게 활용할 수 있

게 하였다. 이러한 디지털 기술의 발전은 정보화 시대의 시작을 알리는 중
표가 되었으며, 사회 전 분야에서 디지털의 시대로 전환되었다.

디지털 기술의 발전은 인터넷의 발달과 함께 다양한 매체의 등장을 가속
화하였다. 특히 인터넷과 소셜미디어의 등장은 정치에 커다란 변화를 만들
어냈다. 소셜미디어는 "사람들의 의견, 생각, 경험, 관점의 공유를 위해 사
용하는 온라인 도구나 플랫폼으로서 참가자들 간의 커뮤니케이션에 의해
성립되는 미디어를 의미한다"(김상돈·김승녕 2012, 44). 이러한 소셜미디어
는 쌍방형적인 특징을 지니고 있고, 빠르게 커뮤니티를 구성하여 공통의
관심사에 대해 이야기를 하게 된다. 소셜미디어는 시민들의 정치참여 방식
에 변화를 주면서 참여민주주의를 가능하게 만들었다.

### 1) 소셜미디어의 등장과 시민의 정치참여 방식의 변화

이제 소셜미디어는 사람들의 일상이 되었다. 페이스북, 트위터, 인스타그
램, 카카오톡, 네이버 밴드, 라인 등으로 대표되는 소셜미디어는 꾸준히 이
용자가 늘고 있다. 2021년 기준 전 세계 인구의 53.6%는 소셜미디어를 사
용하는 것으로 나타났다. 한국은 전 세계 두 번째로 SNS를 많이 이용하는
국가이다. 한국의 소셜미디어 이용률은 89%로, 2022년 4월 기준 이용자
수는 3496만 명에 달한다. 이는 세계 평균보다 2배 정도의 수치이다.

사람들은 소셜미디어를 통해 정보를 공유하고 사회적 이슈에 대해 소통
한다. 소셜미디어의 보편화로 사람들은 정보를 습득할 수 있는 많은 경로
를 획득하게 되었다. 사람들은 전통적인 매스미디어와 함께 소셜미디어에
서 정치에 대한 소식과 정보를 실시간으로 얻을 수 있게 되었다(Dalton and
Sickle 2009; Dimitrova et al. 2014; Holt et al. 2013; Olmstead et al. 2011; Pasek et

〈그림 1〉 국가별 소셜미디어 이용률

출처: https://m.thepublic.kr/news/view/1065595508078417

al. 2009; Towner 2013; Zúñiga et al. 2014; 전진오 외 2019). 특히 소셜미디어는 누구든지 제약 없이 사회적 이슈나 주요 정치적 의제에 대해 대화하고 토론하는 공간을 제공하였고, 이를 통해 대중들은 정치적 활동에 적극적으로 참여할 수 있게 되었다.

소셜미디어의 보편화는 정치인의 행태에도 많은 변화를 만들어 냈다. 실시간 쌍방향의 소통으로 정치 참여방식이 변화되면서, 정치와 유권자들 간의 소통 방식이 바뀌었다. 정부, 정당, 정치인, 사회활동가 등 주요 정치 행위자들은 자신들만의 소셜미디어 채널을 운영하면서 소셜미디어를 정책 및 홍보를 강화하는 수단으로 활용하고 있다(전진오 외 2019, 170). 소셜미디어는 특히 선거과정에서 많은 영향을 미치고 있다. 많은 후보자는 소셜미디어를 활용하여 선거캠페인을 홍보하고 있다. 이러한 소셜미디어의 정치적 활용은 인터넷을 활용한 정치참여의 시작과 함께 태동하였다. '노사모 운동'은 온라인에서의 정치참여의 대표적인 사례이다.

노사모 운동은 '노무현을 사랑하는 사람들의 모임'이라는 의미로, 특정 정치인을 지지하는 자발적인 결사체 운동이었다. 2000년 4.13 총선에서 노무현 후보가 낙선되자, 낙선에 대한 반대와 더불어 노무현 후보에 대한 동정과 지지여론이 형성되었다. 이러한 상황에서 네티즌들은 자발적으로 온라인상의 팬클럽을 형성하게 되었고, 이것이 노사모 운동의 시작이 되었다. 노사모 회원들은 주로 인터넷 게시판에 글을 올리며 후보를 지지하는 여론 형성에 힘썼고, 민주당이 국민경선제를 도입한 이후에는 오프라인으로 지지운동을 확대하였다. '노사모 운동' 이후에는 2008년 광우병 촛불집회 시위, 2011년 대학생들의 반값 등록금 투쟁, 2016년 박근혜 대통령 탄핵 시위 등 인터넷과 소셜미디어를 활용한 시민들의 정치참여가 이루어졌다.

선거과정에서의 소셜미디어의 활용은 전 세계적인 공통된 양상이다. 미국 선거에서도 소셜미디어의 활용은 두드러지게 나타난다. 버락 오바마(Barack Obama) 대통령은 2008년 소셜미디어를 활용한 선거캠페인으로 재선에 성공하였으며, 도널드 트럼프(Donald Trump) 대통령은 소셜미디어를 가장 적극적으로 활용한 대통령으로 평가된다. 트럼프는 대통령 후보 시절 트위터와 페이스북 등의 SNS를 활용하여 정치적 견해를 밝히고, 자신의 지지자들과 소통하였다. 특히 민주당이나 클린턴 후보를 공격하는 비난 메시지를 자주 게재하며, 지지자들을 규합하였다. 대선 기간 여론조사를 통해 뒤지고 있다고 예상되었던 트럼프 후보가 당선된 것은 소셜미디어의 활용이 유리하게 작동한 결과로 볼 수 있다.

소셜미디어를 활용한 시민들의 정치참여 사례는 온라인에서의 정치참여가 오프라인으로 이어진다는 측면에서 온라인과 오프라인 정치참여의 연관성에 대해 생각하게 한다. 인터넷과 소셜미디어를 활용한 온라인 정치활동은 장기적으로 오프라인 참여로 확장되고 있다. 물론 인터넷과 소셜미디어를 활발하게 사용한다고 오프라인에서의 정치참여로 그대로 이어지는 것은 아니다. 소셜미디어 이용량보다 중요한 것은 이용목적이다. 소셜미디어의 이용목적이 분명한 경우 정치적 태도에 차이가 나타나게 되며, 온라인에서의 정치활동은 오프라인으로 이어진다(하승태 2012). 즉 소셜미디어를 사용하는 것이 중요한 것이 아니라, 네트워크 크기와 강도가 크면 클수록 오프라인에서의 정치참여로 나타나는 것이다. 결과적으로 많은 사람과 네트워크가 연결될수록, 사용 시간이 길수록 투표와 시위 등의 오프라인에서의 정치참여에 적극적이다(장우영·송경재 2017).

이러한 측면에서 소셜미디어의 등장은 시민의 정치참여 방식에 변화를 주었다고 볼 수 있다. 과거 오프라인에서 일부 소수만이 참여했던 정치참여는 소셜미디어의 등장으로 다수로 확장되었다. 또한 실시간 쌍방향의 소통 방식을 매개로 대중들이 적극적으로 정치활동에 참여할 수 있게 되었다. 이를 통해 시민들의 의견은 즉각적으로 여론을 형성하게 되었고, 실제 정치적 의사결정에 많은 영향을 미치며 대의민주주의가 갖는 한계점을 보완하였다.

## 2) 디지털 미디어와 정치참여, 그리고 민주주의

미디어는 정치적 매개체로써 중요한 역할을 수행하고 있다. 특히 대의민주주의에서 감시의 역할을 담당하는 핵심 기능을 수행하고 있다. 대의민주주의에서 국민은 자신의 대표자들이 국가운영을 잘하는지, 정치결정 권한을 제대로 행사하고 있는지 감시할 필요가 있다. 그러기 위해서 대표자들의 결정과 관련한 정확한 정보를 확보할 필요가 있는데, 이것을 도와주는 것이 언론과 저널리즘이다(정대영 2022, 89-91). 언론은 역사적 사건 속에서 정치권력의 부패와 타락, 비리를 고발하며 민주주의를 수호하고 시민에게 권력을 돌려주는 데 중요한 역할을 하곤 한다. 언론이 저널리즘에서 기대되는 역할을 해 줄 수 있다면, 주권을 가진 자들이 정치권력을 효과적으로 견제하고 대항할 수 있게 한다(정대영 2022, 91-95).

뉴스를 취재하여 대중에게 보도하는 행위를 의미하는 저널리즘은 신문, TV 등의 전통적인 매스미디어를 통해 이루어졌다. 하지만 최근의 저널리즘의 핵심 매체는 디지털 미디어로 전환되었다. 사전적으로 디지털 미디어는 디지털 코드를 기반으로 동작하는 전자 매체를 말한다. 하지만 디지털 미디어를 단순히 아날로그와 구분되는 개념으로만 정의할 수 없다. 최근의 디지털 미디어는 "사람의 표현, 의사소통, 사회 상호 작용, 교육을 위한 디지털 예술, 과학, 기술, 사업의 창조적 집중"을 의미한다(Digital Media Alliance Florida). 디지털 기술의 발전으로 신문, 라디오, 영화, TV 등의 전통적인 매스미디어들은 하나로 통합될 수 있었다. 기존의 전통 매스미디어 간의 융합 속에서 쌍방향 커뮤니케이션이 발달하였다.

전통적인 매스미디어에서 사람들은 일방적으로 정보를 제공받는 수용자에 불과했다. 그들은 미디어에서 전달하는 정보만 제공받을 수밖에 없었다. 그러나 디지털 기술의 발전으로 쌍방향 커뮤니케이션이 가능해지면서 그들은 일방적으로 정보를 제공받는 수용자에서 벗어났다. 매스미디어와 청중 사이의 상호 작용이 이루어졌고, 사람들 간의 활발한 소통이 가능하게 되었다. 온라인 포털 사이트나 각 언론사의 홈페이지에서 뉴스가 소비되고 있으며, 사람들은 소셜미디어를 통해 뉴스를 읽고 정보를 공유한다. 오늘날 뉴스를 소비하는 독자는 뉴스를 일방적으로 수용하는 것을 넘어 댓글을 통해 의견을 게재하고 네트워크로 연결된 사람들과 뉴스 내용을 공유한다. 이러한 측면에서 그들은 뉴스를 소비하는 것과 함께 생산하고 유통하는 행위자로 볼 수 있다. 특히 인터넷 공간은 '참여 문화' 정착에 영향을 미쳤다. 인터넷상에서 커뮤니티를 구성하여 쌍방향 커뮤니케이션을 구축하였고 정치적 공론장으로서의 역할을 수행하였다. 즉 인터넷은 의제설정

매체로써의 역할을 하게 되었다.

디지털 미디어의 발전은 시민들이 능동적이고 적극적으로 참여할 수 있는 환경을 제공하였다. 소셜미디어를 통한 참여(participation), 공개(openness), 대화(conversation), 커뮤니티(community), 연결(connectedness) 등의 특징은 시민들에게 즉각적으로 다양한 정보에 접근하고 이용할 수 있는 방법을 제공하였다(최민재·양승찬 2009; 김상돈·김승년 2012; 서희정 2016). 또한 다른 사람들과의 의견 및 정보를 교환하면서 참여와 공유의 문화를 형성하였다. 소셜미디어를 통한 참여의 문화는 정치참여 양상에도 영향을 미쳤다.

과거의 정치참여는 투표행동으로만 나타났지만, 디지털 미디어의 발전으로 '참여'의 개념은 다차원적으로 진화하였다(Moy and Hussain 2011). 정부 혹은 정당의 정책 결정에 대해 이의를 제기하는 활동(political engagement), 소속되어 있는 공동체 활동에 참여하는 공공선의 실현행위(civic participation), 소속되어 있는 공동체의 문제를 해결하기 위한 자발적 시민 활동(civic engagement) 등 다양한 정치적 활동으로 확장되었다(이재원·박동숙 2016, 173).

디지털 미디어는 미디어의 새로운 방향을 제시해 주고 있으며, 다차원적인 정치참여를 가능하게 하였다. 이를 통해 다차원적인 정치참여 활동은 민주주의에도 많은 변화를 가져왔다. 대의민주주의가 가지는 한계를 보완하여 참여민주주의를 실현하는 데 영향을 미쳤다. 이러한 변화는 민주주의를 운영하는 데 많은 도움을 주고 있다. 따라서 디지털 미디어를 통한 정치참여는 앞으로 보다 확대될 것이며, 더 많은 형태로 발전될 것으로 기대된다.

# 3. 선거와 가짜뉴스

디지털 미디어의 발달은 다차원적인 정치참여를 가능하게 하고, 참여민주주의를 실현한다는 측면에서 긍정적으로 볼 수 있다. 하지만 디지털 미디어와 소셜미디어의 발달이 항상 긍정적인 영향만을 미치는 것은 아니다. 특히 인터넷상의 공간에서 일부 사람들은 '익명성'을 무기로 폭력적인 행동을 하기도 한다. 익명성을 바탕으로 한 인터넷 공간은 수많은 악플과 가짜뉴스를 확산시키고 있다. 익명성 뒤에 숨은 대중은 무자비한 악플로 사람들을 공격하기도 하고, 때론 마녀사냥을 벌이기도 한다. 또한 허위사실을 유포하거나 명예 훼손 등의 부작용도 나타나고 있다.

최근에는 인터넷과 소셜미디어를 중심으로 무분별하게 파생되는 가짜뉴스가 혼란을 가중시키고 있다. 특히 가짜뉴스는 정치 분야에서 이용되고 있다. 거짓 주장이나 꾸며 낸 스캔들은 정치인의 신뢰성을 떨어뜨리는 데 활용된다. 또한 가짜뉴스를 통한 정치적 혐오는 사회적 갈등을 유발하여 여론을 극단적으로 나뉘게 하고, 이것은 결국 선거과정에 직접적인 영향을 주기도 한다. 이렇듯 가짜뉴스는 최근 사회적 쟁점이 되고 있다. 이러한 측면에서 가짜뉴스가 정확하게 무엇을 의미하는지, 그리고 가짜뉴스를 판단하는 기준을 알아볼 필요가 있다.

## 1) 가짜뉴스의 개념 및 범위

디지털 미디어의 도입으로 미디어의 개체 수가 많아졌다. 개인방송이 가능해지면서 1인 미디어 시대가 열렸으며, 소셜미디어를 통해 정보가 소비되고 유통되었다. 다양한 디지털 미디어의 등장으로 동시에 너무 많은 정보가 생산되고 확산되고 있다. 하지만 모든 정보가 항상 사실에 기반한 것은 아니다. 정보의 홍수 시대에서 정보의 정확성은 떨어지고 있으며 거짓된 사실로 꾸며진 가짜뉴스가 파생되고 있다.

원래 가짜뉴스는 정치적 풍자 장르의 TV 프로그램을 말한다. 정치 풍자 프로그램에서의 가짜뉴스는 뉴스 진행 형식 빌려 전통 뉴스 미디어를 풍자하는 것을 의미한다(윤성옥 2018, 55). 이후 사람들은 가짜뉴스를 다양한 용어와 의미를 혼용하여 사용하였다. 가짜뉴스를 유언비어, 허위지식(counterknowledge), 왜곡된 정보(post-truths), 대안적 사실(alternative facts), 지독한 거짓말(damned lies)의 의미로 이해하기도 하고, 폭넓게는 속이는 뉴스(deceptive news), 거짓뉴스(false news), 풍자뉴스(satire news), 허위조작정보(disinformation), 오보(misinformation), 오류(cherry-picking), 낚시 기사(clickbait), 루머(rumor) 등을 모두 포함하는 개념으로 사용된다(Klein and Wueller 2017; Zhou and Zafarani 2020). 국내에서도 가짜뉴스는 풍자적 가짜뉴스, 루머, 잘못된 정보, 의도된 가짜정보, 거짓말, 정치적 선동, 오보 등 유사한 개념과 뒤섞여 사용되어 왔다(이완수 2018; 황용석 2017; 오세욱 외 2017; 정세훈 2018). 이러한 가짜뉴스를 정의하는 것은 어려운 일이다. 하지만 많은 학자가 가짜뉴스가 내포하는 진실성과 목적성, 의도성의 존재유무에 따라 가짜뉴스를 판단해야 한다고 말한다.

황용석(2017)은 '잘못된 정보'와 '의도된 가짜정보'는 구분할 필요가 있다고 설명한다. 처음부터 속이려는 의도를 가지고 왜곡되거나 거짓된 정보를 꾸며냈다면 가짜뉴스로 볼 수 있다고 주장한다. 유의선(2018)은 정치 경쟁자나 집단의 세력을 약화시키고 자신에게 유리한 여론을 조성할 목적으로 만들어진 정보, 그리고 특정 집단이나 인종에 대한 혐오나 증오를 위한 목적으로 만들어진 정보를 가짜뉴스로 정의한다. 이러한 측면에서 가짜뉴

스는 잘못된 정보이기는 하지만 의도성이 없는 '오보'와는 구분된다고 말한
다. 오세욱 등(2017) 역시 언론사의 오보는 정확한 사실을 확인하지 못하여
만들어진 실수 또는 잘못이며, 가짜뉴스로 보기는 어렵다고 설명한다. 이
러한 맥락에서 소문이나 루머 역시 가짜뉴스로 보기는 어렵다. "소문이나
루머는 확실한 증거는 없지만, 사람들과 사람들 간에 구전을 통해 전달되
는 진술"이라는 점에서 의도성이 없기 때문에 가짜뉴스에 포함되지 않는다
(황용석 2017).

〈표 1〉 가짜뉴스의 유형

| 유형 | 개념 |
| --- | --- |
| 뉴스 풍자 | 유머와 과장을 사용해 만들어 낸 거짓 뉴스 프로그램 |
| 뉴스 패러디 | 수용자들을 끌어들이기 위한 주류 언론을 모방하는 형태 |
| 뉴스 날조 | 사실적 근거가 없는 내용에 정당성(legitimacy)을 부여하기 위해 뉴스 기사의 형식을 빌려 공표하는 것으로, 생산자가 의도성을 갖고 허위정보를 만들어 낸다는 점에서 뉴스 풍자와 패러디와 구분 |
| 이미지/비디오 조작 | 허위정보 묘사를 위해 이미지나 비디오를 조작하는 형태로, 인공지능에 의한 '딥 페이크(deep fake)' 기술을 활용하여 이미지나 사진, 음성을 교묘하게 조작하고 편집한 영상들을 포함 |
| 광고/PR 분야에서의 가짜뉴스 | 진짜뉴스를 가장해 광고물을 포함시키거나 보도 자료를 뉴스처럼 내보내는 형태 |
| 선전 | 유권자를 설득하기 위해 정치적 의견이나 편향성을 담아 유통 |

출처: 이완수 2018, 180-181을 바탕으로 재구성

거짓된 정보를 생산하고 유통하는 데 뚜렷한 의도와 목적성이 있다면 이
는 가짜뉴스로 정의할 수 있다. 이러한 측면에서 최근의 가짜뉴스는 소셜
미디어를 중심으로 유통·확산되는 확인되지 않은 불확실한 뉴스 또는 허
위정보의 개념에 가깝다고 볼 수 있다(윤성옥 2018, 56). 즉 최근 논란이 되고
있는 가짜뉴스는 사람들의 흥미와 본능을 자극하여 시선을 끌기 위해 만들
어진 황색언론(yellow journalism)의 일종으로 봐야 한다. 이러한 불확실한

디지털 기술과 정치

뉴스 또는 허위정보는 사람들에게 거짓을 진실로 둔갑시키고 사실을 왜곡하게 만들고 있다. 특히 선거과정에서 파생되는 가짜뉴스는 유권자의 혼란을 가중시키고 있으며 선거결과에도 직·간접적인 영향을 미치고 있다.

### 2) 선거에서 가짜뉴스의 영향

민주주의 체제에서 정치권력을 유지하기 위해서는 대중의 지지가 필수적이다. 이러한 지지를 위해서 지배세력은 선거경쟁에서 이기기 위한 방법으로 대중에게 유리한 정보만을 공개하고, 불리한 정보를 숨기고 싶어 한다. 이를 위해 정치권력은 미디어를 활용하였고, 이러한 측면에서 근대 이후 민주주의 사회에서 언론과 저널리즘은 정치권력에 눌려 제대로 된 견제 기능을 발휘하지 못하게 되었다. 언론과 저널리즘은 정치권력에 의해 선전 도구나 광고수단으로 사용되며 대중의 생각을 지배하였다(정대영 2022, 91-95).[1] 미디어를 활용하여 정치적 목적을 가진 특정 정보만 대중에게 지속적으로 노출이 되면, 대중은 합리적인 판단을 내릴 수 없게 된다. 대의민주주의 하에서 정치권력에 의한 선전(혹은 프로파간다)은 종종 발생하였으며, 많은 가짜뉴스를 양산하게 되었다.

이러한 가짜뉴스는 인터넷과 소셜미디어를 중심으로 기하급수적으로 확산되고 있다. 실제로 우리나라 성인 10명 중 6명은 가짜뉴스를 접한 적이 있다는 조사결과가 나왔다. 연세대학교 바른ICT연구소가 조사한 결과에 따르면 조사 대상자의 88.6%가 '가짜뉴스에 대해 들어본 적이 있다'고 응답했고, '실제로 가짜뉴스를 봤다'는 비율은 60.6%로 집계됐다. 가짜뉴스의 출

---

1  선전이란 "이념적·정치적·상업적 목적으로 미디어를 활용한 통제된 방식의 일방적 메시지로, 특정 대상의 감정과 태도, 의견과 행동에 영향을 주는 행위"를 일컫는다(Nelson 1996, 714).

처는 페이스북, 카카오톡 등의 소셜미디어(30.1%)가 가장 많았고, 유튜브 등 온라인 동영상 사이트(20.9%), 인터넷 커뮤니티 게시판(19.1%), 네이버·다음 등 포털 사이트(17.2%)가 뒤를 이었다. 이어 TV 뉴스 8.2%, 언론사 홈페이지 3.6%, 신문 지면 2.0% 순이었다(연합뉴스 2018. 11. 23.). 응답자의 88.8%는 가짜뉴스 문제가 심각하다고 답했다. 응답자들이 생각하는 가짜뉴스의 비율은 평균 28.8%였고, 기사 내용을 검증하거나 사실 확인을 하지 않다고 생각하는 뉴스 역시 전체의 36.3%로 추정하였다(연합뉴스 2018. 11. 23.).

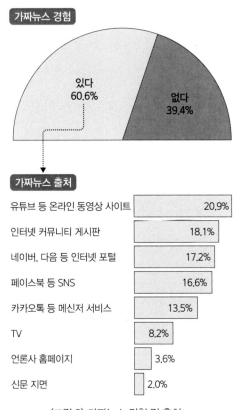

〈그림 2〉 가짜뉴스 경험 및 출처
출처: https://www.hankookilbo.com/News/Read/202006011456342864

디지털 기술과 정치

최근 가짜뉴스와 내용이 검증되거나 팩트 체크가 된 진짜 뉴스를 구분하는 것이 점점 어려워지고 있다. 가짜뉴스가 상당히 구체적이고 상세한 거짓 정보를 담고 있기 때문이다. 특히 디지털 기술의 발전으로 가짜뉴스는 보다 정교해졌다. 인공지능을 활용한 '딥 페이크' 기술을 활용하여 이미지나 사진, 음성 등을 교묘하게 조작하고 편집한 영상들이 가짜뉴스의 사실적 근거와 증거로 사용되고 있다. 또한 세계적으로 권위 있는 외국 유명 언론의 기사 또는 학자의 책이나 인터뷰에서 특정 문장이나 단어를 의도적인 목적을 가지고 오역하여 사실을 왜곡하거나 조작한다. 이렇게 파생된 가짜뉴스는 시민들에게 거짓정보를 믿게 하여 혼란을 야기하고 있으며 실제로 선거결과에도 영향을 주고 있다.

물론 역사적으로 가짜뉴스는 항상 존재해 왔다. 또한 가짜뉴스를 비롯한 많은 음모론은 선거 때마다 재생산되었다. 하지만 인터넷과 소셜미디어의 영향력이 커지면서 가짜뉴스가 선거에 큰 영향을 미치게 되었다. 2016년 미국의 대통령 선거는 가짜뉴스가 선거결과에 얼마나 많은 영향을 미치게 되었는지를 확인시켜 준 사례이다. 당시 트럼프 후보와 힐러리 클린턴 후보가 맞붙었던 미국의 대통령 선거에서 가짜뉴스가 대량 생산되었고 유통되었다. 구체적으로 "힐러리 클린턴 후보가 IS 테러조직에 연계됐다", "클린턴 후보가 성매매 조직을 비밀리에 운영 중이다", "트럼프가 자신과 의견이 다른 유권자를 폭행했다"는 등의 가짜뉴스가 확산되었다. 미국의 대통령 선거기간 중 만들어진 가짜뉴스는 주류 언론의 뉴스보다 댓글과 좋아요, 공유 건수가 더 많은 것으로 집계되었고 전통적인 매체보다도 강력한 영향력을 보여 주었다. 미국 뉴욕대 등의 연구진에 의하면 2020년 대선 전후로 페이스북을 분석한 결과, '가짜뉴스'가 '진짜뉴스' 보다 6배 더 많이 퍼졌다는 사실이 확인되었다.

미국 대통령 선거기간 동안 생산된 가짜뉴스는 후보들의 지지양상에도 변화를 주었다. 2016년 미국의 대통령 선거기간 동안 트럼프 후보보다 클린턴 후보에게 불리한 가짜뉴스가 더 많이 생산되면서 두 후보의 지지율에 큰 영향을 미치게 되었다. 초반 트럼프 후보에게 지지율에서 크게 앞서고 있던 클린턴 후보는 부정적인 가짜뉴스가 대량 생산되고 유통되면서, 트럼프 후보와 지지율 격차가 좁혀지게 되었다. 결국 여론조사 결과에서 내내 뒤지고 있던 트럼프 후보가 미국의 대통령으로 선출되는 결과를 낳았다. 트럼프 대통령의 당선을 가짜뉴스의 영향만으로 설명하기는 어렵지만, 가짜뉴스가 어느 정도 영향을 미친 것은 분명한 사실이다. 이러한 결과는 가짜뉴스가 선거에 많은 영향을 미치고 있다는 것을 의미한다.

대의민주주의를 제대로 운영하기 위해서는 시민의 역할이 무엇보다 중요하다. 시민은 민주주의 체제의 주권자로서 의사결정에 적극적으로 참여하며, 자신의 의견을 대신할 수 있는 대표자를 선출하는 권리를 갖는다. 따라서 시민의 이성적인 의사결정을 위해 거짓이 없는 완전한 정보가 제공되어야 하며, 시민은 이러한 완전한 정보를 통해 공평하고 균형 있는 사고력을 바탕으로 정치적 의사결정을 해야 한다. 하지만 현대의 가짜뉴스는 시민에게 거짓정보를 믿게 하여 판단과 선택에 혼란을 야기하고 있다. 점차 교묘해지고 있는 가짜뉴스로 인해 사실의 진위를 파악하기 매우 어려워지면서 시민들은 거짓정보를 통해 올바른 판단을 하지 못하게 된다. 또한 기성 언론 역시 언론의 권위를 등에 업고 가짜뉴스를 남발함으로써 제대로 된 견제 기능을 발휘하지 못하고 있다. 이러한 시민의 이성적 의사결정의 부재와 감시역할을 수행하지 못하는 언론은 사회적 갈등을 유발하고 있으며, 선거결과에 영향을 미치는 등 궁극적으로 민주주의에도 부정적 영향을 미치고 있다.

디지털 기술과 정치

# 4. 동남아 정치에서 나타난 가짜뉴스의 사례

평균 연령 30세의 젊은 연령으로 구성되어 있는 동남아의 인구는 다른 지역보다 인터넷과 소셜미디어의 사용률이 매우 높다. 베트남은 인터넷 이용 인구 중 90%가 페이스북과 유튜브를 사용하고 있으며, 필리핀은 71%가 페이스북과 유튜브를 사용한다. 인도네시아는 인스타그램 사용자 수가 미국, 인도, 브라질에 이어 세계에서 4번째로 많은 국가이다. 이처럼 인터넷과 소셜미디어의 사용률이 높은 동남아 국가에서는 가짜뉴스가 생산·유통되기 쉬운 구조적 특성을 보인다.

실제로 많은 동남아시아 국가에서 가짜뉴스는 사회적 쟁점이 되고 있다. 특히 개별 국가의 지도자와 관련된 가짜뉴스는 국가 리더십에 영향을 미치고 있으며, 선거결과에도 중요한 변수가 되고 있다. 2022년 필리핀 대선에서 나타난 가짜뉴스는 대통령 선거결과에 중요한 영향을 미쳤고, 인도네시아의 아혹(Ahok, Basuki Tjahaja Purnama, 이하 아혹) 전 자카르타 주지사의 신성모독 논란과 관련된 가짜뉴스는 아혹 전 주지사가 재선에 실패하는 데 일조하였다. 말레이시아에서도 안와르 이브라힘(Anwar Ibrahim, 이하 안와르) 총리의 동성애 의혹에 대한 가짜뉴스가 확산되면서 정치적으로 큰 파장을 일으켰다.

## 1) 2022년 필리핀 대통령 선거

2022년 5월 9일 실시된 필리핀 대통령 선거에서 페르디난드 봉봉 마르코스 주니어(Ferdinand Bongbong Romualdez Marcos Jr., 이하 봉봉 마르코스)가 대통령으로 당선되었다. 봉봉 마르코스는 전체 6,700만 명의 유권자 가운데 3,094만 표를 얻어 레니 로브레도(Leni Robredo) 후보에 승리하였다. 본래 필리핀 정치 특유의 후보 난립으로 인해 대선에서조차 당선자 득표율이 40%를 넘기는 경우가 흔하지 않은 것을 감안하면 압도적인 결과로 볼수 있다. 봉봉 마르코스는 필리핀의 독재자였던 페르디난드 마르코스(Ferdinand Emmanuel Edralin Marcos, 이하 마르코스)의 아들이다. 마르코스 전 대통령은 1965년부터 1986년까지 장기집권 하였지만, 마르코스 독재 기간 필리핀의 경제가 파탄에 이르자 1986년 필리핀의 반정부 민주화 시위로 하야하였다.

독재자인 마르코스 전 대통령의 아들인 봉봉 마르코스가 필리핀 대통령 선거에서 승리할 수 있었던 배경은 필리핀의 과두제적 민주주의의 특성으로 설명할 수 있다. 필리핀의 정치는 미국식 민주주의의 형식이지만, 대부분의 정치권력은 150개 정도의 유력한 정치가문(political family 또는 political clan)에서 공유한다.[2] 2019년 중간선거를 기준으로 필리핀 지방 관료의 80.25%, 국회의원의 66.67%, 시장의 53.38%가 필리핀 내 유력 가문 출신이다(Mendoza et al. 2019; 영국 파이낸셜타임스(FT) 2022. 5. 7.). 봉봉 마르코스의 당선 역시 필리핀 정치에서 정당이나 이념보다 인물과 가문을 중요시 하는 선거 전통이 지속되고 있음을 확인할 수 있는 사례이다.

봉봉 마르코스는 아버지 마르코스 전 대통령의 사망 이후, 1991년 필리핀으로 돌아와 이듬해 하원의원을 시작으로 정치활동을 재개했다. 가문의 정치적 기반인 일로코스노르테주(州)에서 하원의원과 주지사·상원의원을

---

2  정치가문은 몇 세대에 걸쳐 지속적으로 의회와 지방정치를 지배해온, 각 지역의 지방권력을 장악하고 있는 가문을 의미한다(박승우 2007, 113). 필리핀의 유력 정치가문으로는 스페인 식민지 시기 대농장의 지주들이 발전된 형태로, 루손 탈락의 아키노(Aquino), 세부의 오스메냐(Osmena), 일로코스의 싱손(Singshon), 리잘의 수물롱(Sumulong), 살롱가(Salonga), 바탕가스의 라우렐(Laurel), 코후앙코(Cojuangco) 등이 있다.

디지털 기술과 정치

지내면서 정치경력을 쌓았다. 하지만 이번 대통령 선거에서 봉봉 마르코스가 당선될 수 있었던 결정적 요인은 소셜미디어를 통한 저비용·고효율 마케팅이 통했기 때문으로 설명할 수 있다(뉴시스 2022. 5. 10.). 봉봉 마르코스 선거캠프는 젊은 유권자를 타깃으로 SNS을 활용한 선거캠페인을 펼쳤다. 특히 이번 대통령 선거에서 필리핀의 18~40세까지의 유권자는 52%로 과반 이상을 차지하였다. 봉봉 마르코스는 이러한 유권자의 세대적 특성을 활용하여 SNS를 중심으로 선거운동을 했으며, 아버지의 독재를 미화하는 가짜뉴스를 쏟아 냈다. 대부분의 젊은 유권자들은 독재를 경험하지 못하였다는 점을 활용한 것이다. 이러한 선거전략으로 봉봉 마르코스는 선거운동 기간 과반 이상의 높은 지지율을 유지하였으며, 결국 대통령 선거에서도 60%에 가까운 득표율로 당선되었다.

봉봉 마르코스는 선거운동 기간 대선후보 토론회와 언론 인터뷰 요청을

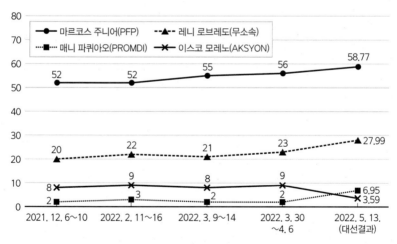

〈그림 3〉 2022년 필리핀 대통령 선거운동 기간 주요 후보별 여론조사 결과 및
대통령 선거결과 득표율

출처: PUBLiCUS 여론조사(https://www.publicusasia.com/no-movement-in-pres-vp-races), 필리핀 선거관리위원회 홈페이지(https://comelec.gov.ph)를 참고하여 재구성

최대한 거절하며, 아버지의 독재 논란이나 부정적인 유산에 대해서는 철저하게 회피전략을 구사하였다(신민금·정재완 2022, 9). 봉봉 마르코스는 대부분 소셜미디어를 통해 지지자들과 소통하였다. 세계에서 SNS를 가장 많이 사용하는 것으로 알려진 필리핀인들은 많은 정보를 SNS를 통해 얻는다. 선거 정보 역시 주로 SNS에서 공유되고 있다. 봉봉 마르코스는 소셜미디어를 많이 사용하는 필리핀 유권자의 행태를 정확하게 파악하여 이를 선거운동에 활용한 것이다.

봉봉 마르코스는 선거운동 기간 중 과거에 대한 반성은 전혀 하지 않은 채, 마르코스 전 대통령을 미화하는 데 큰 노력을 기울였다. 봉봉 마르코스는 아버지의 독재에 대해 부인하기보다는 "아버지는 정치적 천재"라고 주장했다. 사치의 대명사로 불리는 어머니 이멜다 마르코스(Imelda Romuáldez Marcos) 역시 "최고의 정치인"이라고 평가했다. 마르코스 전 대통령의 독재 기간에 대해서도 '황금 시대'로 묘사하였으며, 독재를 폭력적이고 부패한 것이 아니라 경제 발전을 위한 어쩔 수 없는 선택으로 포장하였다. 실제로 마르코스 전 대통령의 유해는 이미 마닐라 영웅 묘지에 안장되었으며, 최근에는 1차 시민혁명으로 박탈당했던 권력과 재산을 되찾는 복권운동이 진행되고 있다. 하지만 봉봉 마르코스의 복권운동은 필리핀 시민들의 큰 거부감 없이 이루어지고 있다. 선거운동 기간 이루어진 마르코스에 대한 독재 미화로 봉봉 마르코스를 지지하는 젊은 유권자들은 마르코스 가문을 유능한 정치 명문가로 인식하게 되었기 때문이다.

봉봉 마르코스 홈페이지에는 사실과 다른 게시물이 많이 게재된 것으로 확인되었다. 과거 국제엠네스티가 마르코스 시절 보안군의 성적 학대 등 인권 유린을 발표한 것은 '근거 없는 주장'이라고 하거나, 마르코스 전 대통령의 집권 기간 아시아에서 필리핀이 일본 다음으로 부유했다는 게시물이 등장하기도 했다. 하지만 당시 필리핀은 만연한 부패 속에서 1983년 세계 은행에 구제금융을 신청하는 등 경제적인 파탄의 상황이었으며, 실제로 필리핀의 국내총생산(GDP)은 아시아에서 6위권이었다. 홈페이지에 거짓 정보의 게시물이 등장하였지만, 선거캠프에서는 가짜뉴스에 대해 "시민의 자연스러운 SNS 사용일 뿐 가짜뉴스와는 관련이 없다"라고 일축했다.

봉봉 마르코스의 당선은 부정확한 정보로 이루어진 가짜뉴스의 영향력을 확인시켜 주었다. 특히 선거과정에서 가짜뉴스는 큰 파급효과를 보였으며 선거결과에 결정적인 요인으로 작용하였다. 봉봉 마르코스는 SNS를 통한 가짜뉴스에 대해 부인하고 있지만, 과거를 알지 못한 젊은 유권자를 대상으로 조직적으로 가짜뉴스를 유포하는 선거캠페인이 승리에 도움을 주었다는 것은 부정할 수 없는 사실이다. 노벨 평화상을 수상한 필리핀 언론인 마리아 레사(Maria Ressa) 역시 "봉봉의 인기는 꾸준한 이미지 쇄신 작업의 결과이며, 지난 2014년부터 시작된 가짜뉴스를 활용한 선거캠페인이 큰 역할을 했다"라고 설명하였다(중앙일보 2022. 5. 10.).

〈사진 1〉 마르코스 전 대통령의 묘역을 찾은 봉봉 마르코스
출처: 봉봉 마르코스 페이스북

필리핀은 가짜뉴스 규제를 도입하고 있는 다른 동남아시아 국가들과 달리 아직 관련 법령 조차 만들지 못하고 있다. 따라서 앞으로도 필리핀에서 가짜뉴스는 대량으로 생산·유통될 가능성이 크다. 이러한 현상은 필리핀 정치에서 가짜뉴스의 영향력을 확대하는 결과를 초래할 것이며, 궁극적으로 필리핀의 민주주의에 부정적인 영향을 줄 것으로 보인다. 필리핀의 민주주의 발전을 위해서는 가짜뉴스의 부정적 영향을 최소화해야 하며, 가짜뉴스 규제와 관련된 법을 빠르게 도입해야 될 것이다.

### 2) 인도네시아의 아혹 전 자카르타 주지사의 신성모독 논란

2017년 실시된 인도네시아 자카르타 주지사 선거는 유례없는 혼란 속에서 치러졌다. 재선에 도전하는 아혹 주지사의 신성모독 논란 속에서 야당 후보자들의 흑색 공격이 난무했다. 중국계 기독교도인 아혹은 2012년 자카르타 주지사 선거에 조코 위도도(Joko Widodo, 이하 조코위) 대통령의 러닝메이트로 출마하여 당선되었다. 이후 2014년 대통령 선거에서 조코위가 대통령으로 당선된 이후 주지사로 권한대행을 수행하다 조코위의 취임 이후 정식 주지사로 취임했다.

아혹의 신성모독 논란은 2016년에 발생했다. 아혹이 9월 자카르타 인근의 스리브섬(Pulau Seribu) 주민들과 간담회에서 대화하던 중 이슬람 경전인 코란 알마디아(Al-Ma'idah) 51절을 언급한 것이 문제가 되었다.[3] 주민들이 코란에서 유대인과 기독교도를 지도자로 삼지 말라고 가르치는 만큼 아혹에게 투표할 수 없다는 말에 "해당 구절을 정치적으로 악용하는 이들에게 속았다면 내게 투표하지 않아도 된다"라고 답하였다. 전체적인 맥락에서 아혹의 말은 자신이 다음 선거에서 주지사로 선출되지 않는다고 할지라도 지금 진행되고 있는 프로그램이 중단 없이 진행될 것임을 강조하는 것이었다. 하지만 부니 야니(Buni Yani)라는 사람은 페이스북에 의도적으로 편집된 영상을 유포하였다. 그는 '이용'을 의미하는 인도네시아어인 'pakai'를 삭제하여 아혹이 코란 구절 자체에 속지 말라고 언급한 것으로 오해를 불러일으켰다(이지혁 2017).

아혹의 재선을 끊임없이 반대해 온 보수주의 이슬람 세력들은 아혹이 코란 자체를 부정했다고 주장하였고, 신성모독이라는 여론을 조성하여 자카르타에서 10만 명 규모의 대규모 시위를 벌였다. 이로 인해 2016년 초에 약 60%에 육박했던 아혹의 지지율은 급격히 하락하였다. 또한 아혹의 재선 여부에 대한 유권자의 인식 역시 신성모독 논란 이후 급격하게 변화되었다. 신성모독 논란 이전 아혹의 재선에 대한 유권자의 인식은 '재선해야 한다'는 비율이 50% 이상으로 나타났다. 하지만 신성모독 논란이 발생했던 2016년 9월을 기점으로 재선에 대한 유권자의 지지율은 점차 하락하였다. 이후 2017년 1월부터 지지율이 다시 회복하기는 하였으나, '재선하면 안 된다'는 비율과의 격차가 줄어들었다.

결국 아혹은 자카르타 주지사 선거 1차 투표에서 1위에 올랐음에도 결선 투표에서 아니스 바스웨단(Anies Baswedan)과 산디아가 우노(Sandiaga Uno) 후보에게 큰 차이로 패배해 재선에 실패했다. 바스웨단과 우노는 무슬림을 대표하는 후보로, 58%의 지지율로 당선되었다. 선거 이후 아혹은 신성모독 혐의로 재판을 받았고, 2017년 5월 9일 자카르타 지방법원은 징역 2년

---

3  해당 구절은 다음과 같다. "O believers! Take neither Jews nor Christians as guardians—they are guardians of each other. Whoever does so will be counted as one of them. Surely Allah does not guide the wrongdoing people." (오 신자들이여! 유대인이나 기독교인을 지도자로 삼지 마십시오. 그들은 서로의 지도자입니다. 누구든지 그렇게 하는 사람은 그들 중 한 사람으로 간주될 것입니다. 분명히 알라는 악행을 하는 사람들을 지도하지 않습니다.)

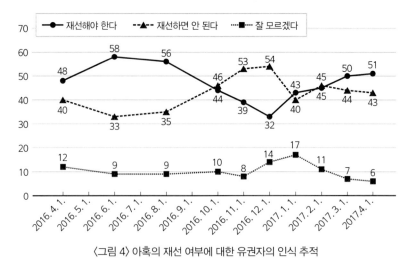

〈그림 4〉 아혹의 재선 여부에 대한 유권자의 인식 추적

출처: Setijadi, 2017, "Ahok's Downfall and the Rise of Islamist Polulism in Indonesia," *ISEAS Perspective* 38, 4)를 참고하여 재구성

을 선도하고 그를 법정 구속하였다(중앙일보 2018. 7. 25.).**4** 아혹의 지지자들은 법원의 결정이 정치적 영향을 받았다고 주장하였고, 법원의 결정에 반대하는 시위를 벌였다.

아혹의 구속 이후 2017년 9월 인도네시아 경찰은 아혹을 둘러싼 논란에 '가짜뉴스' 전문 생산업자들이 연루되어 있음이 적발됐다(중앙일보 2018. 7. 25.). '사라센(Saracen)'이라는 이름의 이 단체는 2015년부터 자체 뉴스포털과 페이스북 그룹 기능 등을 이용해 특정인과 단체, 경찰 등 공공기관을 겨냥한 가짜뉴스를 확산시켜 왔다. 이들은 주지사 선거 기간에 80만 개에 달하는 페이스북 계정을 이용해 아혹과 관련한 가짜뉴스를 퍼뜨린 역할을

---

4   인도네시아는 1965년 종교모독죄(*Undang Undang Penodaan Agama*)를 제정하였다. 종교모독죄는 적대적, 증오 표현, 폭력 선동 또는 종교를 차별하는 종교 신성 모독을 포함하고 있으며, 최대 5년 구속형까지 선도될 수 있다.

한 것으로 알려졌다. 인도네시아 혁신정책연구센터(CIPG) 연구에 따르면, 2017년 자카르타 주지사 선거에서 후보들 모두가 이른바 '버즈(Buzz: 소셜미디어 여론 확산)'팀을 가동한 것으로 추정된다. 이들은 가짜계정을 운영하고 실제 영향력 있는 인물을 금전적으로 포섭하여 가짜뉴스의 확산을 유도했다.

아혹의 신성모독 논란은 야당 후보들이 정치적 의도로 논란을 부풀린 측면이 컸으며, 이는 '가짜뉴스'를 통해 확산되었다. 신성모독 혐의를 악용한 보수주의 이슬람 세력들을 중심으로 중국계 화인 및 비이슬람인들에 대한 가짜뉴스를 의도적으로 생산하였다. 실제로 보수주의 이슬람 세력은 가짜뉴스를 통해 조코위 대통령을 공격하기도 하였다. 2014년 대통령 선거운동 기간 동안 당시 조코위 후보가 중국계 기독교인이라는 가짜뉴스가 확산되었다. 이에 조코위는 자신이 무슬림임을 증명하기 위해 사우디아라비아에 있는 메카를 방문하기도 하였다.

아혹의 신성모독 논란은 조코위 대통령과 아혹 주지사로 대표되는 신진 개혁세력에 대해 기득권층과 강경파 보수주의 이슬람 세력들이 의도적으로 논란을 부풀려 선거결과에 영향을 미친 결과로 볼 수 있다. 기존의 정치권력 지형에 독자적 정치세력을 형성해 가는 조코위 대통령에게 위기감을 느낀 기득권 세력이 보수주의 이슬람 세력을 통해 조코위 대통령의 정치적 동반자인 아혹을 주지사 선거에서 낙마시킨 것이다.

인도네시아 사례가 특히 주목받는 것은 인도네시아의 트위터와 페이스북 등 SNS 사용자의 규모가 크기 때문이다. 인도네시아의 SNS 사용자 수는 전 세계 4위권으로, 많은 사람이 SNS를 사용하고 있다. 인도네시아는 다른 이슬람 국가들과는 달리 비교적 언론과 표현의 자유가 보장되고, 이에 따라 젊은 세대들을 중심으로 소셜미디어의 활용도가 매우 높다. 이런 개방적인 분위기에 힘입어 비주류였던 조코위 대통령과 아혹 주지사가 당선될 수 있었다. 하지만 소셜미디어를 중심으로 전파된 인종적·종교적 정체성 논란은 결국 아혹의 발목을 잡게 되었다. 앞으로도 다양한 종족과 종교가 어우러진 인도네시아에서 가짜뉴스는 선거 때마다 혼란을 야기할 것으로 전망된다. 특히 종교 및 종족과 관련된 가짜뉴스는 진실과 상관없이 정치적으로 큰 파장을 일으킬 것으로 보인다.

### 3) 말레이시아의 안와르 이브라힘 총리의 동성애 의혹

2022년 11월 24일 말레이시아의 야당 지도자인 안와르 이브라힘이 신임 총리로 지명됐다. 11월 19일에 치러진 말레이시아 총선은 과반을 득표한 정당이 없는 결과로 끝나 정치적 혼란이 가중되었다. 독립 이후 말레이시아는 통일말레이국민조직(Pertubuhan Kebangsaan Melayu Bersatu, 영어 United Malays National Organization, 약칭 UMNO)을 중심으로 한 선거연합인 국민전선(Barisan Nasional, 약칭 BN)과 야당연합 간의 선거경쟁이 이어졌다. 국민전선은 60년 동안 장기집권을 이어 갔으며, 2018년 5월 9일 치러진 총선에서 야당연합이 승리하면서 처음으로 정권을 교체하게 되었다. 하지만 이번 총선은 말레이시아 선거 사상 처음으로 3개 이상의 정당이 정권을 노리는 다자 구도로 치러졌다. 안와르의 희망연대는 하원 222석 가운데 82석을 차지했지만, 단독 과반을 달성하는 데는 실패하였다. 무히딘 야신(Muhyiddin Yassin) 전 총리가 이끄는 국민연합이 73석을 차지하며 그 뒤를 이었다. 그러나 결국 30여 년동안 야당을 이끌었던 안와르가 말레이시아의 신임 총리가 되면서 정치적 혼란을 수습하고 있다.

안와르는 1990년대 마하티르 빈 모하맛(Mahathir bin Mohamad, 이하 마하

〈사진 2〉 성신여대에 방문한 안와르 총리와 아지자(Wan Azizah Wan Ismail) 여사의 모습

티르) 전 총리의 후계자로 떠올랐던 유력 정치인이다.[5] 하지만 마하티르와의 불화로 1998년 부총리 자리에서 물러난 이후부터 굴곡진 정치인생을 살았다. 특히 동성애와 권력남용 등의 부패 혐의로 재판을 받았다.[6] 권력남용 혐의로 징역 6년 형이 선고되었고, 동성애 혐의로 9년 형이 추가로 선고되어 총 15년 형을 선고받았다. 이후 2004년 연방 대법원에 의해 동성애 혐의에 대해서는 무죄를 선고받았다.

안와르의 석방 이후, 2008년 3월 총선에서 통일말레이국민조직에 대한 국민의 지지율이 떨어지면서 하원 의석수를 많이 잃게 되었다. 야당연합은 이러한 여세를 몰아 2008년 7월에 안와르를 보궐선거에 출마시킬 예정이었다. 하지만 그는 또다시 동성애 혐의로 고소당했다. 보석으로 풀려난 후 선거에 출마한 안와르는 높은 득표율로 국회의원에 당선되었다. 그러나 2014년 3월 동성애 혐의로 징역 5년형을 선고받았고, 최종적으로 2015년

---

5   마하티르 전 총리는 말레이시아의 정치인으로, 역사상 최장기 집권한 총리이다. 1981-2003년, 2018-2020년 동안 총리를 역임하였으며, 여러 장관직과 비동맹 운동 사무총장을 지냈다.
6   말레이시아에서는 동성애는 불법이며, 유죄로 인정될 경우 최대 20년 형을 선고받게 된다.

2월 10일 동성애 혐의가 인정되어 징역 5년형을 선고받아 재수감되었다. 그러나 2018년 총선에서 자신을 탄압한 마하티르가 야당연합에 가담하면서 마하티르와 연대하게 되었고, 이후 2018년 총선에서 마하티르가 총리가 되면서 안와르는 석방되었다.

안와르의 동성애 혐의는 안와르를 견제하기 위한 정치세력들이 소셜미디어상에서 부정확한 정보로 의혹을 확산시켜 상대에게 피해를 입힌 사례로 볼 수 있다. 안와르는 통일말레이국민조직을 비롯한 기득권 세력에게 야당을 이끄는 상징적인 인물이다. 기득권 세력에게 안와르는 60년 동안 이어진 패권정치에 가장 위협을 주는 존재이다. 따라서 안와르의 정치생명을 끊기 위한 방법으로 동성애 의혹을 생산하고 유통한 것이다. 물론 통일말레이국민조직을 비롯한 기득권 세력들이 안와르의 동성애 혐의에 대한 가짜뉴스의 유포에 대해 인정한 적은 없다. 하지만 안와르는 동성애 의혹에 대해 "내 정치활동을 막기 위해 집권세력이 꾸민 음모"라고 주장하고 있다. 안와르의 동성애 의혹의 진실은 알 수 없지만, 안와르의 동성애 의혹이 인터넷과 소셜미디어를 중심으로 더욱 확산되었다는 점은 분명하다.


# 5. 결론

디지털 기술이 발전하면서 인간의 삶은 엄청나게 변화했다. 디지털 기술이 등장하기 전 아날로그 시대에는 문자, 소리, 영상과 같은 정보는 라디오, 신문, TV, 유선전화 등의 전통적인 매스미디어를 활용하여 처리되었다. 그러던 것이 1978년 트렌지스터의 도입 이후, 1980년대 개인용 컴퓨터(PC)의 보급과 함께 문자와 소리 정보를 디지털 처리할 수 있게 되었고, 1990년대

디지털 기술과 정치

컴퓨터의 성능이 고속화되면서 영상 정보가 디지털 처리되면서 모든 매체가 디지털화되었다. 이러한 디지털 기술의 적용은 다양한 분야에 적용되었고, TV와 같은 매스미디어와 휴대전화에도 적용되었다. 특히 휴대전화에 디지털 기술을 접목한 것은 스마트폰으로 발전하게 되면서 모바일 디지털 미디어의 시대를 열게 되었다.

디지털 기술의 발전과 디지털 미디어의 도입으로 커뮤니케이션의 방식 역시 변화되었다. 전통적인 매스미디어는 주로 수직적이고 일방적인 소통 방식을 활용하였다. 하지만 디지털 기술의 발전으로 인터넷과 소셜미디어가 보편화되면서 실시간으로 수평적이고 쌍방향적인 소통이 가능해졌다. 사람들 간의 상호 작용에서 시간적·공간적 제약이 사라지게 된 것이다. 이제 사람들은 언제나 어디서나 다른 사람들과 네트워크를 통해 연결될 수 있다. 사람들은 인터넷과 소셜미디어를 활용하여 빠르게 커뮤니티를 구성하여 공통의 관심사에 대해 이야기를 나눌 수 있게 되었으며, 다른 사람들과 쉽게 정보를 공유하며 의견을 교환한다. 이러한 행태는 대중의 사회활동을 촉진하는 데 중요한 역할을 하였다.

디지털 미디어의 발전과 진화는 정치영역에서도 활용되고 있다. 디지털 미디어를 활용한 시민 참여가 확대되고 다양한 정치적 토론이 가능해졌다. 특히 소셜미디어에서는 누구든지 제약없이 사회적 이슈나 주요 정치적 의제에 대해 대화하고 토론할 수 있으므로, 대중들이 정치적 활동에 적극적으로 참여할 수 있게 되었다. 소셜미디어의 보편화는 대중뿐 아니라 정치인과 정치영역에서도 많은 변화를 이끌어 냈다. 정치인들은 자신의 정책과 홍보를 강화하는 수단으로 소셜미디어를 활용하고 있다. 이러한 대중과의 적극적 소통은 정치적 의사결정과정에 대중이 직간접적인 참여를 하게 함으로써 참여민주주의를 가능하게 만들었다.

하지만 디지털 미디어의 발전으로 무분별하게 파생되는 가짜뉴스는 사회적 혼란을 유발하고 있다. 디지털 미디어의 발전은 많은 매체를 운영하게 만들었고, 수많은 매체에서 제공되는 정보의 홍수 속에서 가짜뉴스는 무분별하게 파생되고 있다. 가짜뉴스는 명확한 목적과 의도를 가지고 있음에도 불구하고 사실과 구분하기 어렵기 때문에 대중의 올바른 판단과 선택을 방해한다. 즉 사실처럼 꾸며진 가짜뉴스로 인하여 대중이 거짓정보를 믿게 되어 올바른 판단을 내리기 어렵게 되는 것이다. 이는 결국 정치적 갈등과 혼란을 유발하고 있다.

동남아에서도 가짜뉴스로 인한 정치적 혼란과 갈등이 나타나고 있다. 소셜미디어의 이용자 수가 많은 동남아는 가짜뉴스가 대량 생산되기 쉬운 구조적 특징을 가지고 있다. 이에 동남아에서는 명확한 목적과 가짜뉴스는 선거결과와 국가 리더십에 영향을 미치고 있다. 필리핀 대통령 선거에서 나타난 마르코스 전 대통령의 독재를 미화하는 가짜뉴스는 봉봉 마르코스의 당선으로 이어졌다. 인도네시아의 아혹 전 자카르타 주지사의 신성모독과 관련된 가짜뉴스는 아혹 전 주지사의 선거패배와 실형을 받는 데 일조하였다. 말레이시아의 안와르 총리에 대한 동성애 의혹과 관련된 가짜뉴스는 정치적 혼란을 유발하였다.

이러한 사례는 동남아시아 정치에서 가짜뉴스의 영향력을 확인시켜 주고 있다. 중요한 정치적 결정에 가짜뉴스가 지속적으로 영향을 미치고 있으며, 궁극적으로 민주주의의 발전에도 부정적인 요인이 되고 있다. 그렇지만 현실적으로 디지털 미디어에서 생산하는 가짜뉴스를 완전하게 사라지게 만드는 것을 불가능하다. 따라서 가짜뉴스의 영향을 최소화하는 방향으로 나아가야 한다. 이를 위해 개별 국가에서의 적극적인 노력이 요구된다. 가짜뉴스를 규제하는 관련 법령을 제정하고, 즉각적으로 도입해야 한다. 또한 가짜뉴스를 선별하는 데 필요한 비판적 사고력을 갖추기 위한 시민교육이 병행되어야 한다. 디지털 기술의 발전은 인간의 삶을 더욱 풍요롭게 만들어 주고 있다. 따라서 디지털 미디어를 통한 수평적이고 쌍방향 소통이라는 긍정적인 영향을 확대하면서, 정치적 혼란을 유발하는 가짜뉴스를 규제하여 민주주의의 질적 발전을 위해 노력해야 할 것이다.

**참고문헌**

김상돈·김승녕. 2012. "소셜미디어 이용과 시민성간의 관계에 대한 구조분석: 인터넷 정치참여의 매개효과분석."『사회과학논집』43(2). 41-67.

박승우. 2007. "필리핀의 과두제 민주주의: 정치적 독점의 해체 없는 민주화."『민주사회와 정책연구』통권 12호. 93-128.

서희정. 2016. "디지털 미디어 시대의 미디어 이용과 정치 참여."『미디어와 교육』6(2). 38-55.

송경재. 2020. "한국의 소셜미디어 사용과 다층적 참여 시민에 관한 연구."『한국정치연구』29(2). 153-181.

신민금·정재완. 2022. "2022년 필리핀 대선 결과 평가와 주요 정책 방향 전망."『KIEP 세계경제포커스』. 1-15.

오세욱·정세훈·박아란. 2017.『가짜뉴스의 현황과 문제점』. 한국언론진흥재단.

유의선. 2018. "가짜뉴스의 법적 규제."『언론과 법』17(2). 39-68.

윤성옥. 2018. "가짜뉴스의 개념과 범위에 관한 논의."『언론과 법』17(1). 51-84.

이완수. 2018. "가짜뉴스(fake news)란 무엇인가?-가짜뉴스 개념과 범위에 대한 다차원적 논의."『미디어와 인격권』4(2). 173-214.

이재원·박동숙. 2016. "소셜 네트워크 저널리즘 시대의 뉴스 리터러시 재개념화: 뉴스 큐레이션 능력을 중심으로."『사회과학논총』32(2). 171-206.

이지혁. 2017. "인도네시아, 신성모독죄와 가짜뉴스."『EMERICS 이슈분석』KIEP. 1-5.

장우영·송경재. 2017. "SNS 사용자집단이 네트워크 특성과 정치참여인식에 관한 연구: 네트워크 사용강도, 규모, 활동을 중심으로."『세계지역연구논총』35(3). 353-376.

정대영. 2022.『가짜뉴스와 민주주의』. 소명출판.

전진오·김선우·김형지·Xiong Shuangling·김성태. 2019. "소셜미디어 이용이 오프라인 정치 암여에 미치는 영향 연구: 촛불집회 SNS 읽기-쓰기의 매개 효과에 주목하며." 『평화연구』 봄호. 169-205.

정세훈. 2018. "가짜뉴스의 대응방안과 쟁점." 『관훈저널』 봄호(146호). 76-82.

최민재·양승찬. 2009. 『소셜미디어와 저널리즘』. 한국언론진흥재단.

하승태. 2012. "소셜 네트워크 서비스(SNS) 이용이 수용자의 정치사회적 태도에 미치는 영향." 『언론과학연구』 12(4). 576-606.

황용석. 2017. "가짜뉴스 개념 정의의 문제: 형식과 내용 의도적으로 속일 때 '가짜뉴스.'" 『신문과 방송』 4월호. 6-11.

Dalto, R., Van Sickle, A., and Weldon, S. 2009. "The individual institutional nexus of protest behaviour." *British Journal of Political Science* 40(1), 51-73.

Dimitrova, D. V., Shehata, A., Stromback, J., and Nord, L. W. 2014. "The Effects of Digital Media on Political Knowledge and Participation in Election Campaigns: Evidence From Panel Data." *Communication Research* 41(1), 95-118.

Holt, K., Shehata, A., Strömbäck, J., and Ljungberg, E. 2013. "Age and the effects of news media attention and social media use on political interest and participation: Do social media function as leveller?." *European Journal of Communication* 28(1), 19-34.

Klein, D., Wueller, J. 2017. "Fake news: A legal perspective." *Journal of Internet Law* 20 (10), 5-13.

Mendoza, Ronald U., Leonardo M. Jaminola, and Jurel K. Yap. 2019. "From Fat to Obese: Political Dynasties after the 2019 Midterm Elections." *Ateneo School of Government Working Paper* 19-013, Ateneo School of Governmen.

Moy, Patricia and Hussain, Muzammil M. 2011. "Media Influences on Political Trust and Engagement." Robert Y. Shapiro, Lawrence R. Jacobs (eds.). *The Oxford Handbook of American Public Opinion and the Media.* Oxford: Oxford University Press.

Nelson, R. A. 1996. *A Chronology and Glossary of Propaganda in the United States.* Westport, CT: Greenwood Press.

Olmstead, K., Mitchell, A., and Rosenstiel, T. 2011. "Navigation news online: Where people go, how they get there and what lures them away." *Pew Research Center's Project for Excellence in Journalism* 9, 1-30.

Pasek, J., more E., and Romer, D. 2009. "Realizing the Social Internet? Online Social Networking Meets Offline Civic Engagement." *Journal of Information Technol-*

*ogy & Politics* 6(3-4), 197-215.

Setijadi, Charlotte. 2017. "Ahok's Downfall and the Rise of Islamist Polulism in Indonesia." *ISEAS Perspective* 38, 1-9.

Towner, T. L. 2013. "All Political Participation Is Socially Networked?: New Media and the 2012 Election." *Social Science Computer Review* 31(5), 527-541.

Thucydides. 1972. *The Peloponnesian War.* Harmondsworth: Penguin.

Zhou, Xinyi, Zafarani, Reza. 2020. "A Survey of Fake News: Fundamental Theories, Detection Methods, and Opportunities." *ACM Computing Surveys* 53(5), 1-40.

Zúñiga, Homero Gil de, Logan Molynewu, Pei Zheng. 2014. "Social Media, Political Expression, and Political Participation: Panel Analysis of Lagged and Concurrent Relationships." *Journal of Communication* 64(4), 612-634.

뉴시스. 2022. 11. 24. "안와르, 말레이 신임 총리로 지명… "개혁·동성애 등 30년 여정 마무리"." https://www.newsis.com/view/?id=NISX20221124_0002099249. (검색일: 2022. 12. 10.).

뉴시스. 2022. 5. 10. "필리핀 독재자 아들 대선 승리 이유는… 'SNS에 가짜 뉴스 살포'" https://newsis.com/view/?id=NISX20220510_0001865608. (검색일: 2022. 12. 10.).

영국 파이낸셜타임스(FT). 2022. 5. 7. (검색일: 2022. 12. 3.).

연합뉴스. 2018. 11. 23. "성인 10명 중 6명 "가짜뉴스 본 적 있다"…주요 출처는 유튜브." https://www.yna.co.kr/view/AKR20181122147800017. (검색일: 2022. 12. 1.).

중앙일보. 2018. 7. 25. ""월 30만원 받고 매일 120개 트윗" 주지사 선거 뒤흔든 '가짜뉴스' 공작단." https://www.joongang.co.kr/article/22831205#home. (검색일: 2022/11/5).

중앙일보. 2022. 5. 10. "필리핀 노벨상 수상자 "마르코스 복귀, 조직적 가짜뉴스 탓." https://www.joongang.co.kr/article/25070034#home. (검색일: 2022. 12. 9.).

필리핀 선거관리위원회 홈페이지. https://comelec.gov.ph

PUBLiCUS 여론조사. https://www.publicusasia.com/no-movement-in-pres-vp-races

https://m.thepublic.kr/news/view/1065595508078417

https://www.hankookilbo.com/News/Read/202006011456342864

## 한의석

중앙대학교 정치외교학과를 졸업하고 동대학원 석사 및 뉴욕주립대학교 올버니 정치학 석사, University of Southern California에서 박사학위를 받았으며, 성신여자대학교 정치외교학과 교수 및 동아시아연구소장으로 재직 중이다. "팬데믹 속의 2020 도쿄올림픽과 일본의 국내정치"(『일본연구논총』, 현대일본학회), 『스마트 거버넌스: 초연결 지능정보사회의 온라인 공론장과 거버넌스』(공저, 푸른길) 등을 출간했다.

## 권혜연

포항공과대학교 생명과학과를 졸업하고 KDI국제정책대학원에서 공공정책학 석사, 서울대학교 행정대학원에서 정책학 박사학위를 받았다. 현재 한국과학기술연구원(KIST) 기술정책연구소 선임연구원으로 재직 중이며 정부출연연구기관 전략과 국가과학기술 R&D사업 분석 및 기획업무를 수행하고 있다. 주요 연구주제는 과학기술 및 혁신 정책으로, "Effects of the development of competition framework and legal environment for media contents on the generational transition of mobile networks(2021)" 등을 발표하였다.

## 정진화

성신여자대학교 정치외교학과를 졸업하고 동 대학에서 정치사상 전공으로 정치학 박사학위를 받았다. 현재 성신여대 동아시아연구소 연구원으로 있으며 최근 주요 연구주제는 제4차 산업혁명시대 과학기술의 발전과 정치변동에 관한 정치철학적 접근과 학제 간 융복합이다. "유전공학의 발전과 인간의 자유에 대한 정치철학적 고찰(2020)", "생명공학의 발전과 정치: 생명정책 거버넌스의 모색(2021)" 등 과학과 정치를 아우르는 다수의 논문을 발표하였다.

## 손민석

중앙대학교 정치외교학과를 졸업하고 동 대학에서 박사학위를 받았으며 현재는 조선대학교 사회과학연구원 학술연구교수로 재직 중이다. 정치와 종교 관계, 디지털 전환기 집단신화와 정치철학에 관심을 가지고 연구와 강의를 진행 중이다. 주요 논문으로는 "정치적 헤브라이즘과 근대 공화주의 담론", "레오 스트라우스의 마키아벨리 해석과 '신학–정치적 문제'" 등이 있고, 『현대 정치의 위기와 비전: 니체에서 현재까지』(공저, 아카넷), 『우리 시대의 그리스도교 사상가들』 1, 2(공저, 도서출판100), 『신학, 정치를 다시 묻다: 근대의 신학−정치적 상상과 성찬의 정치학』(번역, 비아), 『서양을 번역하다』(공역, 성균관대학교출판부) 등을 출간했다.

## 심세현

중앙대학교 대학원 정치외교학과에서 한국정치를 전공했다. 대전대학교 안보군사연구원 군사문제연구센터장을 역임했고, 같은 학교 안보융합학과 조교수로 재직했다. 안보 및 국방정책에 관한 연구를 통해 한국의 자주국방정책, 한미동맹, 동북아 국제관계 등 국가·국방안보 영역의 논문을 주로 게재한 바 있다. 최근에는 사회안보의 중요성에 주목하고 제4차 산업혁명시대 테러리즘의 양상 및 특징 분석, 자생테러, 생물테러의 발생 가능성을 진단하고 이에 대한 선제적이고 능동적인 대테러 정책 및 전략을 제안한 바 있다. 주요 연구실적으로는 "1970년대 자주국방담론과 국방정책에 관한 연구", "한미동맹의 비대칭성에 관한 연구", "한국의 생물테러 발생 가능성과 대응방안에 관한 연구", "4차 산업혁명시대 뉴테러리즘에 관한 연구" 등이 있다. 현재 보다 다양한 안보 분야로의 연구 확대를 도모하고 있다.

## 유나영

성신여자대학교 정치외교학과에서 학사, 석사, 박사학위(국제정치전공)를 취득하였다. 현재 동대학 강사와 동아시아연구소 연구원으로 재직 중이고, 한국정치외교사학회 기획이사, 한국국제정치학회 연구위원을 역임하였다. 주요 연구분야는 냉전, 냉전사, 한국현대사이고, 주요 논문으로는 "레이건과 고르바초프의 정상회담 연구: 주요 의제분석과 그 함의(2020)", "군사전략과 정치전략의 관점에서 본 냉전초 미국의 대한반도 전략(2022)" 등이 있다.

## 임진희

아주대학교에서 정치외교학과 중국지역학으로 학사학위, 중국인민대학(中國人民大学)에서 국제관계학으로 석사학위, 국제정치학으로 박사학위를 받았다. 귀국 이후 아주대학교 중국정책연구소에서 전임연구원, 원광대학교 한중관계연구원에서 연구교수로 근무하였고, 현재는 한신대학교 유라시아연구소에서 연구교수로 재직 중이다. 주요 연구주제는 중국의 대외정책, 특히 비전통 안보 분야이다. "중국 시진핑 정부 특징과 권력 공고화 분석: 마오쩌둥 시기와 비교를 중심으로(2022)", "바이든 시기 미중관계 변화 가능성: 기후변화 이슈를 중심으로(2021)", "중국의 도시 기후변화 적응 정책과 한국에 주는 시사점(2021)", "트럼프 시기 중동 정세 변화와 미중의 중동 정책—미중 간의 전략경쟁 관점에서—(2020)", "미중전략갈등 시대 중국의 지역경제협력전략: 역내포괄적경제동반자협정(RCEP)을 중심으로(2020)", "월경성 환경오염에 대한 중국의 인식과 접근: 한중간 미세먼지 오염을 중심으로(2019)" 등의 논문을 발표하였다.

## 고우정
성신여자대학교 정치외교학과를 졸업하고 동대학에서 석사·박사학위를 받았으며, 현재는 성신여자대학교 동아시아연구소에 재직 중이다. 주요 연구주제는 비교정치 및 동남아시아·인도네시아 정치이다. 한국과 동남아시아의 비교연구에 관심을 두고 있으며, 『한—아세안 청년 상호 인식 조사』(한—아세안센터), 『생명과학기술과 정치』(공저, 푸른길) 등을 출간하였다.